张源 主编

白璧德文集

第 5 卷

民主与领袖

张源 张沛 译

Irving Babbitt
DEMOCRACY AND LEADERSHIP
1924 by Houghton Mifflin Company
据美国霍顿·米夫林出版公司 1924 年版译出

《白璧德文集》总序

"新文化运动"后期,美国哈佛大学教授欧文·白璧德(Irving Babbitt,1865—1933)的人文主义学说通过吴宓、胡先骕、梅光迪、徐震堮、张荫麟、梁实秋等学人的译介与阐释进入中国,与其他西方观念和思潮一同参与推进了中国的现代转型,在中国现代思想史上留下了不可磨灭的印记。

与世界思想潮流相应,现代中国也出现了"保守""自由""激进"等不同思想支流,且其中某些成分可找到远在西方的源头,如胡适等"自由派",即中国"新文化派"右翼,吸收了其美国导师杜威(John Dewey,1859—1952)的实用主义;李大钊、陈独秀等"激进派",即"新文化派"左翼,则选择了马克思主义。此外还有以吴宓为代表的"学衡派"等"保守主义者",即"新文化运动"的"反对派",继承了其美国导师白璧德的人文主义。中国现代思想史上"自由""激进""保守"的三重变奏,实为思想界、知识界的先行者与爱国者汲引不同西方思想体系,就中国现实而提出的同一个问题——中国的现代转型问题,所给出的不同的乃至对立的解决方案,这在今天已成为学界共识。不过,"激进""自由""保守"三分法,仅是宏观审视现代世界思想格局的大致框架,未可视为壁垒分明的固定阵营。

比如,作为现代中国自由主义及保守主义思潮来源地之一的美国,本身并不存在欧洲意义上的保守主义传统。自由主义作为美国社会的主流意识形态,自始至终占据着绝对的统治地位。如果一定要讨论美国的"保守主义",首先要明确,这并非一套固定不变的政治原则与意识形态,而更多地关系到人群的态度、情感与倾向,代表了人们维持现状的愿望与"保守"既定习惯、秩序与价值的心态。在美国这片土地上,人们要"保守"的正是自由主义的基本信念与价值,从而美国"保守主义"的核心实为自由主义。这两种"主义"就这样在美国发生了奇特的错位现象:"保守主义"的核心理念反倒是"自由",意图"保守"的是古典自由主义的基本信念,而"自由主义"的核心理念则是"平等",此即美国自由主义思想体系中较为"激进"的一个分支——"新自由主义"(new liberalism)的根本信仰。

20世纪早期的美国正处于"进步时代"(the progressive era,1904—1917),针对19世纪后期经济飞速发展引发的各种问题,全社会展开了一场规模宏大的改革运动,社会思潮由此在整体上呈现出"激进"的品格。实用主义者杜威所倡导的以"民主教育"(democratic education)为核心的"进步教育"(progressive education)便是上述进步改革中的重要内容。这一教育理念吸引了诸多知识分子,如哈佛大学校长艾略特(Charles W. Eliot,1834—1926)率先推行的一系列教育改革即是"进步教育"运动的重要组成部分,自此"民主教育"理念在美国逐渐占据上风,与此前占统治地位的"自由教育"(liberal education)理念恰好构成了一对"反题"。人文主义者白璧德作为"自由教育"的坚决捍卫者,针对杜威的教育理念提出了严厉批评:二者的对立当然不仅表现为教育理念上的冲突,而且是在更广泛的意义上代表了"自由"原则与"平等"原则的对立,此即"新""老"自由主义的对立。在社会整体大环境下,杜威被老派自由主义者斥为"激进主义"的代表,而白璧德则被新自由主义者归入了"保守主义"的阵营。

自1915年秋天始,白璧德第一代中国学生陆续来到哈佛,后于20年代初将"白师"学说带回中国,以之为理论武器,对胡适等人领导的"新文化运动"大加批判,谱写了美国白(璧德)-杜(威)论争的中国翻版。只不过,20世纪20年代的中国,那个曾经无比尊崇传统的国度,已经以最大胆的姿态拥抱了自身的现代转型,杜威式的"激进主义"与来自法、俄的激进主义相比,最多只能归入"新文化运动"右翼阵营,而白璧德人文主义则顶风而上,与中国本土传统力量一起成了顽固不化的极端"保守主义"的典型。就这样,白璧德人文主义在美国与中国的特定历史时期屡屡发生奇特而有趣的"错位"现象,并"将错就错"在中国现代思想史上产生了重要的影响。

自白璧德人文主义首次译入中国(《白璧德中西人义教育谈》,载《学衡》1922年3月第3期)迄今已百年。百年来光阴如流,时移世易,我国在现代转型期间未及充分吸收转化的思想资源,或将在当下焕发出新的可能与意义。白璧德的人文主义时至今日在我国仍然缺乏系统译介与研究,这与该学说在中国现代思想史上的影响殊不相称,不能不说是一种缺憾。职是之故,我们特推出《白璧德文集》(九卷本),这将是一座可资挖掘的富矿,宜在今后产生应有的影响。

迄今美国本土出版的白璧德著译作品共有九种(以出版时序排列):

1. *Literature and the American College: Essays in Defense of the Humanities*(1908)

2. *The New Laocoon: An Essay on the Confusion of the Arts*(1910)

3. *The Masters of Modern French Criticism*(1912)

4. *Rousseau and Romanticism*(1919)

5. *Democracy and Leadership*(1924)

6. *On Being Creative and Other Essays*(1932)

7. *The Dhammapada: Translated from the Pali with an Essay on Buddha and the Occident*(1936)

8. *Spanish Character and Other Essays*(1940;1995年更名为*Character and Culture: Essays on East and West*再次发行)

9. *Irving Babbitt: Representative Writings*(1981;其所收录文章,除"English and the Discipline of Ideas"一篇外,均曾载于此前各书)

《白璧德文集》中文版在美国白氏现有出版书目基础上,重新编定了第九种,内容包括收于前八种之外的白氏全部已刊文稿四十二篇(以出版时序排列),主要分为以下四类:(1)曾以单行本刊出的"Breakdown of Internationalism"、入选诸家合集的"Genius and Taste""Humanism: An Essay at Definition",以及收入*Irving Babbitt: Representative Writings*的"English and the Discipline of Ideas"等重头文章;(2)曾于"新文化运动"时期译入我国(因而于我们格外有意义)的篇目,如演讲稿"Humanistic Education in China and in the West"及书评"Milton or Wordsworth? —Review of *The Cycle of Modern Poetry*"等;(3)其余书评十九篇(包括匿名书评十篇——一个有趣的问题:白璧德为何要匿名?);(4)其他文章十七篇(包括介绍法国文学作品两篇,回应当代批评文章六篇,各类短文八则,以及生平自述一份)。编者依循前例,将这部著作命名为《人文主义的定义及其他》(*Humanism: An Essay at Definition, and Others*),此为真正意义上的白氏第九部著作。现在我们可以有把握地宣称,商务印书馆推出的"大师文集系列"之《白璧德文集》(九卷本),在文献收录与编纂方面,比美国本土版本还要更加完备,更为合理。为方便读者比照原文,我们标出了原书页码,并制作了九卷本名词索引附于末卷。

感谢商务印书馆倾力支持,白先生系列文集由此得以打造成型。这套文集也是中美几代人文学者长久友情结出的果实,感谢美国天主教大学荣休教授瑞恩先生(Claes G. Ryn, 1943—   )等美国当代"白派"(Babbittians)师友的无私襄助,尽管当他们最终看到《白璧德文集》中文版比美国版还要完备,心情亦颇复杂而嗟讶不已。

继起《学衡》诸公未竟之功,是编者耿耿不灭的夙愿。最要感谢的是我们十年合作、精勤不殆的译者群体,大家彼此扶助,相互砥砺,当年优秀的学生如今已成长为优秀的青年学者,投身文教事业,赓续人文香火——十年愿心,终成正果。我们谨以中文版《白璧德文集》(九卷本)纪念《学衡》杂志(1922年1月—1933年7月)创刊一百周年暨白璧德人文主义学说抵达中国一百周年,以此向百年前一腔孤勇、逆流而行的《学衡》诸公致敬,并向他们的老师——影响了中国几代学人的白璧德大师致以最深切的怀念之情。

张源

2022 年 1 月

这种(反对私有财产的)立法表面上看来十分仁慈;人们乐意倾听它,轻易便受到了它的引诱,相信人人都会以某种绝妙的方式成为朋友,特别是当人们听到有人大力抨击城邦现存罪恶的时候……据说这些罪恶都源于私有制。然而,这些罪恶却有着与此截然不同的根源,那便是——人性之恶。

——亚里士多德,《政治学》(Politics),1263b,11

除非在某个地方对意志与欲望存在一种控制力,否则社会便无法存在,并且内在的控制力越小,外在的控制力就必然越大。这已成为事物永恒不变的构造法则:内心不知节制的人将无法获得自由。

——柏克,《致一位国民议会成员的信》(Letter to a Member of the National Assembly)

我的政治信条的根本要点在于:专制统治,或不加限制的主权,或绝对的权力,无论出现在公民大会,还是出现在贵族议会、寡头团体与君主统治那里,都没有区别——都一样专断、残酷、血腥,并在各方面都像恶魔一样。

——约翰·亚当斯,《致托马斯·杰斐逊的信(1815年11月13日)》(Letter to Thomas Jefferson [13 November, 1815])

人们应当始终以世界史上的大众来对抗当下的少数谬论。

——歌德,《箴言》(Sprüche)

目　录

译者序　民主何以可能? ……………………………………… 1
前言 …………………………………………………………… 15
导言 …………………………………………………………… 16

第一章　政治思想的几种类型 ………………………………… 40
第二章　卢梭与田园想象 ……………………………………… 81
第三章　柏克与道德想象 ……………………………………… 107
第四章　民主与帝国主义 ……………………………………… 126
第五章　欧洲与亚洲 …………………………………………… 163
第六章　真假自由主义者 ……………………………………… 188
第七章　民主与标准 …………………………………………… 231

附录一　关于意志的理论 ……………………………………… 294
附录二　绝对主权 ……………………………………………… 307
参考文献 ……………………………………………………… 312
索引 …………………………………………………………… 322
译名对照表 …………………………………………………… 330

译者序　民主何以可能？

民主是现代人的普遍信仰。信仰往往被赋予普遍、永恒、绝对的特性，民主也不例外：它被欢呼为最后降临的永恒真理，人类由此臻于至善的终极社会形态和不可解构的绝对价值，在某种意义上成了大众理性的新图腾。

有偶像崇拜的地方就有偶像破坏。在西方，反思和质疑民主者大有人在，美国人文主义思想家欧文·白璧德（Irving Babbitt, 1865—1933）即是其中之一。《民主与领袖》（1924）是白璧德生前出版的最后一部著作，也是白氏人文主义思想的最终完成。全书内容似乎可以概括为这样一个问题：在现代状况下，民主何以可能？我们知道，白璧德的人文主义既是政治哲学，也是教育哲学，而归根结底是道德哲学，即关于人性的哲学，因此"民主何以可能"穷本溯源是"人性何以可能"的问题。具体论证如下。

在白璧德看来，现代西方世界由于领导者的背叛，在根本上就走错了道路。现在被认为是一个"进步"的时代，但是这个时代混淆了物质进步和道德进步，一心营求物质利益，以至于商业精神肆行无忌。同时，由于缺乏标准，西方文明表现出离心式的个人主义症状，在人道主义式理想主义和马基雅维利式现实主义之间奔突摇摆。人道主义理想已经破产,而返回马基雅维利则将意味着西方文明的终结。美国的情形更加不容乐观。美国不但没有标准,而且混淆、颠倒了标准。在这里,数量压倒了品质。传统标准不断溃败,自然主义哲学(它要么表现为情感主义,要么表现为功利主义)甚嚣尘上。在商业精神和好战热情的双重驱动下,美国插手全球事务,以推行所谓"服务世界"(world service)的人道主义计划,于是蜕变成一个好战者的国度。它渐渐背离了立宪自由,正在迅速从联邦共和国走向高度集权的官僚帝国。种种迹象表明,整个西方世界都已经走到了穷途末路。

白璧德认为,一切经济问题到最后是政治问题,一切政治问题到最后是哲学问题,而一切哲学问题到最后是宗教问题。现代西方文明已经病入膏肓,其祸胎则暗结于18世纪末兴起的浪漫主义运动。这场运动不仅是古今之争(the quarrel between the Ancients and the Moderns)的集中爆发,也是古典精神和浪漫精神、精英信条(the doctrine of the saving remnant)和神圣普通人信条(the doctrine of the divine average)之间的一场战斗。在政治哲学领域,它突出体现为卢梭与柏克的对立。

在卢梭身上,情和理是分裂的:他时而倒向个人主义,时而倒向集体主义;同时,他的情感主义具有功利主义的一面,二者彼此渗透而交互影响。因此他虽然提出了真问题,但给出的却是错误的答案:他说的"博爱"不过是情感主义的夸张梦想,而放纵情感只会导致没落的帝国主义;他说的"德性"美化了本能和无理性;他说的"爱"是对基督教"慈善"的袭仿;他创造了一套新的"神话",例如"性本善"(the natural goodness)理论,但是他说的"天性/自然"不过是牧歌式想象(idyllic imagination)的投射或浪漫想象的怀旧,"回归自然"恰恰引发了人类欲望的无限扩张。此外,卢梭把善恶斗争的场所从个人转移到了社会:个人是善的,社会是恶的,个人的恶是社会造成的。这种二元论哲学让普罗大众获得道德上的自豪感,自觉代表了正义一方,同时认为自己是社会的牺牲品而疑忌、仇视一切比自己高贵的人,结果这种"爱"的哲学点燃、激化了阶级斗争。现在"人民不会犯错"的信条取代了"国王不会犯错"的信条,但国王至少还要面对上帝,而"人民"则无须对任何人负责。这样一来,人民的意志(所谓"公意")实际上成了不受法律约束的"神圣意志",这必然导致恐怖的"多数人的专制"——法国大革命就是一个符合逻辑的历史证明。

法国大革命是一场具有普遍法则的运动(a universal crusade)。"自由、平等、博爱"不过是哗众取宠的标语口号,它们在实践中恰恰走向了自己的反面。完全是出于厌倦和腻烦心理,卢梭主义者本着以"爱"为基础的"自由"打翻了一个又一个政权,而他们所鼓吹的"平等",在实践中竟表现为根据阶级成分判断一个人。试图结合自由和平等却带来了恐怖主义,这时候人人自危,相互猜疑,鼓吹"博爱"的情感主义最终演变为杀人的狂热(homicidal mania)。于是民主领导变成了帝国主义独裁——卢梭主义者(如罗伯斯庇尔)即以理想化的"公意"为名,将自己的意志强加给民众——情感主义者们宣称一心为之谋福利的大众则成了他们的牺牲品。

如果说卢梭代表了浪漫的精神,那么柏克则代表了古典的精神。柏克也是一名个人主义者,但他的个人主义不是自然主义的个人主义,而是人文的、宗教的个人主义。他甚至可以说是一名反个人主义者,因为他要求个人尊重过去时代中积累起来的经验。在他看来,个人只有履行确定义务才能获得权利,这种权利是具体的、基于历史的权利,而不是洛克所说的那种先于义务的抽象权利。柏克不仅具有道德的想象力,而且承认想象的崇高作用,认为人类的智慧主要在于将以往经验视为一种对现在发挥作用的有生力量。因此,他坦率地支持贵族制度,但他同时反对墨守成规的传统主义,在对传统秩序的热爱中注入了健全的个人主义因素。他调停生命中的"常"与"变",在"多"中看到了"一"。与之相应,他的"自由"不是无限扩张个体的欲望,而是在采取"内在控制"和摆脱"外在控制"这两种做法之间进行适当的调整。不过,柏克未能充分认识到新旧原则交战的广度和强度,而且他在为自己的宗教和人文主义立场进行辩护时流露出蒙昧主义的倾向,因此他的方法并不完全适用于现代世界。白璧德指出,为了捍卫真正的自由主义,我们必须采取更加有效的方法。

这种方法就是现代的方法。白璧德将现代的人分为现代人(the modern man)和现代主义者(the modernist)两种。现代主义者迷信机构与效率,将机器视为达到道德目标的手段;他们把选择权交付给了"自然",并试图用一种散漫的、不加选择的同情来取代道德意义上的工作。然而,肯定和批判的形式更加切近现代精神。"现代"意味着批判的、个人主义的生活观;一个彻底现代的人必须采取肯定的、批判的立场。现代的方法就是肯定的和批判的方法,它和传统主义者毫无批判意识的教条主义做法是截然对立的。白璧德声称自己就是这样一个现代人:"我本人是一个彻底的个人主义者……我反对那些现代人,那恰恰是因为他们不够现代,换言之,他们不够有实验精神……"①这里说的"实验"并不是实验室中的科学实验,而是以人生为实验室、以人心为对象的实验。正是在这个意义上,白璧德说自己的工作方法"纯粹是心理学的"。

这种"纯粹心理学的方法"同时也是历史的、综合的方法。首先,不同于关注彼岸生活的基督教,白璧德对"更高意志"(the higher will)及其对人类的扩张欲望行使"否决权力"(本书的目的就是为这种权力进行辩护)的兴趣是人文主义的而不是宗教的,即他关心的是如何促成并且践履那种应当统管世俗人伦的"节度法则"(the law of measure)。其次,不同于迷恋"进步"神话的人道主义者,白璧德更看重属于一切时代的智慧,不论是东方的智慧还是西方的智慧。他从国际人文主义者的立场出发,对西方中心主义进行了批判:

> 认为"整个世界"(orbis terrarum)是由欧洲和亚洲的一小部分构成的,这不过是我们西方人狂妄自大的一种表现,将使我们的研究忽略地球上将近一半人的经验。在这个全球通信畅通的时代,把两个半球的人类经验综合起来,看上去格外令人神往。②

白璧德认为,脑和心、知性和意志、理性和信仰之间的斗争构成了西方文明的根本症结。作为西方文明的源头,古希腊哲学从一开始就

---

① 参见本书边码第 143 页。
② 参见本书边码第 156 页。

表现出顽固的重智主义倾向而未能妥善处理更高意志(也就是道德意志)的问题。代之而起的基督教哲学则走向了另一极端,为打消知性的傲慢而过分贬损知性,甚至于消灭了知性本身。文艺复兴时期,人们再次把生命主要视为一个知识问题,但他们追求的知识不是道德知识,而是关于自然秩序的知识。有鉴于此,白璧德对东方寄予厚望,认为中国儒家和印度佛教思想可以帮助西方文明走出现代困境,其途径用他的话说就是"让孔子成为亚里士多德的后盾,让佛陀成为基督的后盾"①。白璧德指出:真正的基督教摈弃精神怠惰,运用更高意志而有力地遏制了人类欲望,然而它自己受到权力意志的侵袭,传教精神变成了好战精神;清教(Puritanism)本来是一种重视内在生命的宗教,但现在越来越转向社会服务,用各式各样的事业、运动、改革和宗教战争取代了内在生命的真理。然而,道德现实主义者拒绝以"同情"或"社会正义"为名将善恶斗争的场所从个人转向社会,同时怀疑人道主义意义上的"服务"是否足以制衡对不道德权力的追求。佛陀提倡实修,不尚空论,在意志中发现了统摄万物的原则,而孔子的"克己"是一种"有品质的意志";他们都致力于结合谦卑与自立(self-reliance)以及培养批判精神,这正是"人文主义"的真义所在。②

---

① 参见本书边码第273页。

② 白璧德对佛学的了解限于南传上座部(即所谓小乘佛教),曾将巴利文的《法句经》(Dhammapada)译为英文,对大乘佛教则缺乏认同,甚至不无东方主义偏见。例如他认为原始佛教最富批判性、最少神话色彩,而大乘佛教则远离了创始人的积极的、批判的精神。我们知道,小乘佛教强调自度(自我解脱),而大乘佛教强调度人(普度众生),在白璧德看来,这正是人文主义和人道主义的区别。事实上佛陀成道后又行化多年,在他身上,自度和度人并不矛盾,而是连续、统一的生命实践。白璧德本人的教学著述活动也实践了这一点。

白璧德曾经不无苦涩地感叹说:"很可能仍有少数人意识到关注自身事务的重要性。"①他另外还说过:"整个西方似乎都处于绝境之中……我们唯一的希望或许即是回归内在生命的真理。"②在这里,"关注自身事务"和"回归内在生命的真理"显然是一回事。"回归内在生命"是人文主义的基本入路,无论是个人、国家还是世界,只有回归内在生命才能获得道德上的统一。那么,什么是"内在生命"呢? 在白璧德看来,它是这样一种真理:人类的自然自我(natural self)需要怀着敬畏和谦卑来仰望某种更高意志;或者说,承认人身上有某种力量,这种力量与构成人类普通自我或性情自我(his ordinary or temperamental self)的外在印象、扩张欲望恰好背道而驰。白璧德认为这是一种"真正的二元论",即它承认人类具有两种根本对立的意志——自然意志和道德意志,而道德意志是第一位的。自然意志是人类的基本欲望,包括认知欲望、感性欲望和权力欲望(即尼采所说的"权力意志")。道德意志则与更高意志、正义意志(will to justice)同义,指人心中可以提升个体于气质本性(physical nature)之上的那种力量。它约束着普通自我、自然意志、扩张欲望,根据道德意志行动即意味着有所羁勒、限制和选择。一句话,内在生命的真谛在于自我克制——道德自我对自然自我的克制,即按照节度法则节制自然人的欲望,遵循某种标准来约束、规训他的性情自我。需要强调的是,自我克制不仅适用于个人,也同样适用于国家(the State)。正如个人具有对其普通自我发挥约束作用的更

---

① 参见本书边码第200页。
② 参见本书边码第236页。

高意志一样,国家也应当具有某种更高的或恒常的自我(这体现为制度)来限制它的普通自我(这表现为大众意志)。无论是对个人还是对国家来说,道德意志或更高意志都不是外在的、机械的"否定力量",而是属于生命本身;如果否定这种意志,内在生命也就不复存在了。

前面说过,新人文主义之为"新",在于它的批判性。批判首先意味着甄别。大众常常被一些语词煽惑误导,因此人文主义者有必要对语词概念进行甄别(此即孔子所说的"正名")。比方说"自由"。在白璧德看来,自然权利学说假定自由先于责任存在,这样自由就成了怠惰的自由;事实上自由和工作有关,真正的自由乃是工作的自由。所谓工作包括外在工作和内在工作两种类型:前者以外部世界为工作对象,后者则以内心为工作对象。真正的自由只有通过内在工作——道德自我的内在克制,或者说使普通意志服从于更高意志——方能实现。在这个意义上,自由绝不是"自然(天性)"的无偿馈赠,而是个人道德努力的结果。真正的自由需要等级、服从和中心,这意味着推动内在工作、实现内在生命的更高意志必须遵循标准行事。人类精神怠惰的本质正在于他不尊重标准、不肯按照标准规训自身,希望无限放纵他的权力意志。实用主义者只看重外在工作,结果用标准化(standardization)取代了标准。具有标准意味着选择和拒斥,而选择和拒斥又意味着我们必须以某种道德为中心规训自己的情感。标准并不是绝对的,而是需要观察和常识。个人要拥有标准就必须依赖他的批判精神,告别各种大一统的人生规划(unifications of life)。

其次,人文主义的批判是"个人的事务",它的主体和对象都是个人。白璧德声称他以实证和批判的方式达到他的人文主义,又称他的人文主义不仅是积极的和批判的,也是个人主义的,再三强调了这一点。他认为健全的个人主义是一种道德现实主义,这种个人主义始于责任而不是权利,内在工作是它的最终来源。与之相应,一个健全的个人主义者必须协同知性和想象来为道德意志服务并由此获得标准。重视想象是新人文主义的一个特点。白璧德曾说自己和古希腊-罗马一系的人文主义者相比,较多讲意志而较少讲理性,同时承认想象具有极其重要的作用。他把想象分为两种:规训的想象(disciplined imagination)和恣肆的幻想(expansive conceit)。人文主义者的想象是按照人性法则予以规训的想象,这种想象提供了个人限制自我放纵的参考标准,保持高尚人性和低劣人性之间的力量平衡,同时妥善化解了一与多(the One and the Many)——这表现为统一与杂多(unity and multiplicity)、历史的连续性与个体的分离性、人类经验的不变因素与变化因素等等——之间的矛盾。

和宗教一样,人文主义必须承认内在生命、精神法则和身体法则的对立,必须使知性从属于意志而最终归于谦卑。但人文主义毕竟不同于宗教:宗教追求彼岸和平,往往拒斥和否定欲望,而人文主义只是节制和协调欲望,尽量使现实生活变得完美。如果说居于宗教核心的是意欲和平的意志,那么居于人文主义核心的则是意欲正义的意志。情感主义者(在白璧德看来,这和浪漫主义者、卢梭主义者是一路货色)总是规避正义问题,转而鼓吹"社会正义"(social justice)。社会正义往往损害个体的道德责任,掩蔽对标准和领导的需要,引发阶级斗争而使社会陷入深渊。就外部世界而言,正义必然只是在个人身上精神自我工作时产生的和谐(harmony and proportionateness)的反映。因此正义首先是个人的正义。换句话说,重要的不是抽象的正义(如社会正义),而是正义的人(the just man),即那些遵循更高意志行事的精英或有品格的人(men of character)。[①]

个人主义是人文主义(humanism)和人道主义(humanitarianism)的分水岭。白璧德认为,自然主义运动总体而言是一场以"民主式的兄弟情谊和进步"(democratic fraternity and progress)为特征的人道主义运动。如果说人文主义者关心的是个人的内在生活,那么人道主义者关心的则是大众的命运、人类整体的福祉与进步。人道主义者最爱讲的一个词是"服务",即为全人类服务,但是这种服务不包含任何内在生活的真理。人道主义者声称渴望为他人服务,其实是渴望支配他人。他们打着利他(altruism)的旗号,以社会效用(social utility)为借口,放纵自身权力意志,亟欲剥夺个人的最后一点自由,直到他屈从于暴虐的外部控制。在这个意义上,人道主义甚至意味着恐怖主义的萌蘖。人文主义者拒绝人道主义,他从生命冲动与生命控制的斗争开始,让个人对自己行使控制权。不错,这样做是为了个人,但正义、民主和文明恰正因此而得到保障。

白璧德认为存在着两种类型的民主:直接民主与立宪民主。直接

[①] 又,白璧德在批判社会正义时特别指出:社会正义以"同情"为名局部或全面抑制竞争就会出现问题;竞争是必要的,它将人类从本然的怠惰中唤醒,没有竞争,生活将失去激情和兴味;医治恶性竞争的方法在于强者、成功者的节制和宽宏,并不在于对失败者的命运表示病态的同情。(参见本书边码第205页。)

的、无限制的民主意味着自由的死亡,它具有暴政气质而近于帝国主义。美国的民主试验从一开始就存在着分歧,这一分歧源于华盛顿和杰斐逊对自由的不同理解:华盛顿关注道德上的统一,注重自由的联合主义方面(the unionist aspect of liberty)。与之相反,杰斐逊的政治哲学缺少对自然欲望的扩张进行内在制约这一环节,他的民主理想在实践中有可能通向帝国主义。极端的民主和帝国主义在本质上是相同的,从极端民主到没落的帝国主义之间不过一步之遥。长远地看,民主的命运取决于领导人的品质;民主必须有真正的领导人,否则文明就会受到威胁。

所谓"真正的领导人",也就是正义的人、正当的人(the right man)。政府拥有权力,而权力取决于行使权力者的意志品质。只有当"举足轻重的少数人"(an important minority)在道德上积极进取并因此变得正义而具有表率作用时,道德国家(the ethical State)才会成为可能。人类天性能够对正确的榜样迅速做出回应。个人首先必须仰望典范,即远高于普通自我的标准,继而模仿典范,直到最后自己成为典范。只有谦卑地仰望标准并因而值得我们仰望的人才有资格担任领导,这种人文主义的领导是制衡那些以民主为名取消一切领导的帝国主义超人的唯一有效方法。

事实上,真正的领导人或人文主义精英也正是文明的希望所在。文明是一种在无意识深处自发涌现并被自觉意欲的东西,而且首先是个人在自己心中自觉意欲的东西。然而,情感泛滥的个人主义和文明的延续是无法共存的。文明终究离不开标准的维系,而维系标准则需要特定的人,即以某种形式重新获得内在生活真理、摈弃自然主义谬误的领导人。人类历史表明,标准的衰落往往导致窳劣的领导而非平等主义的天堂。现代的问题是我们需要获得忠于标准的领导人,其途径在于教育。在白璧德看来,旧式教育指向智慧与品格,而新式教育指向服务和权力,不但没有提供标准,反而破坏了标准。要教育未来的领导人,就必须让他们知道什么是正当的行为,而正当的行为则基于正当习性(right habits)的养成。只有这样,体现标准和文明的传统习俗(convention)——传统习俗不等于泥古不化、墨守成规(conventionalism),我们要灵活地、富于想象地、与时俱进地看待它——才有可能传承给下一代。

民主何以可能?曰:为政在人,人待教而成,是谓人文。这就是白璧德向我们郑重宣示的答案。

正如民主实践是历史的、具体的、不断发展的一样,对民主的反思和批判亦复如是。白璧德的答案只是众多可能答案中的一个,并非最终定论,在今天看来甚或不无可再商榷之处。首先,他对待前人思想往往采用"六经注我"的方式,既有一针见血的真知会解,也不乏断章取义的曲解误读。他对康德道德哲学的批判便是如此。白璧德认为康德的"绝对命令"是一种排除了特殊经验内容的先验设定,"更多是一种僵硬的形而上学抽象物"[1];不仅如此,"绝对命令"体现的是行为的意志而非约束行为的意志,即其强调"'做'的自由"而非

---

[1] 参见本书边码第325页。

"'不做'的自由",①因而难以有效抑制人欲的扩张。其实,康德的"绝对命令"要求每个人"意志的准则始终能够同时作为普遍立法的原则",它的精神实质和最终指向基于道德自律的自由,即人能够而且应该根据实践理性规范自身而成为自身的立法者②,这和白璧德本人提倡的"内在克制"实有异曲同工之妙,而白氏不察,乃失之交臂,殊为可惜。

其次,白璧德主张由道德精英("有品格的人""正义的人""人文主义者")来领导国家,但问题是:道德精英是否具备领导能力?退一步讲,即便道德精英具有足够的管理国家的知识,领导资格也不等于领导地位;"大德必得其位""立天下之正位,行天下之正道"不过是一厢情愿的空想罢了。道德精英如何取得领导权?这方才是问题的关键所在。再退一步讲,即使道德精英成功获得并占据领导地位,民主便可永葆无虞了吗?白璧德主张个人的"内在克制",即道德自我对自然自我的克制,这又何尝不是一种绝对的道德命令呢!在某种意义上,"内在克制"同样要求"行为的意志"和"做的自由",甚至是每一个人的"必须"(sollen)。我们不禁想问,这个"必须"依循的标准是什么?白璧德认为这个标准就是个人的"更高自我",即个人的"道德意志";质言之,这个标准是道德,而且是白璧德本人所理解的人文主义道德。但是,标准只能是道德标准吗?即便道德是唯一标准,那么是否只存在一种道

---

① 参见本书边码第226页。
② 参见康德:《实践理性批判》,韩水法译,商务印书馆,1999年,第31、34—35页。另见康德:《道德形而上学原理》,苗力田译,上海人民出版社,2002年,第60页。

德呢？如果道德只有一个,道德标准也只有一个,即只存在单一的、绝对的道德标准,这和专制又有什么区别？在这种情况下,"内在克制"只是权力意志的内置,不但没有抑制权力意志,反而深化和强化了权力意志;而"更高自我"——无论是上帝、君主、领袖、天理、绝对精神,还是国家、民族、阶级、政党、人民、普遍人性——恰恰成为权力意志的宿主和道德专制的温床。大一统的道德专制只是变相的神权统治。面对绝对的道德(确切地说是它的代理人),每个人只有服从的权利和成为道德奴隶的自由。试问在这个时候,即当道德成为暴政、人性受到奴役时,民主何以可能？

我们必须认真思考这个问题。也许,民主的命运就取决于我们对这个问题的回答。

张沛

2007年冬

于北大中关园寓所

前　　言

　　1920年3月,我受拉维尔基金会(Larwill Foundation)之邀在凯尼恩学院(Kenyon College)作了四次讲演,这一系列讲演统称为"民主与帝国主义",本书内容部分取材于此。1922年4月,受西部基金会(West Foundation)之邀,我在斯坦福大学(Leland Stanford University)同样作了四次讲演,题名为"民主的道德基础",内容与凯尼恩系列部分相同,但在形式上作了改动,且作了不少的增补工作。此外,我曾于1923年3—5月在索邦大学(Sorbonne)开设了题为"卢梭的政治著作"的公共讲演课程,本书从该课程讲义中取用了若干章节。我在此谨向与演讲有关的各方负责人致以诚挚的谢意。

欧文·白璧德

马萨诸塞州　剑桥

1924年2月

导　言[①]

劳合·乔治[②]先生认为，未来甚至会比当前更加注重经济问题，特别是劳资关系，如果真是那样，我们不禁要说：那样的未来将是非常浅薄的。经济问题研究到相当的深度，总会被归结为政治问题，而政治问题又将转化为哲学问题，最终哲学问题本身又与宗教问题几乎难解难分。我一直致力于揭示现代运动（modern movement）的深层涵义，本书便是这系列著述中之一种。这一系列著述尽管分别讨论了不同的题目，然而却有着共同的目标与任务，即均系针对自然主义潮流（naturalistic trend）而发。这一潮流在某些主要方面至少可以回溯到文艺复兴时期，但它直至18世纪才对传统取得了决定性的胜利。18世纪有不少人为通向我们今天生活的世界铺平了道路，其中卢梭（Rousseau）在本书以及我的其他作品中都占据了首要的位置。任何作过事实考证的人都难以否认卢梭具有的这一首要地位，尽管我们不应

[①] 白璧德的学生吴宓先生曾以文言文翻译本书导言，题为《白璧德论民治与领袖》，载《学衡》1924年8月第32期。（本书脚注如无特别注明者，均为译者注）

[②] 劳合·乔治（David Lloyd George，1863—1945），英国首相（1916—1922年在任）、自由党领袖，任财政大臣时率先实施社会福利政策，曾出席巴黎和会（1919），承认爱尔兰独立（1921）。

该像阿克顿勋爵①走得那么远,竟然说"卢梭用他的笔比亚里士多德(Aristotle)、西塞罗(Cicero)、圣托马斯·阿奎那②,或者任何曾经活过的人都制造了更多的效果"③。卢梭在思想史中的显著之处在于——如果我的分析无误——他为真问题提供了错误的答案。不过,能够提出真问题,已经非同凡响了。

卢梭无论如何都会令我想起目前正在处理的题目。他轻而易举便在激进民主制(radical democracy)理论家中位列头名,他也是最引人注目的人类文明的抨击者。此外,卢梭还在他对民主制的鼓吹及其对文明的攻击之间建立了明确的联系。他由此将民主制与"文明对野蛮"(civilization versus barbarism)的命题联系了起来,比那些将民主制与"进步对反动"(progress versus reaction)的命题联系起来的人似乎见地更为深刻。因为,如果不是向着文明进步,人们为什么还要进步呢?或者如卢梭断言的那样,人们在野蛮状态下更为幸福,那么进步还有什么用呢?如果我们的思路足够清晰,便会抛弃那种老套的19世纪的残余(即将重点置于进步与反动的对立之上),转而将我们的注意力放到文明人与野蛮人这一更为关键的对立上来。19世纪的人经常会想当然地认为,他们所宣扬的那种进步乃是通向义明的进步;然而,有些人甚

---

① 阿克顿勋爵(Lord Acton, John Emerich Edward Dalberg-Acton, 1834—1902),英国著名史学家,著有《自由史论》等,主编《剑桥近代史》。
② 圣托马斯·阿奎那(Saint Thomas Aquinas, 1225—1274),意大利神学家和经院哲学家,他创立的托马斯主义是欧洲中世纪哲学的最高峰。
③ 见《阿克顿勋爵致玛丽·格莱斯顿的信》(*Letters of Lord Acton to Mary Gladstone*),第12页。——作者原注

至在战前①就开始怀疑这种看法了,有些人则是因这场大战本身意识到了这种看法的可疑,还有一些人对战后的和平疑虑重重。当一个时代自以为一路向着"遥远的神圣事件"(far-off divine event)前进,结果却走向了世界末日般的大战(Armageddon),人们不禁要猜想,这一情形与这个时代的进步观念(notions of progress)之根本性的混乱有关。爱默生所作的区分(Emersonian distinction),即我在此前的著述中大量使用过的"人律"(law for man)与"物律"(law for thing)之分,或有助于探明这种混乱状况的本质。孔子曾赞美他最钟爱的门徒"始终在进步,从未停歇"②。孔子心中所想的进步,显然是根据人律而言的进步;而19世纪的人所说的进步,则通常是指物质进步。他们似乎认为——如果他们真的考虑过这个问题——道德会自动随着物质进步而进步。然而,从人生经验的二元特性来看,整个问题比一般进步论者想象的要复杂得多。就自然法则(natural law③)而言的进步,如果是趋向于文明的,必然要服从于某种适当的目的,而自然法则本身却并不能提供这一目的。如果忽略这一事实,就会导致这样一种人出现:他自命是进步的,然而却不过是在追求力量与速度本身。正如有人曾说过的那样,这样的人只求越走越快,却不在乎去向何方。

如果进步与文明的意义仅此而已,人们就完全有理由分享卢梭对

---

① 指第一次世界大战。
② 即"吾见其进也,未见其止也",见《论语·子罕第九》。
③ natural law 一般有两种涵义,随之有两种译法,一为"自然法",一为"自然法则"。在白璧德的话语系统中,natural law 大抵相当于 law for thing,故在本书中译为"自然法则",霍布斯、洛克、卢梭等人使用的 natural law 概念则译为"自然法"。

野蛮状态的偏好了。比之于文明状态,卢梭更喜好野蛮状态,他给出的理由本身极有分量:野蛮状态更具有兄弟般的友爱。而友爱的精神,不但是真正的哲学,而且是真正的宗教才能结出的美丽花朵,人们应该不惜任何代价来得到它。然而,我一直努力想使大家看到,卢梭式的友爱不过是多愁善感的梦幻,这种梦幻在人们的心灵当中显然是不可能实现的。例如,沃尔特·惠特曼①——卢梭在美国的主要追随者之一——宣扬人与人之间普遍的兄弟情谊(universal brotherhood),主张每个人都应该像他自己一样,"让那具有原生力量的自然,不受制约地畅所欲言"②。换言之,惠特曼主张将兄弟情谊这种宗教性的美德建立在不断膨胀的欲望之上。

我曾在本书及其他各书中一再表明,卢梭以及惠特曼等人设想的民主式的兄弟情谊(democratic fraternity)与功利主义者所理解的进步,无论在某些方面有多么大的冲突,都无非是同一个自然主义运动的不同侧面而已,而这一自然主义运动可统称为人道主义(humanitarianism)。数年前我曾大胆断言:这一运动疏漏了某种东西,而这种东西恰恰是整个拱门的拱心石。③ 这一根本性的缺失导致了形式多样的谬误,并且这一谬误已经扩散到了普通人那里,我们仅随意举出一个最粗浅的例子。有一份销行甚广的杂志《电影故事》,编辑寄语中有好几段话痛批

---

① 沃尔特·惠特曼(Walt Whitman, 1819—1892),美国诗人,作品多宣扬民主精神,创造了诗歌的自由体,代表作品是诗集《草叶集》。
② 见《自我之歌》(Song of Myself)。——作者原注
③ 见《法国现代批评大师》(The Masters of Modern French Criticism),1912年,第188页。——作者原注

那些说"不要"(don't)的人,说这些人不过是些破坏者,是一切充盈的创造冲动的敌人,只有去除那些"不要",我们才能实现大师的教诲:"我来了,是要叫人得生命,并且得的更丰盛。"①亨利·福特②先生肯定会把这种说法看成是犹太人破坏基督徒文明(Gentile civilization)之宏图大计的一部分。然而,事实上是斯达尔夫人③——而并不是一位犹太人——宣称人性中一切扩张性的东西都是神性的。其实,在斯达尔夫人之前,这种"神性的扩张"(divine expansiveness)的概念在西方已有漫长的历史,这个概念发展的某些阶段至少可以追溯到新柏拉图主义者那里。

"去除那些'不要'便可获得(就宗教意义而言的)更丰富的人生",这种说法清晰地(尽管是以一种极端的形式)总结了现代运动中我所要对治的那个方面。本书恰恰是要去做一项最不得人心的工作,即为否决权(veto power)辩护。我们所生活的这个非凡的时代有一个非凡的特征,即那些最不愿意听到"否决权"一词的人,同时就是那些自命站在诸如"和平"与"兄弟情谊"等美德一边的人,而问题在于,这些美德恰恰要依赖"否决权"的实施才能实现。与形形色色的扩张主义者们相反,我坚持认为,使人之为人并最终具有神性的乃是一种意志品质,相对于人之"普通自我"(ordinary self),此种意志表现为一种"制约

---

① 此处"大师"指耶稣,语见《新约·约翰福音》第10章第10节。
② 亨利·福特(Henry Ford, 1863—1947),美国汽车大王,创办福特汽车公司,发明装配线生产法。
③ 斯达尔夫人(Madame de Staël, 1766—1817),法国女作家、文艺理论家,广交文坛名流的沙龙主人,著有《论文学》《论德国》等。

意志"(a will to refrain)。对这种意志品质的肯定并非新鲜事物,其实早在圣保罗①提出的精神之律(law of the spirit)与肢体之律(law of the members)的对立中已见端倪。② 一般来说,东方人认为意志高于理智。"谦卑"(humility)的观念,即人需要尊崇一种更高意志(higher will)的观念,是伴随一种东方的宗教——基督教——来到欧洲的。随着基督教日渐衰落,这一观念亦逐渐失势。在我看来,一切智慧的人生观都必然会承认意志的首要地位,因此在诸多重要方面,我与基督徒们站在一起,共同反对西方(无论古今)那些将理智抑或情感置于首位的人。不过,我与基督徒的不同之处在于,关于更高意志及其对人之扩张性欲望所行使的否决权,我对这种否决权的兴趣并非宗教性的,而是人文主义的。换言之,我所关注的,并非真正的宗教通常会产生的那种沉思冥想(meditation),而是调节(mediation),或云对管辖着世俗关系的节度法则(law of measure)的遵守。此外,我将以一种实证与批判的方式而不仅仅是通过传统的方式抵达我那种人文主义。就此而言,我与那些自然主义者是一样的:他们从一开始便拒斥外在的权威,而对当下的、实验性的东西(the immediate and experimental)情有独钟。只要那些科学人士以这种批判的方式对待自然法则——须知人性本身有很大一部分受到自然法则的制约——我们就应该对他们表示尊敬。但是,如果有人试图将自然法则推衍开来并覆盖整个人性,这时谬误就出现了。这不单单是在否认外在的权威,而且是在否认事关直接经验(immediate

---

① 圣保罗(Saint Paul,5?—67?),基督教早期发展阶段最重要的人物之一,在小亚细亚和欧洲建立了许多教会。
② 见《新约·罗马书》第7章第23节。

experience)的、个体生命中自觉到的精神之律与肢体之律的对立。如果否认或隐瞒这一对立,内在生活(the inner life)便会随之消解。卡莱尔①所说的法国大革命中的卢梭主义与真正基督教精神之间的对比,正是广义上的人道主义(无论其形式是情感主义的还是功利主义的)与一切承认更高意志的学说之间的对比。"哦,不!鲁先生,"卡莱尔惊呼道,"过去的四大福音书是叫人们悔罪,修正每个人自己的邪恶的存在,如是人们始可得救;而这一宣讲兄弟情谊的福音与四福音书作者的宣教都不相同,它遵照的是新的、第五福音书的作者让-雅克(fifth Evangelist Jean-Jacques)②的教诲,让人们去修正整个世界的邪恶的存在,并通过制定宪法而得救;二者南辕北辙,实有天壤之别(toto caelo)。"

与卡莱尔不同,我之所以反对以社会改革(social reform)来代替自身改革(self-reform),原因在于这是远离当下的舍近求远的做法。整体而言,我对这个功利主义-情感主义运动(utilitarian-sentimental movement)的批判,将力求消除形而上学与神学的假设,转而依靠具有大量的、不断生成的证据支持的心理分析(psychological analysis)。从这个意义上而言,我的人文主义不仅是实证的与批判的,而且是个人主义的;我们此后将会发现,实证的与批判的以及个人主义的,最后归结下来乃是一回事。在我看来,就现状而言,有意义的斗争不在不健全的个人主义者(unsound individualist)与传统主义者之间,也不在不健全的

---

① 卡莱尔(Thomas Carlyle,1795—1881),英国作家、散文家和史学家,著有《法国大革命史》《英雄与英雄崇拜》等。

② 即让-雅克·卢梭。

个人主义者与利他主义者之间,而是在健全的个人主义者(sound individualist)与不健全的个人主义者之间。而要成为一名健全的个人主义者,在我看来,则需要保持对内在生活之真理的把握,哪怕要与过去完全决裂。

在此我不妨对此前的论证过程再作一番解说,或可有助于读者更充分地理解我此刻的论证方式,即从批判的、人文主义的角度,在意志与政治的关系中来讨论意志问题。在《文学与美国的大学》(*Literature and the American College*,1908)①一书前几章当中,我区分了"人文主义者"(humanist)与"人道主义者"(humanitarian),后者又分为"功利主义的"和"情感主义的"两种类型,我将人道主义运动的这两个方面分别称为"培根式的"(Baconian)与"卢梭式的"(Rousseauistic),因为这二人的著述与人格,在我看来,最为充分地预示了这一运动的两个方面。我曾指出,人道主义者不像人文主义者那样主要关注个体及其内在生活,而是关注全人类的福利与进步。人道主义者最喜欢的一个词便是"服务"(service)。目前有这样一种趋势,即把人文主义仅仅视为人道主义之简略的更方便的形式,这种趋势只会导致最恶劣的混乱。

在《法国现代批评大师》(*The Masters of Modern French Criticism*,1912)一书中,我尝试着进一步申明自己对这种批判性的人文主义的辩护。尽管内在生活的基础乃是卑下意志与更高意志的对立,然而更高

---

① 《文学与美国的大学》是白璧德"人文主义"系列中的第一部著作,也是奠基之作;而《民主与领袖》是白璧德最后一部专著,也是其系列著述的集大成之作。作者在本书导言中依次回顾了此前各书的主要内容与基本思想。

意志却不能任意行事，而必须遵从一定的标准。从前这一标准来自传统，例如，人们可以从基督教传统中得到他们所需要的律条，并施诸其卑下的天性。人由是与自身以及其他接受这一律条的人产生了某种程度的道德一致性（moral unity）。如果个人主义者想要建立自己的标准，就必须依赖批判精神，与传统赋予人们的统一的生活模式（the traditional unifications of life）彻底决裂。个人主义者从一开始便面临着所有哲学问题中最艰深的一个题目：一（the one）与多（the many）的问题。很显然，除非存在一种"一"的元素来衡量世间万物无限的不同性质，标准才有可能存在。《法国现代批评大师》一书专门处理的主题便是一与多的问题，以及圣伯甫①和其他杰出的法国个人主义者何以由于没有充分地处理这一问题，从而未能获得现代类型的标准。对过去那个世纪②的批判，可以用一个词最为完整地加以概括，这个词便是"相对性"（relativity）。我一再试图表明，文明最终必须依赖于标准的保持与维系。如果此言不虚，那么当我们对时代的批评未能在个人瞬息万变的印象与非本质之人性的流变之上获得一个评判的中心，这一失败就可以说是文明本身的败绩。在《新拉奥孔》（The New Laocoon，1910）一书中，我力求展示文学与艺术当中随着标准的不断衰败而产生的无政府状态。从表面上来看，这一无政府状态无非是一种情感的放纵。然而，进一步观察之后我们发现，情感的无政府状态（emotional anarchy）本身其实是一种更加微妙同时也更加危险的东西——想象的

---

① 圣伯甫（Charles Augustin Sainte-Beuve, 1804—1869），法国文学评论家和作家，著有文学评论集《月曜日漫谈》和《新月曜日》。

② 指19世纪。

无政府状态(anarchy of the imagination)——的征象。《卢梭与浪漫主义》(Rousseau and Romanticism，1919)一书与《新拉奥孔》一书讨论的话题极为相近，其中关于想象(imagination)的问题得到了特殊的处理。在此我得出了自己极力维护的那种人文主义的又一个鲜明特征：与希腊-罗马传统中的人文主义者相比，我更多谈及意志，而较少言及理性；此外，我还赋予了想象极其重要的地位。狄德罗(Diderot)认为，自然的或扩张性的意志(natural or expansive will)与人特有的那种意志或云制约意志之间存在冲突的那种说法不免有些"造作"。如果我们并不同意狄氏之说，而是坚持认为这一冲突乃是关乎人之意识的一个基本事实，就会进一步得出如下结论：这种"洞穴中的内战"(civil war in the cave)结果如何，将取决于人们的想象以及由此产生的态度。换言之，正是人类的想象把持着人性中更高与卑下部分之间的力量平衡。鉴诸往史(不妨即以刚刚过去的世界大战为例)，我们看到，人们不过是假装受到了理性的制约，这简直是一个不好笑的笑话。具有批判性的观察者不得不同意拿破仑的说法：并非理性而是"想象统治着人类"。不过，这并不意味着人类应该像上一个世纪那样受到拿破仑性质的想象(the Napoleonic quality of imagination)的统治。

　　人们抱怨说，"想象"这个词有如此繁多的意义，以至于都不再具有意义了。对于"想象"一词的理解或可通过一个简短的历时考察得以澄清。"想象"一词源于拉丁语词 imaginatio，而 imaginatio 本身又是对希腊语词 φαντασία（幻想、想象）一词的解释。"幻想"(fancy)一词的字面意义为"看似何物"，换言之，即各种感官印象或一种储存这些印象的能力,从而与记忆密切相关。在希腊哲学中,幻想或表象(appearance)与现实(reality)相比,地位相当低下,而现实则往往等同于理性(reason)或心智(mind)。特别是对于斯多葛学派(Stoic)中人而言,理性应该也必须控制那些不断叩击感官大门的印象,并对这些印象作一严格的选择。马可·奥勒留①曾云:"摒弃一切令人心神不宁的、外来的'幻想'(即印象),立刻便可获得彻底的平静,这是一件多么容易的事情啊。"其实,早在柏拉图那里便可看到对这种意义上的幻想所作的贬抑了。他希望获得一种真理,这一真理"无比坚定,不为我们的'幻想'所动"②。然而,基督教有一个信念:人无法通过自身的才智获得那样的真理,即仅凭理性是无法战胜来自感官的欺骗的,这种信念乃是基督教谦卑观念的一个主要根据。例如,帕斯卡(Pascal)赋予"想象"一词的涵义,与斯多葛学派赋予它及其希腊文同义词的涵义相同,他像斯多葛学派一样对想象大加贬抑,不过除想象之外,他同样对理性大加贬抑。他认为想象不过是"谬误的情妇",而理性则根本无力抵御那些谬误,能够对治想象与理性的唯有"心"(heart),而"心"在帕斯卡这里,意味着对以"神恩"(grace)之形式显示出来的更高意志的领悟。这一内在启示(inner revelation)本身得到了外在启示的支持。帕斯卡认为,人们在此或可找到真理与现实之坚实的立足

---

① 马可·奥勒留(Marcus Aurelius,121—180),罗马皇帝(161—180年在位),新斯多葛派哲学的代表,著有《沉思录》。

② 见《克拉底鲁》(*Cratylus*),386E。毋庸置疑,柏拉图比其他任何哲学家都更好地向我们展示了(广义上的)想象的更高用途。不过,即使我们考虑到了这一术语的变迁,柏拉图关于(广义上的)想象的理论亦极难把握。——作者原注

点。他并不认为想象在外在启示以及内"心"生活中具有任何作用,以为能够在想象(或仅仅是表象)与现实之间划出一条壁垒分明的界线——至少在这一点上,帕斯卡与柏拉图十分相似。然而,一切严谨的心理学几乎从不担保在真实与虚幻之间有如是鲜明的分野。人们最后只能得出与儒贝尔①相同的结论:"幻想乃是现实不可分割的一部分。"这一结论或许有损于纯粹的教条,但并不会使人放弃标准。不过,这样一来,我们就必须关注"想象"一词的另外一种可能的定义,亦即该词具有的第二种主要的涵义——事实上,那本是"想象"一词在西方思想中一直具有的意义。这一意义上的想象更多地代表了人们对事物的构想(what one conceives),而非人们对事物的(内在或外在的)感知(what one perceives)。不要忘记,"幻想"(conceit)一词在更古老的英语用法中,不但是一个具有正面意义的词语,并且还是"想象"(imagination)一词的同义词。该词何以具有了目前的负面意义(即虚幻的想象)自有充分的历史解释,在此我无须多言。现在回到"构想"一词,从语源学的意义上来说,这个词意味着将事物聚拢起来并看出其中的相似性,由此将各种异质的成分统一起来。柯勒律治(Coleridge)曾经像一个学究似的用一个冷僻的词来解说想象:想象是一种将事物合而为一的"聚合"(esemplastic)力。柯勒律治这一表述或许是英语当中对想象之第二重涵义最有代表性的阐述。至于该词的另一主要涵义,我们可以在艾迪生②的《旁观者》(Spectator)中论想象的几篇文章

---

① 儒贝尔(Joseph Joubert,1754—1824),法国道德学家和散文家,著有《箴言集》。
② 艾迪生(Joseph Addison,1672—1719),英国散文作家、剧作家、诗人,与斯梯尔合办有著名的《旁观者》杂志。

里找到例证。艾迪生不但将想象贬低为外在的感知，而且根据该词的希腊-拉丁词源的本义，将外在感知进一步限定为眼睛看到的东西。

如果我们所说的想象不仅是我们感知到的东西，还包括我们的构想，便必然会得出这样的结论：关于想象的问题与关于"一"和"多"的问题密切相关，由此与关于标准的问题亦大有关系，因为只有在千姿百态、变动不居的生活中发现一种持久的统一性，以衡量那些纷繁的现象，我们才有可能沿着批判的路线获得标准。正因为"幻想乃是现实不可分割的一部分"，所以我们不应该认为通过想象而获得的统一性都是虚幻的。有些强词夺理的人可能会说，即使不直接提出现实问题，我们也有可能获得标准；在诸多实际问题上，只要看看人们的幻想——以及幻灭——的性质，便能足够准确地衡量一个人了。然而，尽管我们永远无法获得绝对的统一性与绝对的现实——那种普遍的绝对不过是一种形而上学的幻梦，我们仍旧可以在实验的基础上，决定每一种特定的人生观将在什么程度上根据事物的本性得到肯认或否定，并由此来评定这种人生观的真实性。在辛奈西斯①看来，上帝正是通过想象与人交流的。但不幸的是，魔鬼也是通过这一方式与人交流的，因此严格来说，对于这些交流的评估并不在于想象本身。要想确认我们的想象活动（imaginings）的性质，需在人的感知力与构想力之外补充第三种力量——辨别力。我意识到，对人类力量或能力的一切分类都多少会有

---

① 辛奈西斯（Synesius，约373—414），希腊哲学家，曾任托勒麦（今利比亚一省城）主教，著有《书信集》《散文和赞美诗》等。

些武断,但尽管武断,分类仍是不可避免的,哪怕仅是作为思考的工具。我相信,人们将会发现我们在此使用的三重分类乃是其中最为有益的一种。

我在此强调人之辨别力的重要性,意在指出这种力量并非抽象地而是在真实的经验材料的基础上发生作用的。总之,我们充满想象同时又具有辨别力地专注于事实,这将是唯一的在这个世界最终具有价值的事情,这句话或许可以最好地总结我的全部观点。不过,人们可感知并专注的事实不计其数,且处于完全不同的层面,这乃是物质进步不但不能带来道德进步,而且极难与之结合的原因之一。物质进步所关注的事实完全限于自然法则方面,并且几乎是通过对这种事实的近乎暴虐的关注而实现的。人的专注能力是有限的,因此会对处于完全不同层面的事实——基于人性法则(human law)的事实——日益忽视,这便是物质进步的代价。而这种精神上的盲目必将招致神罚(Nemesis)。看看最近爆发的那场大战以及西方社会近来激增的各种类似症状,便可窥见这一惩罚的性质了。

不用说,那些"进步"党人并不承认自己精神上的盲目。他们接受了某些标准来充当传统的标准与道德一致性的合法替代品,确实,这些标准看起来为生活提供了新的统一模式并展示出了极大的想象力,但是这种想象力并没有得到现实的充分验证。这些力图将人们统一起来的新方案,特别伴随着所谓的浪漫主义运动而兴盛起来。这一运动的领袖们弃辨别力于不顾,并在此废墟之上刻意建立了一种对所谓的创造性想象(creative imagination)的崇拜,这一情况不可等闲视之。这种

16 　想象既不受物律也不受人律的制约,而是——用扬①的话来说——在自身的幻境中胡乱游荡。任何认真对待这种想象的产物的人,都只会堕入幻想或虚幻的想象。幻想一直以来都是人类独有的病症,但或许从未像今天这样严重。回顾我们这个时代,人们的显著特征是:他们具有这样一种能力,即将未加验证的幻想当作"理想"。有些人在自己的幻想中乃是高尚的"理想主义者",然而一经现实的考验,却不过是导致灾难的梦想家,我们对这种人已经司空见惯了。

　　尽管人们受到想象的宰制,但幸运的是,这并不意味着他们必然会受到幻想的宰制。纯粹的空想家(the visionary)与真正具有远见的人物(the man of vision)之间的区别依旧存在。这一区别只有涉及领袖问题(question of leadership)的时候,才会展现出全部的意义。我当前论述的主要目的是要表明:真正的领导者,无论好坏,永远都会存在,如果民主制试图回避这一真理,便会对文明构成威胁。特别是有这样一种观念,即可以用代表了"公意"(general will)的"数量多数"(numerical majorities)来代替领导者,这只不过是一种有害的幻想。用长期的眼光来看,民主制(以及其他各种政府形式)的好坏只能通过其领袖的品质来加以判断,而领袖的品质则转而依赖于他们的远见卓识。人们常说,如果没有远见,人类将会灭亡;但是,如果有远见,然而是虚假的远见,人类就会灭亡得更快。在我看来,我们这个时代遇到的最糟糕的难题不是缺乏远见,而是虚假的远见太多了。换言之,这个时代最令人忧虑

---

① 即爱德华·扬(Edward Young,1683—1765),英国诗人、剧作家、文艺评论家,著有长诗《夜思录》,是"墓园诗派"的创始人。

的,并非其公然承认的物质主义,而是那些被认为代表了精神性的东西。

有的人不过是空想家,却僭取了有远见之名誉,在我看来,卢梭(至少在近世)乃是这种人当中最突出的一个。他吁请大家返回的那个"自然"(the Nature)不过是一种幻想。这种幻想鼓动着人们用放纵的情感(expansive emotion)来取代生命制约(*frein vital*, vital control)①——此系人类更高自我(higher self)的真实声音。这种替换,从理想的角度来看,似乎代表了友爱精神的胜利。然而事实却是,如果我们屈服于情感的放纵幻想,其结果并非兄弟情谊,反倒是腐朽的帝国主义(decadent imperialism)。本书中大量使用了"帝国主义"一词,该词多呈广义,与英美读者所熟悉的用法不同。我在广义上使用"帝国主义"一词的理据在于,在每一种形式的帝国主义背后,我们所看到的都无非是个人对权力的追求,或者说,是个人的帝国主义(imperialism of the individual)。至少在这个方面,我与柏格森(Bergson)的意见一致:"帝国主义是生命冲动(vital urge)固有的性质,它存在于每个个体以及一切民族的灵魂深处。"②柏格森对于"生命冲动"(*élan vital*)的崇拜其实直接源于卢梭。但我们必须注意到,这师徒二人之间存在着重要的分歧,并且这一分歧有利于后者的学说,伸之更胜一等:柏格森并不打算将兄弟情谊置于"生命冲动"之上,须知兄弟情谊本身必须通过行使

---

① *frein vital* 系白璧德根据柏格森的"生命冲动"(*élan vital*)一词造出的仿词,白璧德同时给出了英译 vital control,在此译为"生命制约"。
② 见柏格森为塞里尔(E. Seillière)的著作《巴尔扎克与浪漫主义道德》(*Balzac et la morale romantique*)一书所写的介绍性文字。——作者原注

"生命制约"方可实现。相反,他坦率地承认"生命冲动"一说具有帝国主义的性质。根据柏格森的说法,最终赢得整个世界的,并非那些精神驯顺之辈,而是那些具有最旺盛的生命冲动的人。这一风行海内的哲学与人们对"力量"(punch)的庸俗崇拜之间的密切关系显而易见。

从卢梭到柏格森,他们对本能大加赞颂,极大地推广了他们那种帝国主义,我给这种帝国主义加了一个修饰词——"腐朽的"(decadent),在此需要稍作解说。即便我们不是在心理学而是在更为常见的政治学的意义上使用这个词,也显然存在多种类型的帝国主义。例如,罗马人赖以统治世界的那种帝国主义,和后来令他们大受提比略①、尼禄②等暴君蹂躏的那种帝国主义大不相同。由此我们或可追索原先的帝国主义最终走向腐朽的历程。对于罗马而言,最终击败迦太基的胜利时刻,正是它最为危急的时分。没有了迦太基这一危险的劲敌,罗马统治者再无外患,于是不复感到有克制的力量存在。同时,罗马人开始走向个人主义,即逐渐抛弃了传统的制约。从传统的制约下解放出来的结果,用孟德斯鸠(Montesquieu)的话来说,便是"人欲大增",由此奢侈之风日盛。显而易见,奢侈已成为"人欲大增"最为重要的症状。尤维纳利斯③说过:"奢侈比敌人的刀枪还要残酷,它在替被征服的世界向我们

---

① 提比略(Tiberius,前42—37),古罗马皇帝,军功显赫,后因党派斗争,执政手段渐趋暴虐,最后归隐于卡普里岛。

② 尼禄(Nero,37—68),古罗马皇帝,以荒淫残暴著称,引发各地叛乱,途穷自尽。

③ 尤维纳利斯(Juvenal,55?—130?),古罗马讽刺诗人,传世讽刺诗16首,抨击皇帝的暴政,讽刺贵族的荒淫。

复仇。"然而,除了奢侈之外,"人欲大增"还有一个更为严重的症状,便是出现了越来越不择手段追求个人利益或阶级、宗派利益的统治者。在西塞罗看来,真正损毁了罗马帝国的那种新精神,与其说体现在罗马对所征服民族的不正义的、残酷的行为中,还不如说体现在罗马公民狂暴的内部斗争中。我们很难说这些促使罗马走向腐败的罗马人认真行使了自己的制约意志,或云"生命制约"。这些无政府的个人主义者的真正对手,并非单纯的传统主义者,而是另外一种类型的个人主义者,后者能够为自己的扩张性欲望,特别是那种征服欲设定界限,因此有资格成为真正的领袖。罗马之所以衰亡,原因便在于未能产生足够数量的这种类型的个人主义者。今日美国所面对的困境和罗马颇有相似之处。同样地,美国似乎也即将达到自身力量的巅峰,同时开始抛弃过去的标准。伴随这种从过往标准中的解放,奢侈与自我放纵大行于世。人们为了自己的安适(comfort)与商业繁荣,可以将一切置于脑后,这种人在今日美国比在古代罗马要多太多了。这一症状令人不安,可是比起下一症状还不算什么:各种"集团"(blocs)在我们国家的社会生活中作用日增,这些集团的领袖可以说极其不道德,他们为了促进某些特定团体的物质利益,不惜牺牲整个社会的利益。这一症状的严重性可能被夸大了,但如果这种状况不是暂时的,这便预示了我们国家宪政自由(constitutional liberties)的终结和那种腐朽的帝国主义的兴起。人们对于现代美国或古代罗马的境况所思愈深,便愈会从人之心理的意义上而不仅是在政治的意义上来思考帝国主义。换言之,如果想要直击问题的根本,我们就必须离开人们"追求权力"(push for power)这种外围表现,回到个体的内在生活中去。

关于卢梭主义运动(Rousseauistic movement)与帝国主义的关系,近世有两位欧洲作者曾提出过相反的观点,我的观点或可通过对比他们的意见而得到进一步的澄清。这两位作者,一位是德国人奥斯瓦尔德·斯宾格勒①,一位是法国人欧内斯特·塞里尔②。斯宾格勒在其最重要的著作《西方的没落》(The Downfall of the Occident)一书中提出了这样一个观点:整个西方世界,特别是西欧的文化,正在走下坡路(rake's progress),而这一堕落的过程始自卢梭及其"回到自然"的提法。斯宾格勒描述的这种堕落,其结果无非是我所说的那种腐败的帝国主义。此外,我们不仅正在走向堕落,而且正在走向灭亡。斯宾格勒甚至在他的《西方的没落》第一卷附了一份表格,展示西方大约到2000年将堕落到何种程度。斯氏的整个概念不仅暗示了一种历史哲学,还是一种——在我看来——发疯了的历史哲学。这一概念其实彻底否定了人身上那种我本人最为看重的意志,因此,尽管我与斯氏的观点有着表面上的共同点,但我们在思想上其实截然不同。我的态度是,坚决反对每一种可能存在的历史哲学,无论是圣奥古斯丁③或波舒哀④式的旧历史哲学,还是各种形式的新历史哲学:前者使人成为上帝的傀儡,

---

① 奥斯瓦尔德·斯宾格勒(Oswald Spengler,1880—1936),德国哲学家,认为任何文化都要经历成长与衰亡的生命周期,著有《西方的没落》。

② 欧内斯特·塞里尔(Ernest Seillière,1866—1955),法国文学评论家、思想家,著有《民主帝国主义》《浪漫主义的毒害》《论非理性的帝国主义》等。

③ 圣奥古斯丁(Saint Augustine,354—430),早期西方基督教神学家、哲学家,曾任希波城主教,史称"希波的奥古斯丁",著有《忏悔录》《论三位一体》等。

④ 波舒哀(Jacques-Bénigne Bossuet,1627—1704),法国天主教主教,拥护天主教统治,反对基督新教,著有《世界史论》《耶稣新教各派异同史》等。

而后者则使人成为自然的傀儡。在我看来,《西方的没落》一书恰恰极为全面地汇总了19世纪自然主义的诸多谬误。这些谬误臻于极致,逐渐发展为一种宿命论,该书便深深浸淫在这种特殊类型的宿命论中,西方因此而面临了"没落"之威胁。我们完全有理由说斯宾格勒不过是一个江湖骗子,当然我们不得不承认他是一个颇有才华的江湖骗子。他的书在德国大为畅销,这说明他确实很有影响,这一症状令人忧心不已。

我所说的第二位作者,即法国的塞里尔,与前者的判断则大不相同。塞氏著书二十余种,以极为精细的心理分析功夫追溯了卢梭在过去一个世纪以来对文学与人生的影响。他把这种影响与他提出的"非理性的帝国主义"(irrational imperialism)联系了起来。一言以蔽之,塞里尔的研究在负面批判的方面与我的观点极为相近。然而,在正面的或建设性的方面,我与塞里尔分歧立现。塞氏用以对治"非理性的帝国主义"的东西,乃是一种"理性的帝国主义",意指"通过个体间的合作,组成一支向获取权力一路进发的社会大军"。① 从这些言论看来,塞里尔的基本立场似乎沿着功利主义的路线回到了霍布斯(Hobbes)那里,并且在某些方面最终回到了马基雅维利(Machiavelli)那里。在我看来,根本性的对立并不是塞里尔所说的那种理性与非理性的帝国主义之间的对立,而是帝国主义与人所具有的反帝国主义的(anti-imperialistic)——就该词的任何意义而言——意志品质的对立。塞里尔似乎是想将斯多葛学派与基督教伦理混为一谈,而我则致力于将二

---

① 见《巴尔扎克与浪漫主义道德》,第42页。——作者原注

者分开,并申明二者最终是互不相容的。无论是古代还是现代的斯多葛主义(Stoicism),就其整体趋势而言,都是虚假的,不可能实现的,而真正的基督教的核心真理却不但曾经挽救过西方文明,而且如果加以明智地利用的话,或许能够再次挽救西方文明。

我的方法可能会招致人们的某些误解,因此不妨在本书导言中略加解说。读者在阅读本书以及此前各书时(或许《法国现代批评大师》一书是仅有的例外),如果想在这一系列著作中得到对某些人的全面评价,便有可能会产生严重的误会。我从未尝试就某些人作出这样的评价;同样地,我更不打算为某个历史时期,比如对 19 世纪,作出全面的评价。在柏克(Edmund Burke)看来,控诉整个世纪之罪责,或许要比控诉整个民族之罪责还要不智。我所批判的并非整个 19 世纪,而是 19 世纪之自然主义的部分及其在 20 世纪的延续,以及文艺复兴以降的几个世纪中出现的为自然主义铺平道路的那些趋势。我对整个自然主义趋向的批判,在不少批评者(甚至是那些比较友好的批评者)看来,具有三方面的缺点,即消极、极端与片面。以下不妨对这三项指责逐一给出简短的回应。

关于"片面"之指责,必须承认,从某种意义上来说,我对于自然主义的批判不但"片面",而且简直"片面"到了极点。然而,甚至在这"片面"之中,也有着人文主义的意图。我所固执地加以坚持的人性中的那个部分,正是自然主义者们同样固执地弃之不顾的那个部分,因此我希望这种做法能够有助于产生一种更为均衡的观点。此外,自然主义者们所忽略的并非人类经验的边缘或外围,而是最为中枢的部分。自

19世纪以来,自然主义以一种炫人眼目的方式极大丰富了我们的"外围生活"(the peripheral life),然而这绝不能补偿中心的缺失,可是我们却许之以"进步"之名,至今仍对之歌功颂德。我对这一类型的进步本身并无意见,我只是认为无论外围生活如何丰富,也绝不能补偿中心的缺失。此外,尽管我严厉批评自然主义者存在着重大的失误,但我与他们至少拥有一个共同点,即力求以实验为基础。我试图追索这一失误的实际后果,并且力求根据其结果而不是抽象地来处理这一失误。如果某些读者坚持要在我的书中找到我本人未曾致力展开的研究,即对个人及历史时期的全面评价,那么必然会对书中为数颇多的具体例证产生误解。

关于"消极"之批评,我早已说过,自然主义的心态所忽略的人性当中的那个因素,正是通过对普通自我的"消极"抑制而被感知的。如果不站在普通自我的立场上看待问题,而是听从内在"监控器"(monitor)的告诫,由此便会产生两个最为积极、正面的结果:品格与幸福。这真是人生的一大悖论。如果是这种意义上的"消极",我对此并无愧意,无须自辩。不过,还有人可能在另一重意义上指责我"消极",对此需要稍加解释。19世纪初盛行一类批评,主张"用富有成效的美学批评来代替无益的正误批评",有些人或许会指责我过于猛烈地扭转了这一提法——尽管这些人也承认,目前人们对这一现代运动过于溢美,施以批评,加以收敛,倒是一剂滋补良方。我经常提请大家注意某些著名人物的缺陷,却几乎从不提及他们的优点,如果人们对这种批评方式有正确的认识,这种方式便自有其合理性。不过,如果我因此显得不够亲切随和,我亦不免深感遗憾。

  关于"极端"的批评,较前二者而言,这一点对我触动最大。因为我意在成为人文主义者,而人文主义的要义便在于适度(moderation)。不过,关于适度的概念仍多有歧义。人之"适度"何以衡量?在于他是否成功地调和了合理的一般原则与花样繁多、瞬息万变的真实生活情景之间的关系。一个人如果能够正确调节这二者的关系,便会获得诸多最宝贵的德性中的一种——温文尔雅(urbanity),尽管这可能是人们最爱装作具有的一种德性了。当一个精神与智性双重懒惰的人不得不在彼此冲突的两种观点中作出选择时,他往往会选择"折中"二者。但他很可能在真理与谬误或两种谬误之间作了"折中"。无论如何,在进行调和之前,人们首先必须处理真理抑或谬误的问题,否则就会像某位英国政治家一样,据说总是走在正确与错误之间,且从未偏离过这条狭长的小路。要知道,帕斯卡曾批评过的某些诡辩派甚至对谋杀也能保持"适度"的态度!一个人可能自命温文中和,实际上却有成为但丁在地狱门前所见到的芸芸众生之虞,这一大群人"既不为上帝所喜,也同样不为上帝的敌人所喜"。确实,有时区分真正的人文主义者与冷漠无情的人并非易事。路德(Luther)抨击伊拉斯谟①冷漠无情,然而在我们看来,伊拉斯谟是在对治他所处之时代的宗教以及其他方面的极端主义者,并从中显示出了真正的均衡与温文。

  总而言之,我在下文将讨论的那种原则上的歧异乃是第一性的问

---

  ① 伊拉斯谟(Desiderius Erasmus,1466—1536),荷兰人文主义者,北方文艺复兴运动重要人物,首次编订附拉丁文译文的希腊文版《圣经·新约》,其名作为《愚人颂》。

题,从而与调和无关。有的人注重个体的内在生活,而有的人则更注重其他东西——比如进步与服务于人类,这两种人之间的对立乃是首要原则的对立。因此,我所举出的问题并非人是否应该成为适度的人道主义者,而是人究竟是否应该成为人道主义者。我的总体立场是,我们现在生活在一个这样的世界,它在某些重要方面已经误入歧途,犯了原则上的错误,换言之,我们现在生活在一个被它的领袖背叛了的世界。我们期待着领袖们能够通过某种形式重获内在生活之真理,并拒斥自然主义之谬误,西方文明存亡续绝端赖于此。内在生活的真理可以通过多种方式显现,如人文主义的与宗教的方式。事实上,这些真理在过去已经通过这两种方式显现出来,并以其在人类生活与行为中产生的巨大成果证明了自身。由于我未能在当前流行的哲学中找到这些真理,因此与当世之智慧(wisdom of the age)相比,我倾心于选择万世之智慧(wisdom of the ages)。

第一章　政治思想的几种类型

在亚里士多德看来，一种政府若想延续，必须反映出民众的精神特质(the ethos)或整体上的道德习惯与信仰。并不存在一种抽象、理想、放之四海而皆准的政治形式——如法国雅各宾党人所乐于相信的那样。如果我们试图将亚里士多德的原则(即特定群体组建的政府与其总体精神之间的必要联系)应用于过去真正存在过的那些政府，那么第一印象将是政治的形式与其他事物一样，都有着无穷的多样性。但是，当我们透过这些令人困惑的多样性的表面，便会发现人类经验毕竟可以归入几类相当明确的范畴。某一特定时期或某一特定民族中流行的人生观，细看之下，其主流无非是自然主义的，或人文主义的，或宗教的，同时政治形式亦会随之变化。

例如，如果一个民族宗教性极强，其政府形式便可能多少会带有明显的神权政治的因素(theocratic element)。古朗日①曾指出古代城邦政府最初与传统宗教形式的联系是多么紧密，以及此后当传统宗教建立的始自家庭而至于城邦的等级遭到个人主义与平等主义倾向的侵蚀

---

① 古朗日(Numa Denis Fustel de Coulanges, 1830—1889)，19世纪法国历史学家，著有《古代城邦》等。

之后,政府又发生了何等的变化。当宗教控制逐步让位于具有无政府主义性质的自然主义,其后果便是政治秩序中赤裸裸的力量的胜利以及古代文明的衰败。当基督教后来居上,影响超过了这一衰落的异教信仰,一种新的宗教精神逐渐成形,随之又产生了一种具有神权政治性质的政府概念,并在此后贯穿了整个中世纪。那个时期的欧洲在理论上以及实践上真正实现了宗教共融(religious communion)。教会成功创造了诸多象征,这些象征物牢牢地控制了人们的想象,使人们在精神上都有着同样的希望与恐惧,从而将处于社会底层直至顶端的人们都凝聚了起来。当人们走进大教堂,看到墙壁一边描绘着下地狱的人所受的种种折磨,另一边则描绘出天堂的福祉,他们都会像维永①描写的他那年迈的母亲一样,很自然地对前一种形象产生恐惧,并对后一种形象感到满心欢喜。教会对社会各个阶层都行使着想象上的控制(imaginative control),因此并不需要外力协助,纯粹的精神惩罚——特别是革出教会(excommunication)这种惩罚——便已足够了。亨利四世在卡诺萨城堡的忏悔(Henry IV at Canossa)②,通常被视为这一神权政治理念大获全胜的典型。

即便是在今天,教会的作用也不容忽视。据报纸报道,梅西埃(Mercier)红衣大主教到访美国的时候,纽约的工程师和消防员们都跪

---

① 维永(Francois Villon,1431—1463?),法国诗人,狂放不羁,被逐出巴黎后行踪不明,主要作品有《小遗言集》《大遗言集》等。
② 卡诺萨是意大利中北部一村庄,位于亚平宁山脉东北麓。1077年1月神圣罗马帝国的亨利四世曾在这里的城堡中忏悔,以期在教皇格列高利七世对之施以逐出教会的惩罚之后得到宽恕。

在宾夕法尼亚火车站站台上接受他的祝福。这里面至少还残存了一些旧式忠诚的遗迹,只不过这与他们对合众国的忠诚在本质上截然不同。不过,如果比较一下教会在今天和在中世纪的力量,人们就会发现整个西方而非仅仅某个国家的风气发生了变化。过去的几个世纪以来,旧式的宗教控制已逐步让位于个人主义的离心的趋势,如果目前仍然缺乏新的整合因素,那么在我们现代社会中取得胜利的必将是赤裸裸的力量原则,正如这一原则曾在古代社会取得胜利一样——如今这种危险已经显而易见。

神权政治式的政府概念总是隐含着神恩或制裁的意味,不过关于接受这一恩典的渠道,则有可能产生一些意见上的重大分歧。例如,在中世纪,有些人认为教会是获得神恩的唯一渠道,因此趋于将皇帝即世俗秩序的领袖,置于教皇即上帝的代牧者(God's vicar)之下。另外一些人则认为皇帝不是从教皇那里而是直接从上帝那里获得制裁权力的。后一形式的神权政治概念或许在但丁的《论世界帝国》(*De Monarchia*)一书中得到了最好的阐述。但丁希望这两种力量(即世俗与精神的力量)能够彼此合作并最终统一,同时二者不相混淆。

但丁与中世纪其他政治神学家一样,既接受神权政治的观念,同时又希望区分上帝之物(the things of God)与恺撒之物(the things of Caesar),这说明他们仍是真的基督徒。不过,我们要记得基督教传统本身在多大程度上不是要回到朱迪亚(Judaea)①,而是最终回到希腊与罗马。人们常说圣奥古斯丁是信奉基督教的柏拉图,而圣托马斯·

---

① 该地为古巴勒斯坦南部地区,代指回到古巴勒斯坦。

阿奎那则是信奉基督教的亚里士多德,这么说是大有道理的。不过,在此我们需要稍加强调柏拉图与亚里士多德式的政治思想与中世纪盛行的政治思想的某些重要的不同之处。在某种意义上,亚里士多德与柏拉图就其真精神而言,不是与那些中世纪的人而是与我们更为接近。中世纪的人生观基于对超自然的启示(supernatural revelation)的信仰,这转而又成为绝对的外在权威(outer authority)的基础,而柏拉图与亚里士多德则属于一个自由批判、质询的年代。简而言之,他们是真正的"现代人"。因为,看待人生的方式如果是批判的、个人主义的,那就是现代的,二者没有什么区别。为了使亚里士多德成为外在权威的支柱,圣托马斯以及其他中世纪的人们以一种极其"非亚里士多德"的方式利用了亚里士多德。此后,文艺复兴时期的人们延续了这一误会,他们与传统决裂,欣赏一种更为个人主义的、实验性的态度,转而把亚里士多德当作烦琐哲学论争的主要肇始者而大加批判。比如培根(Bacon)实际上就从来没有在烦琐哲学的亚里士多德的背后看到真正的亚里士多德。

　　同样地,柏拉图也与中世纪的思想者们不同,他在《理想国》(Republic)及其他地方均批判性地处理了政治问题。然而,他最终得到了一个神权政治式的概念(就其整体而言),如果人们不去看他的方法,而只是看他的结论,就不得不部分承认这一观点,即中世纪早在柏拉图那里就开始了。如果加上上帝之物与恺撒之物这一重大区分,"共和国"的护卫者阶层恐怕就会演变为某种近似僧侣制度(monastic order)的组织了。同样地,所谓的夜间议事会(the Nocturnal Council)以及律法改革院(the House of Reformation of the "Laws")其实就是中世纪宗教裁判所(the Inquisition)最初的前身,我们对此很难视而不见。总之,柏拉图日渐意识到人对于神的依赖,这成为此后奥古斯丁出世及神恩说占据统治地位的先导。另一方面,古代还有一些思想家,能够同时批判地且人文地处理政府问题,亚里士多德至今仍是他们的主要代表。亚里士多德在着手写作《政治学》(Politics)之前,对一百五十八个城邦的历史与宪法作了详尽的研究,并在大量实际政治经验的基础上得出了自己的结论。人们可以不同意这些结论——我本人便对其中的一些关键性的细节难以苟同,但是对于力求"现代"的人来说,他使用的方法本身是无可指摘的。即使我们与亚里士多德意见有分歧,也是在他奠定的基础上与他发生分歧的。现在我们面对着东西方的大量经验,对很多问题的认识已今非昔比,而当时亚里士多德并不具备这些经验。最主要的是,我们后来具有的基督教经验带给了我们巨大的启示,这一经验及其带入西方的伟大的新原则,即世俗与精神力量的分离,以及这一原则导致的直接与间接的各种后果,特别是最终有赖于这一区分才得以产生的个人自由(individual liberty)的观念,对于所有这些东西,无论是亚里士多德还是柏拉图都缺乏足够的概念。

自亚里士多德的时代以来,我们不仅受到了基督教经验的启迪,还获取了大量的直到近来西方才知晓的经验,即那些来自远东的,特别是来自印度与中国的经验。同样,我们在此找到了各种反映不同人生观念的政治体制,这些人生观念无非分为三种,其主流或是自然主义的,或是人文主义的,或是宗教的。大概再没有比印度更具宗教性的国家了。印度始终都是讲求(善的、恶的或无所谓善恶的)宗教的故乡,因此,当我们看到《摩奴法典》(Laws of Manu)中提出了神权政治的人生观念,立场比世界上其他任何一部书都要坚决,也就不足为奇了。该书的原则或许从来没有在严格意义上得以实现,但这些原则一直以来都有力地支援了婆罗门种姓(Brahmin Caste)对其他阶层施加的(在我们看来乃是真正的)精神暴政。通过诉诸人们的宗教希冀与恐惧来控制他们,与此同时无需任何外在强制,用今天的眼光来看,婆罗门种姓在这一点上或许比中世纪欧洲的教会还要成功。《蒙太古法案》(Montagu Act, 1919)①本来是为了让印度人获得更大程度的自治而制定的,实际却被婆罗门神权政制玩弄于股掌之上。

佛教作为古代印度的另一产物,从我们目前讨论主题的角度来看,激起我们兴趣的原因有两点:其一在于,佛陀得出了一种实证的、批判的人生观,他在这一点上或许比柏拉图和苏格拉底走得更远。其二在于,他竟然在宗教领域展现了这种实证的、批判的精神,他的王国不同于柏拉图设想的王国,而是和耶稣一样不属于此世。不同于柏拉图的"共和国",佛陀并不试图借助政治建制在世俗秩序中获得理想性的善,也不打算直接改造社会,而是希望建立一种不存在种姓以及其他类似等级差别的宗教秩序。后期的佛教,特别是所谓的大乘佛教(Buddhism of the so-called Great Vehicle),其实是一场与其建立者之实证、批判的精神分道扬镳的宏大而复杂的运动。藏传佛教(Lamaism),

---

① 指英属印度时期试图在印度逐步建立自治政府的改革方案,以印度事务大臣埃德温·塞缪尔·蒙太古(Edwin Samuel Montagu)的名字命名,后在此基础上形成《1919年印度政府法案》(Government of India Act 1919)。

那种在西藏盛行的佛教教义的腐朽形式,体现了神权政治对世俗秩序的极端干预。而在缅甸这样的国家,佛教信仰之旧式的更为个人化的形式仍旧存在,精神与世俗之间的界限很好地得以保留。总体而言,宗教组织与国家政权之间由于提出相互对立的要求而导致政治冲突的情况,在佛教国家中不像在基督教国家中那样频繁,往往也没有那么严重。确实,基督教的这个侧面似乎最充分地证实了基督的话,即他带来的不是和平,而是一把利剑。

印度从未发生过任何重要的人文主义运动。与之最为接近的,恐怕便是佛陀在宗教生活本身当中提倡的那种"中道"说(the doctrine of the middle path)。在这个方面,中国与印度的对比几乎是最为强烈的,因为中国的核心传统便是孔子作为主要代表的那个传统,而那个传统一直是人文主义式的。印度贝拿勒斯(Benares)的沐浴河堤(bathing ghats)所蕴含的意思,与一般中国人的心理世界相隔甚远,与我们也同样存在隔阂。孔子对彼世并不十分关注,而是更在意如何将此世的生活艺术(the art of living)发挥到极致。在他看来,在此世活到极致便是活得适度而得体,因此远东的儒家传统与西方的亚里士多德传统大有相同之处。不过,孔子在一个重要的方面令我们想起了耶稣而非亚里士多德——尽管孔子的王国主要是在此世,但他并不单单倚重节度法则(the law of measure),而是同样注重谦卑法则(the law of humility)。他的谦卑一则体现为"顺从天命"(submission to the will of heaven),另则体现在对先贤的态度上面。千百年来人们积累的那些道德经验(moral experience)在那些贤哲身上得到了活生生的体现,孔子最大的雄心便是成为将这些经验传递给当世与后世的渠道,用他自己的话来说便是,他并非作者(creator),而是述者(transmitter)。一个人如果敬重传统中的先贤并追摹这些伟大的典范,他本身便值得人们的效仿。要想成为真正的领袖,他就必须具有这种意义上的模仿力。对正确典范的效仿乃是文明社会的必要基础,孔子对正确典范及其激发的模仿行为之重要性的强调,可以说无人能及。孔子本人便具有强大的感召力量,他垂范七十余世,为占全世界四分之一人口的那个民族塑造了自身特有的民族精神,且无须诉诸此世或彼世的恐惧原则(the principle of fear)——这愈发证明了孔子思想的合理性。孔子在东方的影响,似乎比西方的经验更能证明这一信念,即人或许真能成为理性动物。

关于政治问题,孔子总是避而不谈,似乎觉得不值得讲论,仅有一个例外,那便是关于领袖的问题。"君子之德风,小人之德草,草上之风,必偃。"①真正的领袖乃是有品格的人(man of character),而品格的最终根源便在于谦卑。这一儒家观念具有切中核心的合理性,我将在后文再次回到这一观念。不过,儒家学说与一切伟大的学说一样,也有其特有的弱点。最显著的一点便是,当下似乎总是处于过去恒久的精神控制之中。纯粹的传统的人文主义经常会面临堕入陈腐的、伪古典的形式主义(pseudo classic formalism)的危险。孔子本人对"人之何以为人"这个问题有着深刻的、真切的洞察,他称之为"内在制约的原理"(principle of inner control),而这一原则——如果我们把《礼记》(*Li-Ki*,

----

① 参见亚里士多德《政治学》,1273a:"当城邦首脑认为某种事物值得尊重,其他公民就一定会遵从他们的榜样。"——作者原注

or *Book of Rites*)中的记载当作远古而真实的东西接受下来——最初多与外在形式紧密地联系在一起,有时亦与各种繁文缛节联系在一起。礼仪(decorum)乃是一切真正的人文教义的核心,而某些关于礼仪的要求,比如孔子"不撤姜食""迅雷风烈必变"等等,也被虔诚地记载下来并代代相传至今,其实与真正的礼仪无甚干系。我们希冀的是更为自由、灵活且具有想象力的精神,一如古希腊人文主义在巅峰时期所表现出来的那样。在极度个人主义的、非传统的(untraditional)佛陀那里,我们可能会感受到某种更为现代的因而与我们更投契的东西。不过,孔子尽管是传统的,却不是教条的,甚至不是系统的。他对终极事物缄口不言,这曾让他的翻译者、基督教教条主义者理雅各①博士烦恼不已,但我们现在已经越来越爱用心理学方法来处理特定问题,孔子的做法在我们看来与其说是一种缺陷,毋宁说是一个优点。整个儒家传统带来的结果便是,中国从古到今尽管有那么多腐败的官吏,却依然能比其他任何国家都更始终如一地根植于道德观念之上,这一事实恐怕与中国能够存续至今不无关系。古希腊人已经消失无踪,今天的希腊人只能在极其有限的意义上被看作是伯里克利(Pericles)时代希腊人的后裔;然而孔子时代的中国人的后裔在今天仍与我们相伴,且人数已达数亿。中国人的文明存在诸多严重的周边的失误,然而,只要中国人不"自弃",换言之,只要他们面对西方的压力而仍坚持儒家传统中最好的东西,就会获得内在的力量。

---

① 理雅各(James Legge,1815—1897),英国汉学家,牛津大学汉学讲座首任教授,曾英译"四书"等中国典籍,编成五大卷《中国经典》(*The Chinese Classics*)在英国出版。

至此我已经讨论了东西方宗教的和人文主义的人生观(无论是基于传统还是实证与批判的基础)以及与之对应的几种政治思想,接下来还需讨论自然主义的人生观及其政治内涵。自然主义者眼中的人类不再受制于有别于物质秩序的自身法则。如果我们接受人性法则的制约,便会导致两个结果:在宗教层面,将是彼世的种种奇迹,这会在最好的基督徒和佛教徒身上表现出来,在此世当中,则是以节度法则克制普通自我及其自发的冲动,正如儒家与亚里士多德主义者所体现出来的那样。文艺复兴以来,个人主义与批判精神渐兴,与中世纪神权政治理想日趋分离,这本应具有一种宗教的或人文主义的特色,然而实际上这一趋势总体而言却是自然主义式的。这种自然主义趋势的一个重要结果便是民族精神(national spirit)的诞生与成长。如果我们从足够长远的视野来看,甚至新教本身在很大程度上也是民族主义兴起的后果之一。如果我们想对这一新兴的民族精神之最纯粹的形式加以研究——它最终注定要毁灭中世纪欧洲的宗教统一体(religious unity),我们就必须回到马基雅维利。或许他始终都是(无论东方还是西方)坚定的政治自然主义者(political naturalist)之最典型的代表。要想理解马基雅维利,我们就必须从他与传统宗教的关系入手。基督教,特别是圣保罗与圣奥古斯丁意义上的基督教,通常总是会将极端的超自然主义(supernaturalism)与极端的自然主义对立起来。因此,当一个严肃的基督徒(比如帕斯卡),从人的堕落状态、缺乏神恩支持的状态来思考世俗秩序及其带来的相关政治问题时,他很快便会得出比马基雅维利本人更"马基雅维利"的结论。在抛弃神学的同时,人们似乎不得不同样抛弃伦理学,除此之外别无选择。教会作为现存机构,一直以来都垄断着人类的更高生活(the higher life of man),像马基雅维利那样试图赋予政府独立于教会的基础,无异于冒险赋予政府一个独立于道德的基础。进一步来说,马基雅维利在一定范围内称得上是一个极为敏锐的观察者。他的观点恰能反映出基督教的失败,后者无论是在他所处的时代还是在过去(他所熟悉的中世纪)都未能约束人们的实际活动。如他所说,他意在"追索事情的真实情况,而非对它的想象,……因为迄今为止,一个人实际上是如何生活的,与其应该如何生活,仍存在极大的差距,如果他为了应该做的,而忽略了实际上做了的,这便会加速导致他的灭亡,而非生存"①。因此,政治家必须是极端现实的。事实上,所有忽略人类的理想与美好的言辞、只关注自身实际表现的人,都多多少少是马基雅维利式的人物。例如,修昔底德(Thucydides)的著作中便具有强烈的这种意义上的马基雅维利的因素。

对于马基雅维利以其特有的现实主义得出的结论,我们已经十分熟悉。在人与人的关系当中,或许应该保持一般的道德准则,然而在国家与国家的关系当中,这便只能居于次要地位了,取而代之的应当是智计与力量的法则(the law of cunning and the law of force)。统治者若想取得成功,自身必须和谐地兼具狮子与狐狸的优点。② 任何学说的真正本质,最终都会在它化身而成的人格中体现出来。众所周知,马基雅

---

① 《君主论》(The Prince),第15章。——作者原注
② 《君主论》,第19章。——作者原注

维利在恺撒·博尔吉亚①身上便看到了其概念的完美呈现。他提到，博尔吉亚用卑鄙狡诈的手段诱捕并绞死了自己的几个政敌，然后他又在另一个地方说："回想公爵的所有行为，我不知该如何对之加以谴责；实际上在我看来，正如我曾经说过的那样，他的行为反倒是值得推荐的，那些凭借运气或他人的武力获得统治权的人都该对之加以模仿。"②我们应该特别注意马基雅维利的"美德"所具有的特殊涵义。说起中世纪的一个暴君卡斯特鲁乔·卡斯特拉卡尼（Castruccio Castracani）的时候，马基雅维利赞美了一番他的"美德"，而这个暴君所显露出的主要特质却不过是冷酷与残忍。马基雅维利式的政治领袖所具有的美德与人文主义的美德几乎没有共同之处，与宗教美德则全无共同之处。特别是基督教的美德，其基础乃是谦卑的法则，凡是受到这一法则束缚的人，同时即进入了自由良知之境（realm of free conscience）：从此他不再受制于任何世俗国家，而是成了天上的共同体（heavenly commonwealth）或"上帝之城"（City of God）中的一员。这种对于天国的效忠，在马基雅维利看来，正是软弱与阴柔的根源。谦卑应该让位于爱国豪情。对统治者来说，国家及其物质性的扩张是最重要的事情，除此之外无良知可言。无论何人，只要他同意允当被动的工具，为某一政治的、商业的或宗教的组织服务，奉行一套有别于统治着个体的那种道德，他便身处于马基雅维利的传统之中。那些视国家为

---

① 恺撒·博尔吉亚（Cesare Borgia, 1475—1507），教皇亚历山大六世的私生子，曾任枢机主教，以其野心与政治手腕著称。
② 《君主论》，第7章。——作者原注

至高无上的德国人，那些百分之百爱国的美国人，以及所有那些无比爱国、无论国家对错都随时准备予以支持的人，马基雅维利即是他们的先祖。他比任何人都更充分地体现了我们通常所说的欧洲现实主义政治传统。然而我们却不能想当然地说，马基雅维利及其精神后裔，即那些现实政治家们(Realpolitiker)，是彻底的现实主义者。须知报应(Nemesis)，或者说神的裁定——无论人们如何表述——终将降临于那些违反道德律的人，这不必借重希腊或希伯来经典的权威，而只要通过敏锐的观察便可知晓。我们无须申明根本没有国家理性(reason of state)这回事，以及公共道德应该与私人道德完全吻合，但我们应该承认，建立马基雅维利式的双重规范(dual code)，即总体来说人们可以不顾一切地为国效力，同时作为个体又能保持正直，这简直是异想天开。一个人如果对物质秩序中的事实有着清晰的观察，却在精神领域完全盲目，那么他就不过是一个自然主义式的现实主义者，这样的人最终只会走向帝国主义的幻梦。马基雅维利曾经写道，写《君主论》的那段时间里，他经常是白天打理自己在圣卡其阿诺(San Casciano)的小产业，到了晚上则脱去农民的衣服，身着朝服退入书房，逃离眼前的琐碎，进入了古罗马的辉煌帝国。那片令人向往的土地，至今仍是某些意大利人的心之所系。

或许在实践的意义上，马基雅维利最重要的追随者，乃是德国人当中从腓特烈大帝①直至俾斯麦②那些人。不过对于研究政治理论的人

---

① 腓特烈大帝(Fredrick the Great, 1712—1786)，腓特烈二世，普鲁士国王。
② 俾斯麦(Otto von Bismarck, 1815—1898)，德国政治家，德意志帝国第一任首相。

来说，他的思想反倒是在英伦发展出了意义最为深远的一条支脉。比如霍布斯，他的人性概念比马基雅维利本人还要缺乏对于伦理的洞察，甚至更加自然主义。他说，当我们把人从外在强加于他的习俗中剥离出来，我们就会发现人的本质乃是"永恒的、无休止的对权力的欲望，至死方休"①。霍布斯的哲学在某种程度上反思了17世纪英国的社会动乱催生的犬儒主义与幻灭之感。一个人若想对人性保有乐观的看法（a rose-colored view），似乎不宜在社会大动乱时期过近地观察人性。拉罗什富科②同样隶属于马基雅维利的传统，他也强调人性中自私自利的因素，哪怕事关人类最美好的德性也是如此，据说这与他曾经参加投石党运动（the Fronde）的那段经历大有关系。

尽管在强调智计与力量的法则方面，霍布斯是马基雅维利式的，但他与后者的不同之处在于，他的学说不仅是系统的，而且是形而上学的。他试图在一个封闭的逻辑体系中推导出自然主义的基本原理。可以用帕斯卡所做的几何学精神（geometrical spirit）与敏感的精神（spirit of finesse）的区分来看这两个人的区别。霍布斯极度信赖抽象或几何类型的推理（reasoning of the abstract or geometrical type, la raison raisonnante），这多少会让人觉得有些"非英国"（un-English），但是从其他方面来说，他仍属于大的英国功利主义传统，并一路指向了洛克。至于洛克本人，他在某些本质的方面则是一个教条的理性主义者。关于英国功利主义者有一个令人惊讶的事实，他们一方面宣称自己乃是诉

---

① 《利维坦》（*Leviathan*），第1部分，第9章。——作者原注
② 拉罗什富科（La Rochefoucauld, 1613—1680），法国作家，出身贵族，著有《箴言录》等。

诸经验而非单纯的理论,另一方面却拒斥人性法则领域的全部经验。为了做到彻底的实证与批判,他们往往把这一领域的经验与其赖以根植成长的传统形式(the traditional forms)等同起来,仅将之视为神话和寓言而加以弃绝。而传统主义者们则往往不肯承认人性法则的真理竟然能与某些特殊的传统形式分离,也不承认它们与自然法则的真理一样,能用纯粹的批判的方式加以考察。正是在这一点上,英国功利主义者与那些传统主义者不免殊途同归。正如我在其他地方曾试图表明的那样,那些实证主义者们显然失败了,事实上他们至今仍未能躬行自己提出的方案。比如,霍布斯反对传统主义者们的教条与形而上学的假设,却转而提出了几乎同样是形而上学的另外一些假设。我们需要思考诸如此类的假设都有哪些,因为这些假设往往以这样或那样的形式遍布在从霍布斯到我们今天这个时代的大多数政治思想当中,甚至散布到了那些乍一看来与霍布斯最为对立的人那里。

这些形而上学假设当中的第一条便是绝对的、不加限制的主权(absolute and unlimited sovereignty)这个概念。一旦设立了某种绝对的东西,我们就知道自己跑进了形而上学里面。因为对于生活的精准观察不会给我们任何绝对的东西。关乎人的事物里面,唯一可能接近绝对的便是人的无知,但即便无知也不完全是绝对的。霍布斯对于绝对的、不加限制的主权的假设,令我们回想起中世纪的主权概念。这二者有一个极为重要的区别:霍布斯的主权概念以权力为基础,在这个意义上他的主权是帝国主义式的,且不存在一种超自然的约束,从而不同于中世纪的主权概念。中世纪的主权者(sovereign),无论是教皇还是皇帝,如果他们不对人民负责,他们就是对上帝负责的,而归根结底上帝才是唯一绝对的、不加限制的统治者。此外,还有一个区别就是,在霍布斯式的国家中,个人面对统治者在宗教方面(或云与世俗秩序分开的良知领域,二者其实是一回事)的专制统治,完全没有藏身之所。霍布斯将精神性放置在了世俗性之下,并且其处理教会与国家之间争执的方式与马基雅维利如出一辙,他们不但是非中世纪的(unmedieval),而且是非基督教的(un-Christian)。

有人可能会追问,霍布斯的主权者是从哪里获得这种不受限制而又不负责任的权力的呢?要知道,这种权力不但对于世俗秩序中的自由具有颠覆性,而且对于"救世主用以解放我们的那个自由"也同样具有颠覆性。答案是,那个主权者之所以把持着不加限制与不负责任的权力,不是通过上帝的神恩,而是与人民达成契约的结果,由此便出现了第二条形而上学假设,即关于社会契约(social contract)的假设。这个假设在好几代人的政治思想中都占据了统治地位,并且几乎到了牢不可破的地步。这进而又以某种形式涉及关于自然状态(a state of nature)的假设,即自然状态下的人彼此隔绝而不具有社会性,为了逃避这一状况,人们通过习俗或契约进入了与自然状态相对立的社会状态(a state of society)。马基雅维利为国家和个人分别建立了两套道德准则,水准远在亚里士多德之下;和马基雅维利一样,霍布斯由于接过了"社会中的人"与"自然状态下的人"这一虚构的对立,也显示出相对于亚里士多德的巨大倒退。在亚里士多德看来,人作为政治的动物,生活在社会中才是自然的。如我们所见,霍布斯试图混同上帝之物与恺撒之物，实际上将自亚里士多德以来政治思想取得的主要进展作了折中。那种做法实际上只会导致狂暴的物质主义（violent materialism），而霍布斯的工作就总体而言，不过是试图从形而上的角度证明那种做法的正当性。

在社会契约、不加限制的主权以及自然状态等概念之外，还要加上"自然权利"（natural rights）一词——这些抽象的、形而上学的概念至今仍在现代政治思想中占据着统治地位，我们至此便得到了一个完整的概念清单。在霍布斯看来，人的生命在"自然状态"下是"孤独、贫困、肮脏、残酷而短寿的"（solitary, poor, nasty, brutish, short），因此他具有的自然权利看起来也就不是那么宝贵了；此外，人在"自利"之心（self-love）的控制下，便形成了"一切人对一切人的战争"（bellum omnium contra omnes）。从理论的角度来看，人在自然状态下应当具有不受限制的自由，这一点很重要，这样他便对自己具有不受限制的主权，从而才能通过社会契约将这一主权移交给国家。人在自然状态下亦趋于平等，因为据霍布斯看来，体弱的人往往会发展出一种智谋，从而在利己主义的斗争中能与身强力壮的人大致匹敌。这样一来，霍布斯的自然状态便可以定义为：自由、平等，以及战争。

自霍布斯的时代以来，人们对自然状态的解释趋于乐观，伴随着这种趋势，自然权利以及建立在其基础上的自由与平等也变得日益重要起来。这一趋势有着复杂的起源，或许其中最重要的一个影响因素便是斯多葛派哲学的复兴及罗马法（Roman law）对斯多葛派"自然法"（jus naturale）与"万民法"（jus gentium）观念的吸纳与融合。自文艺复兴以来,"回到自然"的那种趋势背后潜在的驱动力其实便是新天文学的兴起以及自然科学日益取得的胜利。不过,沿着自然主义一脉对基督教与中世纪二元论(the Christian and medieval dualism)发起的巨大反叛之所以成功,一方面固然与科学发现及其催生的进步观念关系甚大,另一方面实证与批判的方法(the positive and critical method)或许产生了更大的影响,因为正是通过这种与传统主义者教条式的、非批判性的看法直接对立的方法,才会获得那些进步与科学发现。在16—17世纪的政治理论家那里,自然主义和斯多葛派的因素以及派生于传统的超自然主义的因素,几乎以一种明确的比例混合在了一起。这种混合在国际法之父格老秀斯①的著述《战争与和平法》(De Jure belli et pacis, 1625)当中格外明显。中世纪神权政治崩溃之后,各大民族纷纷崛起,它们对于彼此而言显然处于自然状态。问题是,在自然状态下除了智计与力量的法则之外,是否还存在其他通行的法则?对于各民族国家而言,明确这一点比对个体而言更重要。如果有人想反驳马基雅维利与霍布斯,他就必须向大家表明还存在着某种普遍的原则,这个原则甚至可以跨越民族国家的界限将人们结合起来,并且当某些国家(尽管可以倚仗有组织的力量)的法律不复能够控制个人的自利冲动之时,这个原则仍旧能够发挥作用。我们或者主张存在着一种自然状态,人在其中不过是彼此隔绝的个体单位,并由此设想人们通过某种契约从自然状态进入了社会;我们或者认同亚里士多德,认为人是一种政治的

---

① 格老秀斯(Hugo Grotius,1583—1645),荷兰法学家和诗人,曾出使英王詹姆斯一世宫廷,著有《战争与和平法》等,确立了国际法的标准。

动物,因此人生活在社会中才是自然的——无论在哪一种情况下,我们都必须极其小心地定义那种能够将人们凝聚起来的原则。对于真正的基督徒来说,最终能够抗衡利己主义的东西,便是对神意(the will of God)的服从,这种服从乃是就内在生活而言的服从,仅凭这一点,人们就可以被引向一个共同的中心。试图在"理性准则"(rule of reason)当中找到联系人们的纽带,并将这一准则与自然联系起来的做法,严格说来并不是基督教式的,而是斯多葛式的。奥勒留在解释斯多葛式的"理性"的时候说,一个人为其他人服务是很自然的,正如我们的眼睛可以视物那样自然。这一关于服务的学说(doctrine of service)在斯多葛派看来既符合理性又符合自然,却与基督教意义上的"内在生活"没有关联。因为,上述观点最终乃是诉诸个人之外的东西,此即西塞罗——斯多葛派学说主要便是通过他在现代产生了影响——所说的"公共效用"(utilitas communis)。在西塞罗看来,个人服务的群体可以是整个国家,也可以是全人类(societas generis humani)。斯多葛式的功利主义(Stoical utilitarianism)就总体而言是高度理性主义的,而英国功利主义(English utilitarianism)(英国乃是现代功利主义的主要发源地)则更为重视快乐原则(principle of pleasure),大体说来将重点放在了人的本能这一侧,这种强调更是伊壁鸠鲁式的而非斯多葛式的。比如,坎伯兰[①]断言人的内里存在着一种促进共同善(the common good)的本能,并试图通过诉诸正确的理性(right reason)来驳斥霍布斯,因而在坎

---

① 坎伯兰(Richard Cumberland,1631—1718),英国哲学家与伦理学家,著有《论自然法》等。

伯兰看来,为群体服务(to serve the community)的意识实际上将新的功利主义概念与旧式神学结合了起来,这其实就是在执行神意。

在那场部分是功利主义的、部分是情感主义的宏大运动,即我总称为人道主义的运动中,伦理根基发生了根本性的转变,在坎伯兰这类作者那里,我们只不过刚刚看到了转变的一个开头。这一运动之代表的特出之处在于,他们渴望生活在自然主义的层面,然而同时还想享受从前只有通过人文主义或宗教的规训才有望获得的益处。他们反对宗教,认为人就本质而言,要想超越个体的自利冲动,并不需要皈依宗教,也不需要超自然的制约体系(后者乃是传统上宗教皈依的根基)。他们还试图驳斥马基雅维利与霍布斯式的利己主义的自然主义者,后者认为人之最基本的冲动便是对权力的追求。这种情感伦理(emotional ethics)的崛起,要与(特别是18世纪早期发生在英国的)自然神论运动(deistic movement)①联系起来看。自然神论的道德学家们如沙夫茨伯里②与哈钦森③等人,他们的总体趋向都是朝着我们今天所说的利他主义(altruism)和社会服务而去的。随着人类堕落教义的衰落,神学的时代开始让位于社会学的时代。大约就是在这个时候,"慈善"(beneficence)一词开始通行起来。有同情心的人、天性善良的人、富于

---

① "自然神论"系英国人在17、18世纪之交创立的一种信仰,提倡以理性为宗教的基础,认为上帝创造世界后即不再进行干涉,而是任由世界按照自然规律运转。这一信仰后在法国、美国都有所传播。

② 即沙夫茨伯里伯爵(Anthony Ashley Cooper, 3rd Earl of Shaftesbury, 1671—1713),英国政治家、哲学家。其大量哲学论文受到新柏拉图主义的影响,收在1711年出版的《人的特征、风习、见解和时代》中,这些著作成为英国自然神论的主要源泉。

③ 哈钦森(Anne Hutchinson,1591—1643),北美宗教改革者,反对清教律法,被教会处以绝罚。

感情的人等等说法一下子涌现出来,并且声誉日隆。

  与此同时,无论是在神学还是在自然主义的立场上,相信人性本恶的人仍旧数量众多,而且气势汹汹。对于不同个体而言,性善论与性恶论几乎都以某种明确的比例混合在一起。例如,在蒲柏①与伏尔泰那里,这两种观点相互混合,甚至让他们的作品产生了一种根本性的不一致。例如曼德维尔②在《蜜蜂的寓言》(Fable of the Bees)一书中攻击沙夫茨伯里学派③,主张人身上存在着利己的因素——这令我们想起了霍布斯、拉罗什富科与马基雅维利,同时又试图将这一因素与那种新的扩张性(new expansiveness)④结合起来,这真是十分古怪。随着那种新哲学的发展壮大,人逐渐受到鼓励去更自由地放纵自己的自然欲望,与此同时,科学发明也使得这些欲望日益可能得到满足。于是一种庞大的机械装置逐渐发展起来,设计这些东西纯粹是为了满足人在物质上的舒适与方便,最后注定会以工业革命告终。曼德维尔警告那些商业与帝国主义扩张时代的英国人,这种扩张以及随之而来的奢靡日盛将意味着个体的罪恶与自私的扩张。他批驳了那种斯多葛式的仅凭"理性"就可以克制利己激情的观点。他同样反驳了沙夫茨伯里的提法,即自然人(the natural man)内在地具有一种"道德感"("moral sense")

---

  ① 蒲柏(Alexander Pope,1688—1744),英国诗人,著有长篇讽刺诗《群愚史诗》等,并翻译荷马史诗《伊里亚特》与《奥德赛》。

  ② 曼德维尔(Bernard Mandeville,1670—1733),荷兰裔英国医生、哲学家和讽刺作家,其主要著作为《蜜蜂的寓言》(1714),描述了人在利己主义驱动下做出的种种活动。

  ③ 该派为当时持性善论之代表。

  ④ 即宣扬性善论的人道主义运动所具有的特质。

或服务意志(will to serve),可以完胜权力意志(will to power),或用沙氏的术语来说,"主权本能"(instinct of sovereignty)。在曼德维尔看来,这种提法不过是"浪漫的异想天开"。曼德维尔讥讽地提出了一个救世方案,那便是回到黄金时代,人们重新以橡子为食。他声称自己相信真正的药方乃是最严峻的基督教精神及其对肉欲的克制。然而,他的论辩之真正的杀伤力在于,他为马基雅维利的双重标准观念提供了一个新的转机。欲望不断增加,从个人的角度来看是坏的,然而如果政府善加引导,反倒可能有利于国家的强大。私人之恶成了公共之善:

> 从而每一部分都充满邪恶,
> 但聚成整体却是天堂极乐。
> ……奢靡
> 给百万穷人带来工作,
> 而可憎的虚骄带来更多;
> 虚荣以及嫉妒本身,
> 乃是工业的使臣。

最后曼德维尔总结道:

> 傻瓜们只是努力
> 制造一个又大又诚实的蜂巢。

在沙夫茨伯里与曼德维尔那里,我们看到了浪漫的理想主义者与马基雅维利式的现实主义者之间的对立,这种对立或许是在这二人身上第一次得到了清晰的展现。沙夫茨伯里的学说大多与古典斯多葛派有着密切的联系,其中最明显的就是奥勒留与爱比克泰德①,所以曼德维尔谴责沙夫茨伯里"试图在基督教的废墟上建立起异教的美德",这是有道理的。确实,用曼德维尔的话来说,当沙夫茨伯里希望"用理性来制约自己,就像一个好的骑手用缰绳管制一匹训练良好的马那样轻松自如",他其实并未走出斯多葛主义的樊篱。不过,曼德维尔发现,沙氏对人性的阿谀远远超过了斯多葛派以及其他异教道德家们,这一发现亦有其道理:"他设想那些从未经历过任何纷扰与动乱的人会自然地具有美德,他似乎期待并要求人类具有善,就像我们期待在葡萄和柑橘里面品尝到甜味一样。"在沙夫茨伯里看来,人会对其同类本能地具有爱意,这便是人性本善(natural goodness)的表现,而正是由于这个提法,沙夫茨伯里成了第一个主张"无须克己便可保有美德"的人。"同情"(sympathy)这个词,最早主要是经过希腊的斯多葛派的使用而通行起来的,不过斯多葛派的同情与沙夫茨伯里那种刚刚露头的感伤主义(sentimentalism)之间存在着巨大的裂隙。一个斯多葛主义者根本不鼓励情感的迸发,而是意在保持"漠然"(apathy),并且——在其更为冷峻的时刻——尽管让我们为人们服务,却要我们克制自己不去同情他们。② 那种在沙夫茨伯

---

① 爱比克泰德(Epictetus,55? —135?),古希腊斯多葛派哲学家,斯多葛派哲学的重要代表人物之一,主张遵从自然过自制的生活,马可·奥勒留的《沉思录》深受其影响,著有《爱比克泰德论说集》。

② 见塞内加(Seneca),《论仁慈》(de Clem),第2卷,第4—6页。——作者原注

里身上开始显现出来的道德唯美主义(moral aestheticism),尽管在古典时期并无严格的对应物,却可以说是伊壁鸠鲁式的,而非斯多葛式的。至于那些更高级类型的感伤主义者,为了展示他的"美德",只不过是在美滋滋地悸动着自己的心灵。① 事实上,浪漫的理想主义者极力强调的那种爱或同情,如我此后将致力于表明的,不过是对基督教的仁爱(Christian charity)之低于理性层面的戏仿(subrational parody)罢了。

沙夫茨伯里及其门徒哈钦森的那种道德感,后来通过休谟、亚当·斯密以及其他宣扬情感道德的人得到了发展,这也与此后的功利主义者对于快乐原则的强调有所关联。尽管曼德维尔否认人道主义类型的同情能够压制所谓的"主权本能",但我们转而想起他自己其实就是一个情感道德家(emotional moralist)。他甚至承认,在人类的自然激情当中有一种同情他人的情感,这种情感有时也会是相当猛烈的。人们只需极力赞美这种同情心,同时严肃对待曼德维尔对无知与简单生活的赞美(尽管曼氏对之只是偶有称许),这样就可以得出日后卢梭在他的两部"论文"中针对奢靡问题、文明问题所给出的原始主义的解决方案了。曼德维尔

---

① 始自沙夫茨伯里的那种情感伦理至卢梭而臻于完善,下面选自卢梭《爱弥儿》第 4 卷(*Émile*, Livre IV)的段落也许能为我们提供一个示范。"这种对美德的热情和我们的个人利益有什么关系呢?……剥夺了我们心中对美的爱,也就剥夺了生活所有的魅力。一个人如果让邪恶的欲望在他狭隘的灵魂中扼杀了这种美好的情感;一个人如果以自我为中心,并从而只爱他自己的话,他就不再拥有热烈的感情,他冰冷的心再也不会被高兴的事打动,他的眼睛也不会因甜蜜的温情而流泪了,他再也享受不了任何事物的乐趣了。"这种类型的热情(enthusiasm)不时会呈现出一种柏拉图主义的色彩,例如《新爱洛伊斯》第 2 部分,书信 11(*Nouvelle Héloïse*, Pt. II, Lettre XI)。不过,正如贡珀茨(Gomperz)所指出的,柏拉图本人却"会全然蔑视卢梭那种感伤主义",见《希腊思想家》(*Griechische Denker*), II,第 411 页。——作者原注

是站在礼仪一方的,但他同时却认为礼仪不仅是"人为的",而且不过是"罪恶的虚饰"与"虚伪的面具",这其实已经说出了他之后的卢梭要说的话。他断言,大体说来罪恶在艺术与科学繁荣的地方最为显著,同时天真与诚实在最无知的人那里、在"贫穷的纯朴乡民"那里播布最广。"你打算消除欺骗与奢靡吗?只要毁掉英伦岛上的印刷机,烧掉所有的书籍,只留下大学里的书(因为那里的书根本没人看)就可以了。"

曼德维尔的现实主义与沙夫茨伯里的理想主义共同削弱了一样东西,那便是对内在生活的体悟。所谓内在生活,指的是我们通过某种方式见出人的内里有一种力量,这种力量与人从外在得到的印象和膨胀的欲望——这些东西构成了人的普通自我或性情自我(temperamental self)——用力的方向截然相反。理性主义的和情感的道德都是在18世纪对传统二元论取得了决定性的胜利。同时我们不要忘记,这与世俗化进程的最后几个阶段也不无关系。这一进程在政治方面的反映是,欧洲曾经在理论上以及某种程度的实践上统一在罗马的神权政治之下,而世俗化进程开启之后的欧洲则进入了新的阶段,成为一个由各大领土国家构成的、彼此关系受到国际法制约的欧洲。正如格老秀斯所设想的那样,国际法主要是建立在自然主义的基础上。他的著作出版几年之后,便出现了《威斯特伐利亚和平协议》(the Peace of Westphalia,1648)①,

---

① 威斯特伐利亚是历史上的公爵领地,位于莱茵河以东、德意志中西部。公爵领地开始于12世纪,在其后的诸多世纪里受到教会诸侯,尤其是科隆大主教的统治。1648年的《威斯特伐利亚和平协议》标志着"三十年战争"的结束。1807年拿破仑攫取了该地区,把其中的一部分定为威斯特伐利亚王国,1815年后该地区成为普鲁士的一部分。

人们由此认识并接受了新的欧洲。而在各个彼此分离的民族国家的界限之内,这一世俗化进程的根本表现则是从神权(divine right)到人权(popular right)的转变,以及从上帝主权(the sovereignty of God)到人民主权(the sovereignty of the people)的转变。在这个漫长的转变过程中,超自然主义与自然主义的观点几乎以各种可能的比例混合了起来。例如,新教徒(特别是其中的加尔文教徒)以及天主教徒(特别是其中的耶稣会士),都借用了诸如自然状态、自然权利与社会契约等自然主义的概念,只不过他们是为了在精神秩序当中更有效地证实上帝主权的原则,以及这一原则所蕴含的神权政治。

这样一来,世俗权力似乎是从下而非从上得到认定的,自然便有人看出了其危险性。由此菲尔默①在《父权制》(Patriarcha)一书中说:"中世纪的经院学者为了把国王推倒在教皇之下,认为最安全的途径便是把人民置于国王之上;后来的作家们过于轻信这些词意含混的经院学者了。"与耶稣会士冒犯君权的做法针锋相对,关于"君权神授"(the divine right of kings)以及"被动服从"(passive obedience)的学说,在民族主义兴起的时刻起到了至关重要的作用。如埃拉斯都②曾极力主张精神权力应严格服从于世俗权力,而这个观点亦曾得到路德本人

---

① 菲尔默(Robert Filmer,1588?—1653),英国王权论者,用中世纪神权理论力证"君权神授"与"王位世袭",著有《父权制,或国王的自然权力》,洛克的《政府论》上篇便是针对菲尔默及其《父权制》一书而加以批判的。

② 埃拉斯都(Thomas Erastus,1524—1583),瑞士神学家、医生,认为基督徒所犯的罪应该受到国家的惩罚,17世纪在英国曾出现主张教会必须服从国家政权之思潮,当时被称作"埃拉斯都主义"。

的大力支持。路德的态度进而又与中世纪理论家奥卡姆①有些关联,奥卡姆这类理论家即是试图抬高皇帝并贬抑教皇的。对于那些君主们,路德教会倾向于赋予他们处理宗教事务的权限(即"谁的王国,就得信奉谁的宗教"[*cujus regio, ejus religio*]),但君主们并不具备皇帝具有的那种普遍权限,而是仅通过世袭权利在某一有限的领土上实施统治。加尔文的神权国家则与抬高教皇、贬抑皇帝的中世纪理论有关,但同样缺乏那种普遍性的因素。实际上,路德与加尔文的教会国家具有一种共同的倾向,即将上帝的事务与恺撒的事务混同起来,并没有给个人留下一座"上帝之城"(*civitas dei*),从而个人不得不直接面对世俗权力而无所遁形。因此有人认为,新教无论是何形式,都不过是伴随着民族主义兴起出现的附带事件而已,这种观点自有其理据。

我曾经提到菲尔默的《父权制,或国王的自然权力》(*Patriarcha, or the Natural Power of Kings*, 1680)一书。这是一部为神权辩护的著作,尽管这种辩护远非完善,但作为一种重要的政治思想的类型,应当作为一个例证引起我们的注意。该书极力为父权制政府观加以辩护,在此之前,这在西方还从未得到过充分的阐述。我们不妨先把亚里士多德以及其他人的意见放在一边;事实上我们只要从人类的实际经验出发就会得出如下结论:父权制的观念具有诸多力量强大的元素。长期以来,这一直是人类诸多种族共有的普遍观念。古朗日对希腊-罗马城邦的研究表明,城邦乃是从家族宗教(the religion of the family)发展演变

---

① 奥卡姆(William of Occam, 1285? —1349?),英国经院哲学家、逻辑学家,中世纪唯名论主要代表。

而来的。这一研究有助于我们理解诸如中国与日本等国家当中依旧留存的那些政治与社会制度。但不幸的是，菲尔默未能对父权制观念作一充分的心理学意义上的分析，并由此揭示这一观念在人性实然事实当中的深刻根源。菲尔默的论证太过自然主义，同时又太过神学了。从他那本书的副标题来看，他宣称父权是"自然的"，然而他又试图通过一种怪异的推理，证明君主的实然权力竟然建立在他们是亚当直系传人的基础上。

菲尔默试图证明父权与君权的基础是自然的，但他的论证显然未能击中要害。此后出现了波舒哀，他通过他的《从圣经抽取的政治学》(Politique tirée de l'Ecriture Sainte, 1709)一书成了神权之更有力的也更稳健的辩护者。他断言，所有的立法无疑都基于最初的法则，而这最初的法则即是自然法，亦即关于衡平与正确理性的法则(law of equity and right reason)。但在整体上，他又以一种彻底的超自然主义来对抗即将来临的自然主义大潮。人生来并不是自由与平等的，而是最初隶属于其父母。亲权(parental authority)本身乃是神权的翻版，而上帝是唯一的绝对主权者。反过来，亲权又成为王权的范型。国王的权力不依赖于人民的同意与默认，同时也独立于教皇。王权尽管是绝对的，却并非专断的，因为它受到来自上面的制约。波舒哀提升君主在世俗秩序中的地位，只是为了使之在上帝面前更为谦卑，并承担无比沉重的责任。"看哪，"他说，"广大的人民集中于一人之身，看那神圣的、父亲般的以及绝对的权力，那便是统治着国家全体的隐秘缘由。你在国王身上看到了上帝的形象，并由此获得了王权(royal majesty)的观念。因此，君王们啊,大胆运用你们的权力吧,因为这权力是神圣的,对人类是有益的,但运用这些权力的时候一定要谦卑。它是从外部施加于你的。它从根本上令你虚弱,令你终有一死,令你有罪,并令你唯恐在神面前获得更沉重的报应。"他进而说道,国王不过是有血有肉的神,最终也要尘归尘、土归土。世间的荣华或许可以暂时将人们区分开,但最终死亡——人所共有的灾难——会使人们归于平等。

甚至圣路易(Saint Louis)都未能像波舒哀那样使国王的职责谦卑地服从于上帝。就路易十四(Louis XIV)而言,我们不禁要说,他践行了波舒哀学说的第一部分(朕即国家[*l'état c'est moi*]),却彻底忽视了谦卑。当波舒哀断言王权是由神权直接派生而来的,他便像其他神权的拥护者一样,返回到了中世纪帝国论者(the medieval theorist of the empire)那里。不过,拥有普遍权力的皇帝只有一位,而国王则不止一位,他们具有同样绝对的权力诉求,通过世袭权利统治各自广大的领土国家,不但在其世俗野心方面互有碰撞,而且在宗教改革之后,在宗教方面也彼此有所冲突。实际上,这些民族国家的统治者们就彼此而言乃是处于自然状态之中,不论人们认为所谓的自然状态所指为何。波舒哀如此热衷于统一,以至于支持宗教迫害,例如,他曾要求撤回《南特赦令》(the Edict of Nantes, 1685),此即明证。然而他的学说不但未能为那种离心的民族主义提供足够的冲销力量,而且由于其一再坚持法国国王与教士的自由(the liberties of the French king and clergy, *les libertés gallicanes*),反而似乎有害于教会的统一。

路易十四与波舒哀极力宣扬教宗权制限派的自由(the Gallican

liberties),从而与中世纪晚期以来教会的主流唱起了反调。《法国教士宣言》(the Declaration of the French Clergy)第四款是由波舒哀在1682年签署的,该条款宣称,如无教会的同意,教皇的判定就并非最终的判定。这种有限的、宪政式的天主教教义(limited and constitutional Catholicism)由于议会运动(conciliar movement)①的失败而被迫妥协。从那时起直至今日,每一次有意义的变化都进一步导致了教皇中央集权(papal centralization)的深化。约瑟夫·德·迈斯特②便是教皇至上论这类天主教教义的理论家,也是波舒哀与路易十四的敌人。他的关于教皇的著作(1819)乃是1870年梵蒂冈会议(the Vatican Council)中"教皇无谬误论"(the doctrine of papal infallibility)最终取得胜利之先声。早期基督教的一个主要元素便是我们所说的罗马帝国主义组织方式。此一元素经过德·迈斯特的发展,进而成为一种彻底的教皇帝国主义(papal imperialism)。由神权支持的最高统治者便是教皇。而世俗统治者,只要他们自称信奉天主教,就必须承认教皇的霸权。在土崩瓦解的各种类型之个人主义的废墟上,德·迈斯特建立起了这种僵硬的外在权威的概念。波舒哀处于伟大的基督教核心传统当中,以至于我们都想称他为教会的最后一个教父;德·迈斯特与波舒哀相比,尽管有着可敬的品格,却在他的著述中几乎见不出那种内在生活之感,实际

---

① 议会运动是指14世纪末15世纪初发展起来的一场天主教会改革运动。议会运动主张大公会议的地位高于罗马教皇,这场运动是欧洲中央集权的民族国家形成和巩固的结果,也是各国教会希望更加独立,减少对教皇的服从的结果。

② 约瑟夫·德·迈斯特(Joseph de Maistre,1753—1821),法国外交官、作家、哲学家,在法国大革命之后大力主张独裁专制,著有《论法国》《论政治体制的生成原则》等。

上与其攻击的18世纪理性主义者无甚差别。真正的基督徒的服从是建立在谦卑与仁爱的基础上的。而德·迈斯特指向的那种服从则主要是社会性的。社会的基本需求乃是秩序，而秩序在德·迈斯特看来，必然主要通过恐惧与压迫来实现。如他在自己的著作①著名的一章中所云，整个社会结构最终的支撑乃是来自死刑执行者。他拥护教会那些公然持教皇至上论，并反对个人主义的力量与手段——如禁书录②、宗教裁判所，以及耶稣会士。

波舒哀将君权神授的理论推向了极致；至于主张教皇神权理论的则迄今好像尚无人超过德·迈斯特。那种绝对的、不加限制的主权，不论属于教皇还是国王，都建立在神权的基础上。针对这种情况出现了一种新的主张，即宣称人民具有绝对的、不加限制的主权，不过，这一回乃是以自然权利为基础。事实上，人民主权的理论甚至早在中世纪便出现了，这主要以帕多瓦的马西略③为代表，至17世纪初，阿尔图休斯④已经沿着相当激进的路线提出了这一理论。不过，洛克才是在卢梭之前推进这一理论的最重要的先驱。他的两卷《政府论》(*Treatises of Government*, 1690)之上卷试图驳斥菲尔默在《父权制》中提出的那种特定的神权理论，如今已经随着它所驳斥的对象失去了对人们的吸引

---

① 指《论法国》。

② 从前由罗马天主教会权威公布的清单，规定限制或禁止阅读某些书籍。

③ 帕多瓦的马西略(Marsilius of Padua, 1280？—1342？)，出生在意大利帕多瓦声誉显赫的美纳蒂尼家族，著有《和平的保卫者》一书，以及两篇关于罗马帝国和罗马皇帝权威的论文《论帝国的转移》和《小辩护书》。

④ 阿尔图休斯(Johannes Althusius, 1557—1638)，德国加尔文教派政治哲学家、法理学家，被尊为联邦党人的先驱之一，著有《政治论》等。

力,然而,《政府论》下卷却依然是政治思想的一个重要里程碑。要理解这部著作的推论过程,我们需要回到早期希腊思想家确立的自然与习俗的对立(the contrast between nature and convention)那里,并回到从这一对立中生发的自然法的概念,而自然法的概念又主要是在斯多葛派的影响下产生的,并且在罗马法中得到了体现。最后,我们还要追溯几个世纪以来发生的一个转化过程,即罗马的法学观念最终在洛克等作者笔下转化为人权理论的那个过程。洛克的自然权利论预告了日后的美国革命的到来,并且通过卢梭的改写,为以后的法国革命也埋下了伏笔。洛克为了捍卫自然权利,不但需要对抗那些主张君主特权的党徒,还需要对抗霍布斯那种马基雅维利式的现实主义者。如前所述,对于霍布斯而言,自然状态便是自由、平等与战争。因此,为了获得和平,他希望个人达成契约,并通过契约永远放弃自己的自由或对于自身的无限主权,从而便可在专制君主的统治下享受平等。而对洛克来说,尽管他偶尔也会带有一丝原始主义的痕迹,但他的自然状态却是自由、平等、理性的。这是一种"和平、善意、互助、安全的状态"①。事实上,在洛克那里,自然法与上帝的意志乃是一回事②(或者如教皇稍后所说的那样,"自然状态便是上帝的统治")。洛克实际上将精神秩序与世俗秩序混在一起,当他说"吁求上天"的时候,其实说的便是诉诸武力。不过,他也看到了自然状态的某些不利之处,特别是关系到私有财产的安全等方面就更是如此。若想充分保护私有财产,人们就必须在自然

---

① 《政府论》(下卷),第3章。——作者原注
② 同上书,第11章。——作者原注

法之外附加一条确定的法则,这条法则将由公正的法官执行,同时这些法官还需要一个有组织的国家的力量支持,以确保其判决得到相应的实施。从而,人们制定契约、以固定的政府取代自然状态的首要目标便是确保共同善,而这其实与保护私有财产是一回事。私有财产本身的来源乃是手工劳动,这一点极为重要,此后我还会提及。人民的意志,亦即大多数人的意志,应该是至高无上的。不过,这一意志不能直接表达出来,而只能通过立法机关这种高于行政与司法部门的民意机构来加以表达。国家的终极权力由国王转移到了议会,这乃是1688年革命的成果,而洛克的《政府论》事实上便是这一成果的反映。① 凡是在行政权力涉及公共利益即私有财产安全的地方,立法机构都会格外警觉,对之严加控制(例如,无代表而征税便是暴政)。②

甚至像波舒哀那样的神权理论家都承认不加限制的行政权力的危险性。他说:"让我们坦白地承认,没有一种诱惑能与权力的诱惑相比,当人们应许给你一切东西,然后去阻挠抑或激发你的欲望,此时再没有什么比让你放弃这些东西更困难的了。"至于洛克,他甚至认为以下观点都不值一驳,即统治者虽然不受人民的限制,却对高于自己之事物负有责任,从而受到这种责任的限制云云。在他看来,一个国王处于自然状态,不仅仅是相对于其他国王来说的,而且也是相对于他的臣民来说的,当他不受一切限制的时候,他用权力武装了自己,同时又为阿谀所腐化。尽管洛克对不加限制的王权意志时刻警惕,我们却很难发

---

① 洛克的《政府论》出版于1688年革命之后,但完成于革命之前。
② 此即美国独立战争的最初起因。

现他对相反的危险有所预防。无论他本人对人民主权的解释多么温和适度,我们在他的理论中都很难找到任何东西能够防止人民主权发展为一种新的专制主义。人民不但对立法者具有合法的制约力,而且在这些立法者的行为看来似乎违背了人民利益的时候,人们还有权利起来反对他们。那么,什么才能够克制不加限制的民主(unlimited democracy)产生的恶呢?归根结底,我们对此能够找到的唯一制约,便是以某种方式承认贵族性的原则(aristocratic principle),而这在洛克那里全无踪影。自然权利的逻辑本身便与尊敬和服从的观念背道而驰,那些观念至少不是建立在力量的基础上。洛克说,在自然状态下,所有人都是国王,不服从于任何人,当他们签订社会契约之后,这种平等地位也不会遭受严重的减损。其实洛克在此回避了一个政治难题,这个问题在亚里士多德和孔子等人眼中却显得异常重要,这便是领袖问题(problem of leadership)。洛克思想中激进与平等主义的一面发展缓慢,这乃是英国人的特性。1688年革命(洛克即担任了这场革命的理论家)之后,政府转而受到一个寡头集团的控制,而这个寡头集团是全靠残存的对传统的顺从才获得权力与威望的。辉格党试图用一种贵族制来维系政府,但这种贵族制本身却缺乏学理论证,从而辉格党的艰难处境到了一定时刻便显露了出来。事实上,到了《改革法案》(the Reform Bill, 1832)出台之时,这种贵族政体便正式逊位了。在洛克的时代启动的这一运动,其全部后果在我们的时代已经日趋显豁。人们,特别是处于大城市中心的人们,已不再带着敬意仰望那些人民的代表,后者本身已经带有了洛克所鼓励的那种功利主义的性情,或许已经不再值得尊敬了。我们需要杰出人物的领导,而平等主义却否认这一点,如果贵族性原则持续让位于平等主义的趋势,议会制政府终将不复成为可能。

与他的哲学先驱们相比,洛克旨在以一种更为经验或实验的方法来处理人性问题。同时,他也具有强烈的理性主义的一面,这显示出了笛卡尔的影响。洛克与笛卡尔认为人的内在有一"理性",单凭这一"理性"就可克制想象与膨胀的欲望,由此他们便更新了斯多葛派的观点。帕斯卡的观点与此恰恰相反,他认为仅凭理性不可能轻而易举取得胜利,相反,"想象统治着一切"。帕斯卡的论断似乎更接近我们观察到的事实,从而也更具真正意义上的实验性。洛克认为,想象乃是习俗与传统的体现,而习俗与传统从理性的角度来看,不过是偏见而已。通过在理性与偏见之间设置对立,洛克与笛卡尔一起成为影响了一个时期之欧洲文化的主要人物——那个时期便是我们所知的启蒙时代。就总体而言,可能伏尔泰是扩大洛克在法国以及欧洲之影响的第一人,不过,在政治理论领域,或许在孟德斯鸠那里我们才能更好地研究洛克的影响。① 与洛克一样,孟德斯鸠主张由议会来控制行政,特别是那些涉及税收以及纸币发行的事务。不过,与洛克相比,他更倾向于严格区分立法、司法与行政三种权力,并使司法与行政更加独立于立法。朝着这个方向,政府的不同职能即可以构成一种彼此制约、平衡的系统。众所周知,这便是孟德斯鸠对美国早期政治理论影响最大的一个方面。

---

① 见德迪乌(J. Dedieu),《孟德斯鸠与法国的英国政治传统》(*Montesquieu et la tradition politique anglaise en France*)。——作者原注

同时,只有不怀好意的批评者才会把美国宪法的制定者(the framers)看作孟德斯鸠的正宗信徒。美国宪法的制定者们显然具有某种孟德斯鸠所不具备的东西——精明强干。与马基雅维利式的政治观点相比,孟德斯鸠的观点有一种不现实的感觉,以至于天使般温婉善良的儒贝尔竟然会说,一页马基雅维利的著述要比整整一章孟德斯鸠的著述能让我们学到更多的统治技巧。此外,我国的宪政政治家们就大体而言也并不分享孟德斯鸠的一般哲学观点。如《论法的精神》(L'Esprit des Lois, 1748)一书所示,孟氏的哲学不乏前后矛盾之处,就总体而言(甚至与洛克的哲学相比),显示出向纯粹的自然主义的方向又迈出了可观的一步。在他那里,神学观点进一步让位于社会学观点,以至于有些人甚至把孟德斯鸠看作社会学的创始人。法盖①曾说"他是最不具有宗教精神的人了";事实上,他显得几乎完全缺乏对内在生活之价值的认识。我们必须坚持个人心中有一种力量,无论通过神恩还是自由道德选择(free moral choice)的形式,都可将个人超拔出物质世界,这才是真正宗教的或人文主义的态度。在孟德斯鸠认定的三种主要的政府形式——君主制、共和制与专制政府——当中,他几乎对人所特有的因素不加考量。尽管他在口头上赞美基督教,其实却更倾向于决定论以及以物质为依据的国度,并且大力强调气候与民族性格(national character)之间的关系,这一点是为我们所熟知的。因此,他着重强调的观点,即法律不能被看作某种绝对的东西,而是必须在一般总体精神

---

① 法盖(Auguste Émile Faguet,1847—1916),法兰西学院院士,著有《十九世纪的政治与道德》《政治问题》等。

上与民族性格相一致,这便与亚里士多德对民族精神特质的强调大为不同。尽管亚里士多德也承认气候的影响,但整体而言,他的关注点主要在于人对其自身的塑造,而非自然对人的塑造。而在孟德斯鸠看来,甚至宗教都主要是一桩关乎气候的事情。气候决定了世界某个地方信仰伊斯兰教抑或基督教①,并且在基督教国家内部决定了哪些地方信新教、哪些地方信天主教②。同样地,判断力(good sense)看来也是由气候决定的。③ 这种自然主义相对论(naturalistic relativism)的产生,起源于伦理基础本身所发生的革命。事实上,孟德斯鸠已经很有风度地提醒我们,他并非在传统的意义上使用诸如美德等词汇。他说:"我在一个共和国中称之为美德的东西,并非一种道德或基督教式的美德,而是指对国家的热爱,亦即对平等的热爱。"他还可敬地进一步发展了这一论断,指出在共和体制下对平等的热爱不可推行到与必要的服从(necessary subordinations)无法相容的地步。如果波舒哀等理论家看到这一论断,显然会作这样的回应:如果服从是基于力量原则之外的其他原则,就必定意味着人的普通意志(man's ordinary will)将屈从于某种更高意志之下,换言之,这种服从最终必然建立在谦卑的基础上。确实,孟德斯鸠似乎不时也会见出共和美德与宗教控制之间的关系,就此他曾说过一句名言:"罗马这艘航船在暴风雨中全靠两个锚来保持稳定:一个是宗教,另一个便是道德风尚。"随着这种传统精神特质的衰

---

① 见《论法的精神》(*L'Esprit des Lois*),第24卷,第26章。——作者原注
② 同上书,第5章。——作者原注
③ 同上书,第14卷,第3章。——作者原注

败,奢靡日盛而自由日损。①

孟德斯鸠系以一种外在的、形式主义的方式去理解荣誉这种君主制国家的激励原则(informing principle)。他所理解的荣誉与美德——无论是他自己定义的,还是我们传统上理解的那种美德——全无关系。他对这一形式的贵族性原则②的处理,或许忠实地反映了路易十五时代贵族阶层的实际状况,却未能昭示出"位高责重"(noblesse oblige)这一格言的潜在涵义。当一位绅士或至诚君子(honnête homme)想把人文主义的姿态与对荣誉的崇拜结合起来,便会发现这种人文姿态变成了廷臣们为了争夺王宠、假作温文的一种虚饰。

在孟德斯鸠看来,法律与政府受到并且主要是受到自然原因的影响,我们由此可以推测,在自然原因的推动下,人的因素起不到多大的干涉作用。但实际上孟德斯鸠的学说还有另外一面,即虽然人不能从内部沿着人文主义或宗教的路线修正自身,但他可以从外部得到修正,不仅通过气候,而且还可以通过各种多少带有"进步"特征(progressive character)的机构发挥作用。简而言之,孟德斯鸠表现出了启蒙时期的人们普遍拥有的信心,即理性最终一定会战胜偏见。有些人希望通过巧妙地操纵政治机器便可革新社会,有些人则对一纸宪法(paper constitutions)的功效几乎有着无限的信心,这种人特别是在18世纪末人数众多,在这些人身上便可见出孟德斯鸠的影响。

---

① 但是孟德斯鸠在另外一章——这是显示其不一致性的极好例证——引用了曼德维尔的论证,复倡言奢靡。同上书,第19卷,第9章。——作者原注

② 即荣誉。

我刚刚使用了"进步"这个词。事实上，现代自然主义所特有的那种进步观念（the idea of progress）便是在孟德斯鸠的时代定型的。此前希腊-罗马时期的自然主义，无论是斯多葛式的还是伊壁鸠鲁式的，都仅具备这一观念最简单的雏形而已。在文艺复兴时期，科学方法首次获得胜利，这乃是进步观念得以产生的根本起源。早期英国式的进步观念与培根的影响和皇家学会（Royal Society, 1662）的建立关系密切，其总体倾向即是讲求实际与经验的；而早期法国式的进步观念则与笛卡尔的影响有关，从而更趋向于抽象与逻辑性。培根与笛卡尔所代表的这两支潮流在18世纪（特别是在法国）彼此交汇，结果便是人们信心日益高涨，相信人类具有不断完善之可能性。圣皮埃尔神父①便是（我们不妨称之为）"职业慈善家"（the professional philanthropist）相当完美的典范。狄德罗以及百科全书派的其他人士刻意用培根式的"人的王国"（kingdom of man）来代替传统的"神的王国"（kingdom of God），此后这种新学说发展成为西方过去几代人信奉的真正的宗教——人的宗教（the religion of humanity）。只不过，当时这种新学说尚不完备，还未能发展出后来的变化。直至那时，那种运动的主流始终是理性主义的。其主要成就是，沿着笛卡尔一脉发展出了普遍的机械论的观念，并且借助（旧式二元论者以各种形式宣讲的）自然法，用自然——在此自然被理解为一个由恒定不变的法则构成的体系——来对抗神意的干涉。因此一个波舒哀式的基督教超自然主义者，当他面对

---

① 圣皮埃尔神父（Abbé de Saint-Pierre, 1658—1743），18世纪法国神父，著有《永久和平方案》等。

自然主义的攻势来捍卫宗教的时候,便会将神意观念(the idea of Providence)置于核心位置,这种做法确实自有其理据。不过,如果用法则观念(the idea of law)来取代神意,那么这种做法本身在严格的实证主义者看来,亦非异想天开之举。① 果如其然,我们便需要申明两种法则,即人之法则(law for man)与物之法则(law for thing),如此方能保留内在生活之真理。然而,那种新运动的宗旨恰恰与此毫不相干。它试图将自然秩序与人的秩序置于同一法则之下,并且在笛卡尔的引导下,再将这一法则简化为数学与机械公式。事实上,在自然神论运动期间,即旧式二元论向现代一元论观念转变的那个重要的过渡阶段,神意观念仍以某种方式保留了下来。不过,这种自然神论式的神意是通过自然法间接行动的,不像真正的基督教中的神意是直接行动的,从而看起来便是按照人的利益设想出来的。因此,诸多自然神论者都极力强调"终极原因说"(the doctrine of final causes),可是当里斯本大地震这种事件发生之后,他们便惊慌失措,因为这与他们的神意理论,即神意通过自然秩序为人类造福,未免太不相符了。

自然神论运动以及文艺复兴时期以降的整个自然主义运动,如我所云,其主流始终都是理性主义。然而,现在的人无论老少都会有这样的体验,即仅凭理性是不能令人满意的。人们渴望从中获得一种热情,将他从单纯的理性自我(rational self)中超拔出来。伏尔泰或许是启蒙运动中最突出的人物,但甚至他都宣称幻想才是统治人类心灵的女王。

---

① 例如,佛陀最终遵从的并非基督教意义上的神意,而是"法"(Dhamma),并且(我们几乎无须补充说明)此法与物质世界之法迥乎不同。——作者原注

69 在当时的政治思想领域,人权观念相对而言还处于惰性状态,这是因为这些观念仅仅是从一种假设的自然状态通过抽象的推理过程推演而来的。"冰冷的理性,"卢梭宣称,"从未做成任何了不起的事情。"卢梭(在我此前提到过的英国背景中)有不少先驱,但唯独卢梭超迈前人,为人权说注入了到此为止尚付阙如的想象与情感的驱动力,并就此补足了"人的宗教"赖以形成的一切因素。在反对卢梭以捍卫传统秩序的人当中,柏克自然是先锋,因为柏克也以其特有的方式注意到了"冰冷的理性从未做成任何了不起的事情"这一真理。他看到,唯一有价值的保守主义便是具有想象力的保守主义(imaginative conservatism)。从而我们可以有根据地讲,18世纪末以来政治思想领域中的斗争,其意义最重大的那个阶段,便体现为柏克精神(the spirit of Burke)与卢梭精神(the spirit of Rousseau)之间的斗争,而柏克与卢梭之间的这种对立本身,归根结底,开启了两种不同类型的想象之间的对立。

第二章　卢梭与田园想象

自文艺复兴直至18世纪的这个阶段，如我在本书第一章所示，有一个鲜明的标志，即个人逐渐从外在权威及其强加于个人的超自然信仰（supernatural beliefs）中获得了解放。然而，个人并未利用这种新获得的自由批判性地创建传统宗教的对等物，反而日益走向了自然主义。与此同时，他却常常沉迷于那种与马基雅维利（一个典型的政治上的自然主义者）的学说截然相反的政府理论，这个现象颇为奇怪。现在美德已经日益与"自然"联系在了一起，而在过去，美德常常被看作来之不易的成果（hard-worn fruit），不但要借助人文的规训，而且要借助宗教的规训才能获得。如果美德与自然相联系的合法性得到确立，那么我在开头提到的亚里士多德的政治思想（即政府与民众的精神特质之间存在必然的联系）显然就应该加以捐弃。不过，在抛弃亚里士多德之前，我们最好还是考虑一下，当前对"自然状态"说的时髦解释是否暗藏诡辩的成分。

如我们所见，先在于制定法（positive law）与有组织的社会（organized society）之前的自然状态与自然法的概念，并非什么新鲜事物。它萌生于古典时代，特别是古典时代的斯多葛派，并且跨越了整个中世纪,主要体现为斯多葛派对罗马法的影响与渗透而留存了下来。我曾经说过,由于文艺复兴直接返回到了斯多葛派的①以及其他古典源头那里,自然状态与自然法的概念便又得到了强化。此外,我们还发现,早在教父(Church Fathers)时代便出现了一种趋势,即将所谓的自然状态等同于堕落之前的人的状态,从而给予了这种状态一种共产主义的色彩,同时将人之天真状态的丧失与私有制的出现联系了起来。②尽管自然法从自身角度来看也不失神圣,但与神法(the divine law)——人们通过天启而获得的确信无疑的知识——相比,其权威性依然不可同日而语。只要人们坚信这种确定的上帝之法(God's law)的表现形式,关于自然状态的论断就必定会受到一种极具生命力的信念的干扰,即人的内里都残存着一个"老亚当"(the old Adam)③。以胡克④为例,他的《论教会体制的法则》(*Ecclesiastical Polity*)出版于1592年,而洛克诸多关于自然法的观念都继承自他的观点。尽管胡克宣扬自然法观念,但同时他又宣称:"制定法律是为了在民众当中确立外在的秩序与政府的统治,然而,除非首先认定人的意志顽固不化而又桀骜不驯,不愿遵守其人性中的神圣法则——总而言之,除非首先认定人就

---

① 见赞塔(L. Zanta),《斯多葛主义在十六世纪的复兴》(*La Renaissance du stoïcisme au xvie siècle*)。——作者原注

② 在此亦可见出斯多葛派的影响,见塞内加(Seneca),《书信集》(*Epistles*),xiv,第2页;以及赫恩肖(F. J. C. Hearnshaw)编,《部分伟大中世纪思想家的斯多葛与政治思想》(*The Stoical and Political Ideas of Some Great Medieval Thinkers*),第43页及以下。——作者原注

③ 指人身上遗留之元恶。

④ 胡克(Richard Hooker,1554—1600),英国基督教神学家,著有《论教会体制的法则》,主张政教合一。

其堕落的心灵而言,几乎比野兽好不了多少,法律才能如其所是地得以制定。"从胡克过渡到洛克期间,对人的堕落(man's depravity)的那种坚信已经明显弱化,实际上格老秀斯早就断言,哪怕没有上帝,没有确凿无疑的天启,人也能够在自然法的指导下正确处理政治事务,而自然法便是正确理性的法则。我们注意到,伴随着这种对理性的崇拜与美化,同时还出现了对本能的崇拜与美化,后一趋势早在16世纪便已初现端倪,此后更发展出对"高尚的野蛮人"(the noble savage)——此即其最具特色的一个表达——的狂热崇拜,并由此走向了极致。然而,直到18世纪早期,这种对本能的崇拜与美化才获得了鲜明的情感上的特征,从此其影响开始波及伦理根基。沙夫茨伯里提出的"道德感"一说及其所暗示的那种本能的善(instinctive goodness)甫出世便大受欢迎,广为流行。正如约翰·霍金斯①爵士在他所著的《约翰逊传》(Life of Johnson)一书中所说:"他(菲尔丁)将美德分解成了各种美好的情感,并使之与道德义务和责任感对立了起来,就此而言,菲尔丁的道德不过是沙夫茨伯里伯爵之道德的庸俗版。是他发明了那个流行的词——'善良的心'(goodness of heart),现在人们天天都在使用这个词来代替真正的美德,而这个词的意思,实际上和我们说一匹马的美德或一只狗的美德没什么区别。"

不仅是沙夫茨伯里这种乐观的自然主义者,就连曼德维尔那种自然主义式的犬儒主义者(cynic),也为此后我所说的卢梭的情感伦理铺

---

① 约翰·霍金斯(John Hawkins,1719—1789),英国地方法官、作家,塞缪尔·约翰逊的生前好友,著有《约翰逊传》。

平了道路。在卢梭看来,自然状态并不是理性的状态,反之,能思考的人早已久经世故,或者用卢梭的话来说,已经是"堕落的动物"(a depraved animal)。卢梭认为,自然状态下的人是彼此隔绝的,同时是为本能所支配的。不过,这些彼此隔绝的个体不像霍布斯所宣称的那样,完全为"自利"之本能所左右,以至于相互为战。自然人还具有另外一种本能,即不愿看到他的同类受苦的本能,单是这种本能便足以抗衡他的自私自利之心了。自私自利与发自本能的怜悯——通过将这两个原则结合起来、汇于一处,卢梭试图从中得出自然权利的一切准则。"哪怕是那个最放肆的人性的诋毁者(即曼德维尔),"卢梭说,"也不得不承认存在天生的怜悯心(natural pity),尽管他并没有看到,单从这个品质便生发出了社会中所有的美德——慷慨、宽容、人性、仁慈以及友谊本身,而他一向认为人是不具备这些美德的。"确实,当我们试想那些未谙世故的人,即仅受到原始的怜悯与自私本能支配的人,我们必然会得出这样的结论:"越是不抗拒那些简单的自然冲动的人,就越是有美德。"在叔本华看来,卢梭的光辉成就便是使怜悯成了道德的基础,从而一举改变了道德本身。① 我们应该看到,这一成就的后果之一便是美德等词汇的内涵的改变,这在我刚刚引述的那句话中已显露无遗了。实际上,我们愈是深入研究 18 世纪,就愈可明白地看出,各种现代革命都是以当时词汇上发生的革命为先导的。为了更好地理解卢梭对"美德"一词的再造,我们不妨回到他的《论科学与艺术》(First Discourse, 1750)中去看个究竟。他在该书中断言,雅致和奢靡乃是艺术与科学繁

---

① 见《论道德的基础》(Grundlage der Moral),第 19 章,第 9 页。——作者原注

育发达的必然产物,而这种雅致和奢靡与美德是不能相容的。在他对罗马帝国以及其他伟大政体因奢靡而逐渐衰亡的叙述中,他大量使用了"美德"一词,逐个数来,竟有四十三次之多。不过,我们并不认为,卢梭针对奢靡问题——这也是卢梭那个时代大为关注的一个问题——提出的解决方案,真的是在试图恢复法布里修斯①式的,或者莱克格斯②式的,抑或加尔文式的美德。他用来对治奢靡的良方,无非是回到自然与简单的生活——而他所谓的简单的生活,可确实真够简单的。③他的美德其实就是对本能以及理性之下的东西(the instinctive and the subrational)的崇拜与美化。因此,当儒贝尔从自身的角度立言,认为卢梭向人们大讲美德却摧毁了人们灵魂中的智慧时,这一说法自有其道理。

尽管《论科学与艺术》中的"美德"显然还比较原始,不过到了《论人类不平等的起源和基础》(Second Discourse)当中,卢梭式的"美德"便通过与怜悯观念(the idea of pity)联系起来而获得了一种必要的补充。如我们所见,自然状态对于霍布斯来说意味着自由、平等与战争,对于洛克来说则意味着自由、平等与理性。卢梭与他们相反,认为无论是战争还是理性,都是社会世故老熟的产物。真正的自然状态乃是自由、平

---

① 法布里修斯(Fabricius,？—前250):罗马将军与政治家,曾两度担任执政官(前282年,前278年),关于法布里修斯的传说大多与他清正廉洁的美德有关。
② 莱克格斯(Lycurgus,？—？):公元前9世纪斯巴达立法者,被认为是斯巴达法典的创立者,他的改革被认为促进了斯巴达的三个美德:平等、军事锻炼和节制。
③ 例见《对博尔德先生的最后回复》(Dernière Réponse à M. Bordes):"甚至可以让他们吃草,如果有这个必要的话;我宁愿看着人们在田野里吃草也不愿看见他们在城市中互相残杀……我们敢于站在本能的一边与理性对抗吗?这正是我想问的。"——作者原注

等与博爱(fraternal pity)。通过反驳霍布斯,并用博爱来取代理性,卢梭赋予了自然主义当时尚不具备的驱动力。从此自然主义才有可能发展为一种新的福音,仿佛和旧福音一样,最后都归结到爱上面。不过,我早就说过,这种爱的概念基础乃是放纵的情感,因而只是对基督教意义上的仁爱的一种戏仿而已。

在自然状态下,似乎所有人都应同样具有同情心。不过,在现实社会中,大力强调同情心却导致产生了一种颠倒的等级制。正如在基督教中,人在精神意义上的分级乃是根据他与上帝之距离的远近决定的,这由其仁爱之心的强弱来体现;同样地,按照新的福音来看,人是根据他与自然的远近来确定等级的,这一点则由他的同情心的强弱来体现。如今,只有普通人才能保有那种生机勃勃的自然冲动,因为他们最少受到苍白的思想的扭曲与侵害。"爱只有在穷人住的茅屋里才能找到。"随着人的社会地位逐渐升高,他的爱心也逐渐消失,当他接近顶端,爱心便让位于相反的东西了。说到那些有钱人,卢梭曾将他们比作"贪婪的狼,一旦尝过人肉的滋味,便不再吃其他的食物,从此想吃的只有人"。

实际上,卢梭是在忙于创造一套新的神话,而这套新神话牢牢控制了人们的想象,从而在很大程度上成了旧式神学的后继者。正如在旧式神学中,一切都基于人的堕落说,这种堕落是对上帝的背离;在卢梭那里,一切也都基于人的堕落,不过这种堕落却是对自然的背离。导致这种堕落以及各种社会罪恶的第一步也是决定性的一步,在卢梭看来(大家对他的相关说法已经很熟悉了),便是土地所有权这一形式的私有制(private property)的发明。随着所有权的出现，"平等消失了"。"工作变得必要起来，大片的森林变成了微笑着的田地，它必须用人的汗水来浇灌，此后我们很快便看到奴隶制与悲惨的生活随之而来，与庄稼一同生长。"简而言之，痛苦与不幸便是人们勤奋工作的后果。

卢梭如此这般建构起来的神话，显然依托于一种新的二元论。旧的二元论认为斗争与冲突发生在人心中的善恶之间，自从人堕落之后，恶在他的心中便占据了显著位置，从而人必须保持谦卑，而在卢梭那里，斗争与冲突从个人心中转移到了社会当中。无疑，在卢梭那里，还残存着一些旧式二元论的痕迹，但同样毫无疑问的是，他的著述所具有的实际效应，几乎都与那种新的二元论有关。据说卢梭在去文森尼(Vincennes)的路上，在路边树下休息的时候，忽然获得了一种天启般的远见卓识(apocalyptic vision)，而在他本人看来，那种新二元论的实质便是这种天启般的远见卓识。卢梭说，他的著述有一个指导性原则，那便是展示、说明人本身并不具有罪恶与谬误，这些东西都是从外部带进来的，简而言之，罪恶与谬误的产生全都可以归因于社会制度，而所谓的制度实际上就是指那些左右着这些制度的人。在人为划定的等级的顶端，踞坐着一小堆人，那些国王、教士和资本家们，压制着其他人，不让他们天生的善（如雪莱[Shelley]的《解放了的普罗米修斯》[*Prometheus Unbound*]所示）如激流般奔涌出来。无论如何，那都不是"自然"的错：

88　民主与领袖

>自然！哦，不！
>国王，教士与政客们摧毁了人类之花
>当它还只是柔嫩的蓓蕾；他们的势力四处奔决
>就像不易察觉的毒药流过全无生机的社会
>那无血的脉管。

这种奇怪的二元论到底从何而来？正如莱斯利·斯蒂芬①爵士评价雪莱时所云，"乔治三世，佩利（Paley）爵士以及埃尔登（Eldon）爵士何以获得了一种独立于自然的存在，如何具有了那种将自然所有的好意都归于零的能力，始终是我们禁不住要去追问的问题之一"。面对卢梭的二元论，我们产生了同样的疑问。然而，大多数人却不愿质疑那种关于"天生的善"的神话，哪怕是如上引文所示的那种颇为轻率的质疑方式。因为这一神话不但本身非常讨人喜欢，同时还似乎为人们逃脱神学的噩梦提供了一个方便的路径。它最主要的讨好对象就是处于社会等级底层的那些人。基督教的好处是一直试图使富人变得谦卑，然而卢梭版福音的一个不可避免的后果就是让穷人变得骄傲起来，同时还让他们感到自己乃是他人合谋的牺牲品。社会与法规的确立，使人们有可能将"当初的武力夺权变为一项不可更改的权利，为了少数几个野心勃勃的人的利益，使全人类从此陷于劳苦、奴役与悲惨的境地"。人们一点都不必感到奇怪，《论人类不平等的起源和基础》中的

---

① 莱斯利·斯蒂芬（Leslie Stephen, 1832—1904），英国评论家、传记作家，弗吉尼亚·伍尔夫之父，著有《十八世纪英国思想史》等。

这段话及其他相似的段落,至今仍是向人们投掷炸弹的无政府主义者们灵感的直接来源。① 整部《论人类不平等的起源和基础》和卢梭所有其他著述都一个样,我们从中听到的都是愤怒而嫉妒的庶民的声音,这些人以爱的名义激发仇恨,煽动阶级斗争。"我心中最难以摧毁的东西,"我们在《爱弥儿》中读到,"是一种骄傲的对人类的厌恶之情,是对世界上的富人以及幸福的人的某种恨意,仿佛他们的富有和幸福是以我为代价而获得的,仿佛他们声称的幸福是从我这里篡夺的。"

那些与卢梭一脉相承的、向社会不平等现象发起进攻的十字军战士,很容易就会从满心热忱走向极端狂热。乍一看去,情感的解放是卢梭解释自然的核心层面。与笛卡尔式的理性的、机械论的自然不同,卢梭的自然就其扩张性的甚至是爆炸性的情感主义而言,乃是一种自发性的东西。"我把理性丢出舱外,"卢梭自己这么说,"转而参考自然的意见,也就是说,我的信仰受着内在情愫的指导,不受理性的干扰。"不过,当我们进一步观察时,就会发现卢梭身上还存在着某种比他的情感主义更为根本的东西,此即其独具特性的想象力。为了说明此节,我们需要仔细来看卢梭在其《论人类不平等的起源和基础》当中建立起来的自然与人工之间的对立。为了得出这一结论,卢梭使用的方法在某些方面与现代进化论者使用的方法极为相似。亚里士多德让我们根据结果来理解人性,而卢梭却和那些进化论者一样,让我们一路摸索回到起点。那种从原始人到文明人的演变,被卢梭描述为一个缓慢的发展

---

① 关于一位法国地方治安官对此所做的证言,见普若阿勒(L. Proal),《十八世纪的无政府主义》(L'Anarchisme au XVIIIe siècle),载《哲学月刊》(Revue philosophique),第 82 卷,第 135—160、202—242 页。——作者原注

过程,其间不乏某些过渡阶段,每一个阶段的演变,卢梭都认为花去了"数千个世纪"的时间。顺便一提,我们发现这种对全人类各个阶段的演化过程的描述,对此后德国各种历史哲学的纷纷涌现与一时称盛起到了辅助作用。① 不过,卢梭的自然有一个特殊的地方,与大多数历史哲学家以及所有进化论者的自然迥乎有别。尽管进化论者非常愿意带领我们进入某个史前时段,在那里他可以自由发挥,沉湎于凿空的假设,但他并不认为自然——在其进化的任何阶段——乃是怜悯心的来源。而卢梭则将怜悯心归于自然状态,只不过他在《论人类不平等的起源和基础》一书中讨论自然状态时是以这样一句话开始的:"让我们开始之前,先把所有事实放在一边吧。"此后为了证明这句话有理,卢梭确实花费了不少心思。要想理解卢梭之自然以及无数卢梭主义者们的所谓理想,关键在于卢梭的这句话:由于在真实世界找不到自己喜欢的人,于是他便为自己建造了一个"幻想的黄金时代"(golden age of phantasy)。② 简而言之,他的自然,如我在其他地方描述过的那样,乃是一种田园想象(the idyllic imagination)的投射。

法盖曾抱怨说,卢梭给大众留下的印象,就像是一位绅士在高高的樱桃树上向树下的两个少女投掷樱桃(这是卢梭在《忏悔录》中提到的关于加蕾[Galley]小姐与葛莱芬丽[Graffenried]小姐的一件小事)。就卢梭的基本态度而言,人们会有这样的印象或许并不为错。卢梭著述

---

① 见理查德·费斯特(Richard Fester),《卢梭与德国历史哲学》(Rousseau und die deutsche Geschichtsphilosophie)。——作者原注

② 见《致马勒泽布先生的信》(Lettre à M. de Malesherbes),1762 年 1 月 26 日。——作者原注

中田园主题变体之多,我们看后极少有不感到惊讶的。像卢梭这样的人,具有丰富的、自发性的想象力,而这种想象又以田园的方式出之,我们切勿以为这是无关紧要的小事。或许在人性的特质当中,再没有比对黄金时代或一心向往之地的渴望更普遍的了。这种渴望不但激发世上产生了大量的文学与艺术,并且在哲学与宗教中也找到了自己的位置。伊甸园的故事中无疑便存在这种田园的元素;弥尔顿曾把《雅歌》(*Song of Solomon*)说成是"神圣的牧歌"(divine pastoral);同样地,早期基督徒的"千年"情结也与这种想象不无关系。《薄伽梵歌》(*Bhagavadgita*)中的克利须那神(Krishna)①一点也不是牧歌式的人物,然而这部史诗的印度版本常常会有这样的卷首插图:克利须那手拿牧笛,旁边是牛群,身边环绕着好些个挤奶女工②或者牧羊女。

我们在此所关注的,乃是这一类型的想象与现代政治理想主义的关系。鼓动者主要就是诉诸这一类型的想象,用极乐世界的图景来煽动群众,仿佛这图景在摧毁现存社会秩序之后立刻就可以实现。英国画家爱德华·利尔(Edward Lear)讲了这么一件事:1848年欧洲革命的时候,他正好客居在西西里某市镇。他离开了这个地方几周时间,临走时把他的画和其他东西锁在了一间屋子里,并把钥匙留给了旅馆的主人。等他返回的时候,刚好发生了一场暴乱,这时候,他发现旅店服务员满肚子都是意大利基安蒂酒与爱国热情。他大着胆子向其中的一个人要他的房间钥匙,以便找几件衣服穿,然而服务员断然不肯走出自己

---

① 印度教的克利须那神,即黑天,毗湿奴的第八个和主要的化身,经常被描绘成一个吹笛的英俊青年。

② gopi,印度教中专指为神服务的挤奶女工。

对黄金时代的幻想来处理这种日常生活的细节,而向他愤怒地宣称:"从此再也没有什么钥匙或者房间或者衣服了,只有爱与自由。哦,美好的革命!"①不幸的是,当现实拒绝为理想而遁形时,那些头脑简单的人很容易便相信失败不能归咎于理想本身,而是由于某种共谋。阿纳托尔·法朗士②曾这样描摹卢梭的一个幼稚的信徒:他的灵魂属于极乐世界,向往着黄金时代,然而不幸的是,命运却使他成了一个厨子。在最温柔的乐观主义的引导下,他变得穷凶极恶。正如法朗士接下来所说的那样,当一个人始于这样的假定,即人生来善良而有德性时,那么结果必然是想把所有的人都杀掉。18世纪以来的那个时期,其不同寻常之处便在于,不单单是普通民众,甚至是领导阶层,受到田园想象吸引的程度竟然都是如此之深。从而,席勒将田园诗(the idyll)推到了文学的最高位置,并将之与理想(the ideal)联系了起来。然而,我在其他地方亦曾试图说明,田园诗无论如何都不足以占据这样的位置,那种说法看上去更容易让人怀疑是某种政治行动的理论基础。林肯曾给他的朋友斯彼得(Speed)写信说:"你和我都对极乐世界充满梦想,但那是现世永远无法实现的,这无疑便是你我特有的不幸之处。"林肯在那些渴望极乐世界的人当中,以及在其他各个方面,都是极具人性的一位。他在其真正的政治活动中并不带

---

① 这是丁尼生(Tennyson)最喜欢的一个故事。我根据威尔弗里德·沃德(Wilfrid Ward)《问题与人》(*Problems and Persons*,第204—205页)的记载作了简化。——作者原注

② 阿纳托尔·法朗士(Anatole France,1844—1924),法国小说家、文艺评论家,著有《文学生活》《左拉的葬礼》等。

有那种极乐世界的幻想。

在后文中,我们将更细致地研究各色人等,他们——与林肯不同——把那种田园式的"远见"带到了政治学以及经济学的领域中。而我现在只想表明,就卢梭本人而言,甚至他的情感也是受制于他的想象的,因为正是他的想象变幻出了一个阿卡狄亚般的地方——他称之为"自然"——他的情感才朝着这个方向大肆拓展。不过,我们必须补充说明一点:如果仅把卢梭描述成一个田园式的、情感式的幻想家,就会忘记他在另一部分著述中——例如他的《社会契约论》——可是表现得严肃而冷峻,极具逻辑性。我们当然允许卢梭偶然表现出一种逻辑上的严肃性,不过其中表现出来的冷峻可就另当别论了。先说他的逻辑。他以一个虚构的自然状态为逻辑预设,由此出发得出结论,而这些结论恰可证实以下说法的合理性:针对一切已经确立的秩序,情感上的反叛力量之大,足以令"罗马的顽石奋起叛乱"。如果说某个暴君(根据《社会契约论》的逻辑,欧洲所有的国王都是暴君)的臣民似乎在国内安享太平,那么卢梭说,这也不过是尤里西斯的伙伴们在独眼巨人库克罗普斯(Cyclops)的山洞里经历的那种平静而已,他们只是等着被一一吞掉罢了。卢梭的逻辑与其情感的关系,好比一个惧内的丈夫,外表保持着勇敢、独立之状,实际上却唯夫人之命是从。此外,卢梭表现出来的逻辑上的严密与冷峻还收获了另外一种结果。当那些处于现存社会秩序底层的人得知,与那些位于社会顶端的人相比,自己更具有美德,换言之,更具有自然状态中那种自发的善时,这种说法便极大地取悦了这些人。不过,他们无论多么愿意相信自己在情感上的优越,也毕竟不愿意把自己看成没有思考能力的人。亚里士多德曾说过,群众没有辨别能力。而卢梭的逻辑经过如是设计,至少可以给予群众这种错觉,即这种逻辑具有分辨能力。卢梭能够获得惊人的影响力,与其逢迎大众的心灵以及大众的头脑极有干系。如泰纳①写给利里(W. S. Lilly)的信中所云:"是什么赋予了卢梭的思想那种非凡的力量?——主要就是其概念的简易。事实上,这种概念带来的那种政治推理就和三次法则(the rule of three)一样简单。你如何才能够向这个人证明,他并不了解政府的概念是最难得出的概念之一,同时政治推理也在他的能力范围之外?这样你就会冒犯他了。他绝对不会承认这么荒谬的事居然有可能存在:他那种'自利'之心足以蒙蔽他的判断力。"

到目前为止,我所研究的卢梭是那个真正推动了世界的卢梭——他的情感飞向他的想象构造出来的愿景,而他的逻辑则被强压着为他的情感服务。不过,我们必须要看到,在这个卢梭之外,还有另外一个大不相同的卢梭。据说有一次当他在斯特拉斯堡的时候,有一个父亲告诉他,自己在严格按照《爱弥儿》一书里的原则教育儿子,卢梭的回答是:"那对他来说更糟。"这件轶事可能并不完全是真的,不过仍具有某种象征价值。这件事可以联系卢梭的这句名言来看:我的心灵与我的头脑似乎并不属于同一个体。如果说他的心灵——如我试图说明的那样,他的逻辑一直在曲意为他的心灵服务——是革命性的,他的头脑却是非常谨慎的。他对那些求教者的回答通常都很精到、明智,任何一

---

① 泰纳(Hippolyte Adolphe Taine,1828—1893),法国文艺批评家、历史学家、哲学家,实证主义的重要支持者,著有六卷本《当代法国的起源》。

个读过他的往来书信的人都会证实这一点。如朗松(Lanson)先生所云,卢梭能把自己那些最大胆的学说讲得合情合理,让保守主义者听了平心静气,让机会主义者听了心满意足。

这两个卢梭之间的对比确实相当鲜明,我们由此不得不怀疑他是否真诚。在开始讨论之前,我们需要先作一点说明。近来,一种特殊类型的真诚似乎大受欢迎,而这种真诚本身就是卢梭主义运动的一个产物。任何意见只要在提出来的时候带着足够热烈的情感,就能证明是真诚的,持这种观点者今天大有人在。我们不禁要想,那么最能体现这种意义上的真诚的例证,恐怕要到疯人院里去找了。其实卢梭的真诚,例如他在晚年坚信自己乃是全世界合谋之下的牺牲品,很大程度上就是这种类型的真诚。某些德性经常被当作是首要的,但它们实际上仅与另外一些更基本的德性有着连带附属关系。这种附属性的德性为数众多,真诚不过是其中之一。例如我们的"自由主义者",其中不少人认为"向前看"(forward-looking)本身就是一项美德,然而它却很可能是一桩罪恶——如果我们向前看的乃是有害的或荒诞不经的东西。同样地,对于那些自命思想开放的人,这一评说也一样适用:开放思想固然是好的,不过开放仅是关闭的开端——简而言之,是最终进行选择与判断的前期准备。同理,真诚的价值也只能根据之前那个问题——是真理还是谬误——来加以评判。雅典的苏格拉底群体和今天的科学研究者令人肃然起敬,原因主要就在于,与那些情感主义者相比,他们提出的问题不是一个人是否真诚,而是他是否正当。如果他是正当的,那么至少在道德价值的领域内正当且发自真诚,当然就是非常重要的。

我们不能否认卢梭具有我们刚刚讨论过的那种情感上的真诚——这种真诚,其温和形式会令人联想到今天我们知道的"信心"(the will to believe)这一说法,而其极端形式则与疯狂相距不远。与此同时,卢梭的头脑却能够不时地与自己的心灵保持距离,并以颇具苏格拉底式的风格来处置之。例如,休谟曾赞美卢梭著作的风格与雄辩,对此,卢梭回答说:"说实话,就那一方面而言,我自己也不无得意,但同时我又唯恐自己的著作实际上毫无益处,所有的理论都只是充满了铺张夸大之辞而已。"①

不过,这个自我批判的卢梭并非我们关注的对象,原因很简单,因为推动世界的并不是这个卢梭。推动整个世界的乃是卢梭的另一个侧面,正如朗松先生接下来所说的,卢梭的这个方面"激发反叛,为之提供灵感……;它是暴力之母,是一切不妥协因素的来源。它把那些简单的灵魂发动起来,后者全身心地接受了它那种奇怪的美德,这种美德基于对绝对(the absolute)的疯狂追求,而在今天若想实现这种绝对只能通过无政府主义,在明天则只能借助社会专制了"。②

尽管有影响力的那个卢梭总是极端主义的卢梭,但如朗松先生所云,他却总是在两个对立的极端之间摇摆。他在《论人类不平等的起源和基础》中表现出一种坚定不移的个人主义,把人看作彼此隔绝、没

---

① 见休谟1766年3月25日致布莱尔(Blair)博士的信。应该注意的是,这封信写于休谟仍与卢梭交好的时期。——作者原注

② 见《卢梭学会年鉴》(*Annales de la Société Jean-Jacques Rousseau*),Ⅷ,第31页。——作者原注

有关系的粒子,然而到了他的《社会契约论》中,他一下子就走向了集体主义,而且几乎同样坚定不移。甚至他的集体主义理想也在极端之间反复波动。因此他在写给米拉波侯爵①的信中说,自己看不到"在最严格的民主与最完美的霍布斯主义之间存在着任何经久不变的中道"。他说,是造就一个人,还是造就一个公民,你必须作出选择,你不能奢望二者兼得。到目前为止,我大部分是在讲《论人类不平等的起源和基础》中描述的自然状态下人的美德。接下来我要讲一讲《社会契约论》当中勾勒出的那种方法,即尽可能彻底地剥除人的自然美德(natural virtue),以便使其获得公民的德性。关于《社会契约论》的讨论,将限于其中最为坚定的主要论点。无疑,《社会契约论》中存在着其他元素,如卢梭在其中不时断言,政府的原则并非绝对的而是相对的,它们必须要适应并受制于各自的历史情景与自然环境,特别是气候的影响,等等。但是,这个不时显示出孟德斯鸠之影响的相对主义的卢梭,与那个极力追求绝对与无限的卢梭相比,如我所云,显然是无足轻重的。众所周知,卢梭的这种绝对主义在其"人民主权"说当中表现得最为引人注目。带着几乎是几何学的严密性,他将这一学说从第一性的原则中推导出来,而这种推理首要的效果便是使所有现存的政府看上去都是不合法的。"人生来自由,却无往不在枷锁之中。"唯一自由、合法的政府乃是建立在真正的社会契约基础上的政府。只有在这个基础上,有组织的政府才显示出其有益之处,才可能与自由、平等、博爱结

---

① 米拉波侯爵(Honoré Gabriel Riqueti,Count of Mirabeau,1749—1791),法国大革命时期君主立宪派领袖之一,演说家,主张实行君主立宪政体。

合起来——而这三者并非人们做出道德努力的产物,而是他们在自然状态下享受到的免费的礼物。只不过,通过社会契约,这些美德不再存在于个人那里,而是存在于"公意"当中。社会契约的所有条款"都可以归结为一条:每一个参与者都要彻底放弃自己的权利(包括财产权),并将之让渡给参与契约的全体"。个体的人身以及财产都将交由全体来支配,那么,何以保证全体不会滥用这种不加限制的支配力?尽管卢梭和霍布斯一样,国家对于他们而言都是不自然的、人为的,卢梭还是将这一人为的机体与真正的人的机体作了类比。这种在个体与国家之间建立一种细致的类比的趋向,其最重要的来源之一便是柏拉图的《理想国》。然而,在柏拉图那里,这种类比是用来在国家当中建立严格的等级制度,这与个人依照某种秩序与等级关系来运用自身力量与才能的方式大体相同,而卢梭式概念的贯通精神则是平等的观念。卢梭利用这一类比是为了说明群体不可能有意损害构成群体的个体,正如个人不可能有意损害自己的肢体一样。另外,卢梭认为公意具有无功利性(the disinterestedness),其主要论点便是,自然状态下个体意志中具有的那种自发的善,已经通过社会契约转移到了公意这里。不过,到了这个地方,卢梭的判断力开始介入了。没错,大众——公意的来源——想做正确的事情,但大众并不是总能辨明何为正确。人民毕竟需要引导。因此就很有必要出现一位立法者。卢梭进而开始想象有这么一位几乎具有超人智慧的人,此人卓尔不群,绝无自私之心,他拟定了一套理想的法规以便对公意进行指导,这套法规得到了人们的信任,因为它似乎具有宗教般的约束力,换言之,那个立法者似乎不是他本人在说话，而仅是传达神性智慧的一个渠道。由此我们可能会觉得，公意会在法律的压制下得到限制，法律将作为国家永久性的制约原则或国家的更高自我，来抵抗那些不过是转瞬即逝的欲望。但实际上，卢梭在内心深处并不想对他那极力伸向无限的逻辑与情感施加任何有效的制约，从而他最终转让给公意的，乃是他极力维护的个体具有的无政府主义的印象主义（anarchical impressionism）。他的这种思考，即人们需要法律以及一位立法者，其唯一明显的后果便是激发了诸如罗伯斯庇尔（Robespierre）等追随者的自负与狂妄，觉得自己完全可以成为现代的莱克格斯式的立法者。实际上，公意是目无法纪的，它不可能自我约束并遵从统治者，它不过是把后者看作办事人员、人民的雇工，可以随意撤换。享有主权的人民组成的人民大会应该永远按照这样的程序进行，即分别就如下两个问题投票表决："第一，主权者是否愿意保留现有的政府形式；第二，人们是否愿意将政府的管理工作仍旧留给目前的管理者。"具有主权的人民不能像英国那样由议会来代表。"一旦国家为自己选出了代表，它就不复存在了。"主权是绝对的、不可分割的。"限制它便是去毁灭它。""具有主权的人民，因其具有主权这一事实，总是会成为他们应当是的样子。"——卢梭转移给人民的，其实正是"国王不会犯错"这一教条，人们经常会指出这一点。但是他所做的还不止于此。如果说国王并不向其下的人负责，那他至少要向上面的上帝负责。然而，具有主权的人民却不向任何人负责。具有主权的人民就是上帝。他们的契约是在其内部制定的，在旧式神学家看来，这就像三位一体的神在会议室里自己制定了一个契约一样。乔纳森·

爱德华兹①曾说"我所说的'上帝的喜悦'一词包括了多种意义,包括他的至高无上的喜悦、他的独断意志、不受任何约束之限制"等等。人民意志(popular will)成了神圣意志(divine will)——整个中世纪神学赖以生发的起点——的继承者。

卢梭的主权观念,就其本身具有自然主义的性质而言,当然最终的本质既非中世纪式的又非神学式的。根据他的契约论,人民系与自己订约,由此便独揽全部权力,却无须去尽任何义务——就诸多重要方面而言,这种观点都是由卢梭始创的。他在《爱弥儿》中写道:"我们正在进入一个充满危机的时期,同时也是一个革命的年代。"他不仅仅是在发出预言,并且亲身促使了这一预言的实现,这是史无前例、无人能及的。通过声称具有一种绝对的同时又是不断变幻的公意,他获得了一种悖论,并由此将政府放置在了永恒革命(permanent revolution)的基础上。或许他与霍布斯联系之紧密,超过了所有之前的政治思想家,如果圣伯甫所言不虚——"再没有什么比凸更像凹的了"——那卢梭与霍布斯的情形就更是如此。他的自然状态和他的主权说,只不过是颠倒过来的霍布斯的自然状态与主权说罢了。在卢梭那里,人民可以对统治者为所欲为,而在霍布斯那里,统治者则可以对人民为所欲为。但是,尽管霍布斯的国家并不存在一个更高的自我——更高自我的观念与霍布斯的物质主义哲学格格不入——至少它存在一种恒定不变的自我(permanent self)。人民通过契约向统治者移交自身权力之后,一切

---

① 乔纳森·爱德华兹(Jonathan Edwards,1703—1758),美国清教神学家,为正统宗教改革提供论证,著有《意志自由》等。

便不可更改了。而卢梭则如我们所见,不肯接受这种恒定不变的因素。如果他将公意设想成人民恒定不变的意志,这种意志不时会与其普通意志发生冲突,那么他所做的无私的"公意"(volonté générale)与"众意"(volonté de tous)——后者不过是某些个体或群体之自私自利的意志的表现①——之间的区分或许还会呈现出严肃的内涵,然而如我们所知,他的区分一经仔细审视便消于无形。那种区分是"神秘主义"的,并且还是就"神秘主义"一词最坏的意义而言的。

在日常情景下,所谓公意意味着一切特定时刻的数量多数。这种数量上的多数,根据他们对公意的理解,作出裁决的时候并不会顾及某一个体或少数人构成的群体的吁求。然而这却是合乎逻辑的,既然个体已经将自己在自然状态下享受的无限自由转让给了公意。如果某人的意见为大众所否决,那么他会转而想到这是自己的错,自己理解的公意并非公意,于是立刻便释然了。倘若他的个人意见占了上风,他就很可能是在做与自己真正的意志和真正的自由相悖的事情。由此大众对个人加以制约,不过是在"强迫他获得自由"。通过这种手段,卢梭摆脱了主要困扰着英国传统下的政治思想家们的一个问题,即:面对已经大获全胜的专制的大多数,如何确保个体或少数人的自由?

这一问题的解决,在于一种新二元论的确立,或云两种个体之间的对立:一方是表现为普通自我的个体,另一方则是作为公民以及具有主

---

① 如果严格实施这一区分,政党政治便不可能实现了。这也导致了1789年大会(the States General)通过了这一决议:决议规定各个代表应当作为个体投票,而不应作为某一等级的成员投票,而这事实上便意味着第三等级(the Third Estate)相对于教士与贵族等级的胜利。——作者原注

权的人民即个体的真正自我(true self)之一员的个体。但是,尽管这组二元对立的第一项即个体的普通自我,可能会受到严格的控制,而对立的第二项即体现为公意的国家,却不会受到任何制约。公意之自由,如同自然状态下的个体,如果能被限制,如卢梭曾意味深长地说过的,也只能是受到强力的限制。

任何一个曾经从历史角度探询这个问题的人,都会得出和我相同的观点:基督教曾创建了某种甚至连柏拉图或亚里士多德那样的人都缺乏足够概念的东西,此即个人自由(personal liberty)。通过区分上帝之物与恺撒之物,基督教建立起了一个自由良知(free conscience)的领域,面对全能国家的步步入侵,个体或可在其中找到自己的藏身之所。显然,卢梭并不打算为个体留出这么一片藏身之地。《社会契约论》最后一章专门讨论了"公民宗教"(civil religion)。这一章充斥着极具敏锐性与穿透力的言论(例如,他看出十字军东征无关乎基督教的真精神等),但就其总的结论而言,却可看作(用卢梭自己的话来说)"通篇的诡辩"。卢梭区分了三种类型的宗教:第一种是传统的、有组织的基督教,特别是基督教中的天主教。这种类型的宗教,其弊端显而易见,几乎不值得严肃地加以批驳。"一切机构,只要把人放在他自己的对立面,都是没有价值的。"不过,旧式二元论者对此肯定会做出这样的回答:人本来就是与自己相矛盾、对立的,教会的存在只不过反映出了人性的一个基本事实而已。要知道,任何机构本身并不会造成这种效果①,同样地,我们也不能接受卢梭的相反论点,即仅通

---

① 即"把人放在他自己的对立面"。

过机构的作用,一个群体的全部成员就会变得公正、正直,并且具有判断力。①

卢梭所说的第二种宗教乃是真正的基督教,这种宗教完全发自内心,而与法程、仪式等等无关。如他所见,这种宗教与情感类型的自然神论者(sentimental deist)那种不稳定的情感主义颇多类似之处。真正的基督徒,乃是像卢梭在《论人类不平等的起源和基础》中所说的具有伟大的世界主义精神的人,他们"跨越了将各个民族隔开的想象中的壁垒,像他们的至高无上的创造者一样爱所有的人,并把所有人都拥在怀中"。但是,将天生的怜悯升华为普遍之爱的人,却并不一定是谦卑的、专注于彼世的,而卢梭敏锐地看到,真正的基督徒必然同时具备这两个特质。从而,卢梭不仅仅是在攻击基督教的体制,进而是在攻击真正的基督教精神。因为真正的基督教精神同样会造成人的分裂,使其与自身对立——许他以天国,便削弱了他对"地上之城"(civitas terrena)的忠诚。关于精神秩序与世俗秩序的区分,以及基督教做出这一区分之后产生了什么样的实际政治后果,卢梭就此提出了一些极为复杂的问题,对于这些问题,我们要用整本书的篇幅才能恰当地加以阐明。在此我们关注的主要问题,乃是他对谦卑这种基督教基本美德的攻击,而他的理由是,谦卑与公民的整体德性是无法共存的。谦卑的便是顺从的,因此"做真正的基督徒意味着成为奴隶"。因此,人们应该抛弃谦卑,转而怀抱伟大的罗马和斯巴达时代繁荣起来的爱国豪情。

---

① 《社会契约论》(Contrat Social),第4卷,第3章。——作者原注

卢梭这种处理教会与国家关系的方式，令我们再次想起了霍布斯。"在所有的基督教作者中"，卢梭本人说道，"唯有哲学家霍布斯看清了罪恶以及罪恶的救治之方，并且大胆地提出要将双头鹰①的两个头合而为一"，由此使得一切都服从于政治统一。但是早在霍布斯之前，马基雅维利已经对那种所谓"存在着独立的精神秩序"的观念进行了质疑，同时他也对基督教的谦卑观念本身表示怀疑，这样一来，国家就成了头等重要的东西。卢梭对马基雅维利颇为崇拜，甚至还存在有意识的学习与模仿，而且他的国家观其实与马基雅维利式的观点有更多共同之处。当然，马基雅维利不是一个情感主义者，这一点与卢梭不同，但他就大体而言，乃是一个功利主义者。因此，功利主义的先驱培根，如阿克顿勋爵指出的，乃是马基雅维利在英国最杰出的门徒，这绝非偶然。同样地，卢梭也有非常功利的一面。事实上，我们在他的身上，以及在整个现代，都发现了情感主义与功利主义两种因素在不断地交互发生作用。

卢梭之功利主义的方面体现在《社会契约论》里讨论的第三种宗教当中。卢梭摒弃了制度意义上的基督教以及真正的基督教，理由是二者都是反民族国家的（anti-national）。之后他提出了一种值得肯定的宗教，而这种宗教确切地说根本就不是一种宗教，它只是一种社会功用（social utility）罢了。这种宗教的信条是由主权者决定的，确切说来，这些信条不是作为教条强加于人的，而是要迫使人们加强自身的社会性情感。这一公民宗教之正面的信条，如卢梭所述，内容相当

---

① 指由两个元首统治的政体。

丰富(例如,关于上帝的存在、未来的生活、正义带给人的幸福,以及邪恶导致的惩罚等),如果有人不信这些东西,他就会被驱逐出境,不是由于其不虔信宗教,而是由于其不善交际,无法融入社会。"如果有人当众表示接受这些信条,其行为却显示出他并不相信这些信条,那么就让他接受死刑的惩罚吧。"至于这种公民宗教之否定性的规则则只有一项,即严厉惩戒对宗教信仰的不宽容。问题是,这条规定本来是特别针对制度意义上的基督教的,可是现在如果有人用明确的正误标准来处理宗教事务,同时这一标准并不以全能的国家及其所谓的功用为依据,那么我们便看不出这些人将如何逃脱那种严厉的惩戒了。

显然,卢梭的公民宗教预告了诸如罗伯斯庇尔的"至高存在节日庆典"(Festival of the Supreme Being)等活动的上演。不幸的是,它同样预告了《教士公民宪法》(The Civil Constitution of the Clergy)的出现:根据这部宪法,当某些牧师拒绝发誓放弃对罗马的效忠时,他们便被当作"狂热分子"推上了断头台。为了公平起见,我们必须说《社会契约论》只是教士与非教士之间的斗争——自大革命以来,这一斗争在法国异常显著,几乎不时要达到内战的程度——的来源之一。① 总体而言,我们应当如是回想,卢梭与其说是我们所讨论之思想的创始人,还不如说是一个巨大的运动——那个运动在几代人当中持续发挥着巨大的影响——当中最重要的那个人。用斯达尔夫人的话来说,他什么都没有

---

① 见马松(P.-M. Masson),《卢梭的宗教》(La Religion de J.-J. Rousseau),第3卷,第5章。——作者原注

发明,却将一切付之一炬。柏克——卢梭最主要的反对者,早在那一运动及其激发的热情即将转化为伟大的历史事件的时刻,便对之进行了严肃的考察。柏克对法国大革命的抨击,便是对卢梭及卢梭所代表的一切事物的抨击。

第三章　柏克与道德想象

"每个人都知道,"柏克如是评论法国国民议会(French National Assembly)的成员们,"他们的领导人之间存在着巨大的分歧,这一点像极了卢梭。事实上,他们每个人都像卢梭。他们把卢梭的血液输到了自己的头脑以及自己的行事方式中。他们研究卢梭,冥想卢梭,除了白天努力恶作剧以及晚上放荡不羁的时刻之外,他们抽出一切时间翻来覆去地思考着卢梭。卢梭就是他们的神圣经典,卢梭就是波利克里托斯①亲塑的造像,卢梭成了他们的完美人格的标准。现在这个人和他的著作成了作家们和法国人心中的典范,巴黎各个铸造厂都行动起来为他造像,从穷人家的水壶到教堂的钟,到处都可以见到他的形象。"

我所展示的卢梭,就其根本性的影响而言,乃是持极端主义的卢梭,也是一切妥协的敌人(foe of compromise)。与卢梭相反,柏克常被视为体现了适度的精神(the spirit of moderation)。不过,在柏克对法国大革命的诸多评价(上引文可为一例)当中却几乎看不到这种精神,事

---

① 波利克里托斯(Polycletus,? —?),约公元前5世纪古希腊雕塑家和建筑师,以其创作的青铜和大理石的运动员雕塑而闻名。

实上到了最后,他对大革命的批评已经异常猛烈。不过,我们至少可以这样为柏克作出辩护:柏克关于大革命的著述,主要是在就基本原则展开辩论,而当事关基本原则的时候,问题便在于此系真理抑或谬误,而非适度与否。柏克并非一味主张维持现状。他并不从原则上反对革命,事实上他对1688年革命至为推崇,或许不免会因此受到人们的批评。他对美国革命的态度前后一贯,主张与之妥协,并在很多方面对之深表同情。他对于权威并无过度的敬畏。他毫无私心地维护那些遭到不公待遇的受害者的利益,在这一点上没有人可以自命与他比肩。他特别认识到了旧制度(the Old Régime)在法国的弊端,因而愿意接受用猛药来对治这些弊端的想法。因此,如果他不愿意与法国大革命妥协,原因并不在于政治方面,而毋宁说在于根本的哲学乃至宗教方面。柏克发现,法国的大革命与其他革命不同,不是针对某些具体的不公,而是有着更为宏大的借口。法国要成为"各国的基督"(Christ of nations),并且要为全人类的政治革新发起一场宗教战争。这种将"上帝之物"与"恺撒之物"合二为一的做法,在柏克看来,从心态而言似乎是不健全的,无论如何都会导致欧洲现存社会秩序的倾覆。这种关于革命的新福音,是自然状态、自然权利、社会契约以及抽象的、不加限制的主权等等已流传数代的假说导致的最终结果。柏克是那种趋势——我们不妨称之为形而上的政治学(metaphysical politics)——最主要的反对者。那种趋势特别是在人权说当中有所体现。"他们如此醉心于人权,"柏克这样评论这一派政治学的成员们,"以至于完全忘了人性。"在破除偏见的掩盖之下,他们剥去了人的所有习惯、他的一切具体的关系,以及他的生命赖以获得意义的历史情境网络,最终他只能"在赤裸裸、孤零零的形而上学抽象中"瑟瑟发抖。根据他们的逻辑,所谓偏见其实就是一切传统的、约定俗成的东西;他们的逻辑没有界限,唯有暴政才能制止。柏克曾大力批判那些一意要破除偏见的人,不过他的批判或许遗漏了某些虽小却不失重要的区别,特别是以下这个区别:有些人去除偏见是以理性的名义,而有些人,比如卢梭,去除偏见则是以感觉的名义。事实上,在大革命期间,理性主义者和卢梭主义者随时准备将对方推上断头台,而此前卢梭已与当时的"哲学家"们——特别是伏尔泰——失和,其中已可见出此后两派对立之端绪。卢梭和柏克一样,都想竭力反对"这个启蒙时代的大片黑暗",只是他们的理据截然不同而已。

传统形式在很大程度上是一个特定群体共同分享的经验,如果仅将传统视为偏见而加以废除,那么国家将会失去历史延续性,此即它的永久性自我,正是这种东西将它的现在与过去和未来联系了起来。卢梭的"公意"概念乃是印象主义式的,根据无原则的功用和这种概念的"公意"来改变一个国家,只会使各个时代的人彼此之间不复具有任何关联,如同夏日里的苍蝇,人们因此沦为由个体(individuality)构成的一盘散沙。就事实而言,任何政治哲学,不论是霍布斯的还是卢梭的,如果始于这一猜测——人生来便是相互隔绝的个体,只能人为地组成社会——那么这种哲学的本质便是极度个人主义的。面对这种原子论的、机械论的国家观,柏克取而代之以一种有机的、历史的观念。柏克之真正的影响,在德国以及其他地方大多是沿着这一脉络展开的。① 然而，关于柏克，这远非事实的全部。对于有机的、历史的观念过于倾心，这本身便是自然主义运动的一个结果。这可能会导致对传统形式的宿命论式的默认，它一方面固然会打击抽象的理性主义，另一方面也可能会阻碍根据不断变化的情景对这些形式所作的合理调整。这很容易与浪漫主义运动的这一侧面——高扬无意识，同时以道德抉择与有意识的慎重思考为代价——发生联系。唯有这种能力②才能帮助个人超越其现象性（phenomenal nature），一旦个体这方面的能力变得晦暗不明，长此以往，个人便很难保有其自主性，如德国的理论经常昭示的那样，往往会失去其独立的意志，而沦为全能国家的工具。泰纳在攻击法国大革命时经常自称是柏克的门徒，尽管如此，我们却很难看出这个宣称"邪恶和美德乃是与白糖和硫酸一样的产物"的哲学家，称得上是柏克真正的追随者。

事实上，柏克绝非集体主义者，也并非宿命论者。如果他在二者中居其一，他就不会对真正的自由具有那么深刻的洞察了。在这个方面，他或许超过了古今所有的政治思想家。如果一个人信奉柏克意义上的个人自由，那么最后的重点必然不是放在国家那里，而是放在个人那里。不过，与卢梭的自然主义式的个人主义不同，柏克的个人主义乃是人文主义的与宗教的。只有当个人试图借助某种标准超越自身的普通

---

① 例如，对德国学者瑞赫博格（译者按：A. W. Rehberg，著有《法国革命研究》一书）、萨维尼（译者按：Friedrich Carl Von Savigny，德国法学家与国王顾问，历史法学派的创始人）等人的影响。——作者原注

② 即根据不断变化的情景对传统形式作出合理调整的能力。

自我,臻于人文主义或宗教境界的时候,柏克才会让个人倚重于因袭陈规(Prescription)。柏克不会让个体去依靠一己的智慧,就此而言,他是反个人主义的。他转而会让个体尊重大家的共识,这是体现在伦常日用当中的过去之经验的积累,只有肤浅的理性主义者才会将之视为偏见而加以摒弃。如果个体过于信任私我(private self),认为大家的共识并不适用,他便不会有模仿的对象,而一个人的第一需要便是仰望一个合理的典范并对之加以模仿,他本人也因此可能转而成为别人模仿的对象。对高于自己之事物的尊敬与臣服,这一原则最终的理据与最高的表现形式便是对上帝——真正的主权者和至高无上的典范——的忠诚。柏克的国家观,可以看作是真正的柏拉图与基督教元素之自由灵活的应用。"我们知道,并且(更好的是)从内心感觉到,宗教乃是公民社会的基础、一切善好与慰藉的来源。""国家源于上帝的意志(God willed the State)。"(从意志出发来想象至高无上者,这是柏克思想中具有基督教特性的一面。)"上帝意欲使国家与一切完美事物的来源和原型发生联系。"(此处柏克的语言又是柏拉图式的。)在英国人看来,对于他们的国家而言,不仅宗教,而且教会本身也是至关重要的,这实际上构成了他们的宪法的基础。

"社会确实是一个契约",只不过这契约的基础绝不仅仅是功用。国家不是胡椒或咖啡生意伙伴之间的那种约定关系。它并不是——如当代某个和平主义者所说的——一个群体成员"自尊之总和"(pooled self-esteem),而是这个群体永恒的伦理自我。因此,这是所有科学、艺术以及一切美德与完美之间的伙伴关系。"由于这种合伙关系无法在几代人之间实现,因此国家不仅是活着的人之间的合伙关系,还是活着的人、已经死去的人以及将要出生的人之间的合伙关系。"

尽管柏克使用了契约的语言,他却显然进入了与那些契约论者不同的世界。对于那些契约论者(其中包括洛克)而言,契约的观念意味着,人具有的那些权利乃是自然无偿赠予的礼物,在人履行义务之前便已存在。卢梭曾说过,和小孩子说话,要想使他感兴趣,就和他讲他的权利,别说他的义务。① 柏克则经常宣讲一个人只拥有具体的、历史的权利,并且这些权利是在履行特定义务之后获得的,这种说法显然与卢梭的论断相距甚远。在卢梭那里,人的那些特定权利是抽象的,并且是与生俱来的。这种差异不仅限于柏克与卢梭之间,同样也存在于柏克与洛克之间。归根结底,洛克的肤浅之处在于,他认为人具有抽象的自然权利,这些权利是先于其义务的,然后在这个基础上,洛克希望人们会有节制地运用这一原则。其实,已有评论公允地指出,这种原则在其最极端的逻辑形式中是最有效的,因为正是这种极端的形式攫住了人们的想象。如果说那些彻底的激进主义者通常都极具卢梭那种类型的想象力,那么辉格党人与遵循辉格传统的自由主义者则常常会被怀疑缺乏想象力。例如,我们忍不住会觉得,如果麦考莱②更有想象力的话,他论述培根的文章就会少一些人道主义式的自鸣得意。据说迪斯雷利③

---

① 见《爱弥儿》,第2卷。——作者原注
② 麦考莱(Thomas Babington Macaulay,1800—1859),英国政治家、历史学家,辉格党议员,曾任英国陆军大臣,著有《英国史》等。
③ 迪斯雷利(Benjamin Disraeli,1804—1881),英国保守党领袖,曾两度担任英国首相(1868,1874—1880),在任期间大力推行殖民主义政策。

也看不起密尔①,因为在他看来,密尔没有认识到人类事物中想象力所能起到的作用,至于迪斯雷利本人则不乏想象力,无论人们对其想象力的性质是何评价。

现在看来,柏克乃是一个特出的辉格党人,他不但具有非同凡响的想象力,并且明确承认想象力具有至高无上的作用,而那些在我看来思想与其相近的基督徒和柏拉图主义者则通常不会如此。他看到了人生的智慧在多大程度上系于对以往经验之充满想象的理解,通过这种理解方式,以往的经验成了活生生的影响当今的力量。人们仰望并加以模仿的典范本身其实是其想象的产物。一个人通过想象力,或许能够在其祖先身上领悟到美德与智慧的标准,这些标准超越了当下庸俗的行为方式,从而他或可与自己试图模仿的典范一道超越凡俗。在柏克眼中,传统的形式以及运用这些形式的人,主要成了一种象征、一种想象性的象征(imaginative symbols)。在那个关于玛丽·安托瓦内特②的著名段落中,我们几乎忘却了那个活生生的、受难的女人,而是随着柏克的目光,在她身上看到了一个灿烂夺目的象征——骑士精神的时代终于让位于"诡辩家、经济学家与工于算计者"的时代。就柏克对玛丽·安托瓦内特的态度而言,托马斯·潘恩(Thomas Paine)对他的讥讽也不无道理:柏克爱惜羽毛,却忘了垂死的鸟。柏克则抱怨说,那种新的哲学将粗鲁地扯去人生一切体面的装饰。"所有在道德想象

---

① 约翰·斯图亚特·密尔(John Stuart Mill,1806—1873),英国哲学家、经济学家、逻辑学家,实证主义和功利主义的主要代表,著有《论自由》等。

② 玛丽·安托瓦内特(Marie Antoinette,1755—1793),法王路易十六的王后,法国大革命中被交付革命法庭审判,处死于断头台。

(moral imagination)的基础上产生的想法……都将被看作荒谬的、可笑的、陈旧的东西而加以破除。"

在柏克看来,传播人权论的使徒(apostles)破坏了两项原则,即宗教精神与绅士精神的原则,而这乃是欧洲秩序当中一切真正的文明世代依赖的原则。贵族与教士分别是这些原则及其象征物的监护人,这些象征服务于道德想象,转而又获得了饱学之士的支持。柏克警告那些饱学之士,如果他们为了民主主义者抛弃自己天然的保护者,就会冒这样的危险:"被抛入泥潭,踩在猪一样的群氓的蹄下。"

简而言之,柏克是贵族制的不加掩饰的拥护者。不过,特别是在这里,他灵活地运用了其基督教-柏拉图主义的、人文主义的原则。他把一种健全的个人主义的因素和他对传统秩序的崇拜结合了起来。他并不向往任何静态的等级。他不赞成一切根据阶级与群体来对待人的趋势,而这种趋势实际上为极端的激进分子与极端的反动分子所共享。他会让我们根据人的个人成就而非他的世袭等级来评价他。他说,"人只有具有美德与智慧——这种智慧与美德无论是真实的还是人们假定的——才有资格管理政府。无论这些人出现在哪里,无论他们身在任何国家,是何身份、职业或行当,他们都具有来自天国的通行证(the passport of heaven),可以在人类存在的任何地方获得荣誉"。当然,柏克认识到体力劳动者很难获得这种美德与智慧,因为他们缺乏必要的闲暇。不过,有的人身处社会下层,却具有罕见的美德,那么,一方面这种人的美德必须经过严格的检验,另一方面,向上层挺进之门路必须向他们敞开。

柏克以同样的方式认可了针对现存社会秩序展开的革新,不过,这必须经过一段严格的检验期。他并不支持那种充满惰性的传统主义。他心目中真正的领袖或他所说的天然贵族(natural aristocrat),在调节新与旧之间的各种纷争与主张的时候,特别具有一种"整修者"(trimmer)的品格,而这正是哈利法克斯①描述他们时所用的词。"要用自然之法(the method of nature)治理国家,我们改进后的东西并不全是新的,我们保留的东西也不全是旧的。""保存的倾向、改进的能力,二者加在一起,便构成了我心目中政治家的标准。"柏克的这些言论,显然是英国式自由理论的最佳表述;我们太熟悉这些理论了,几乎无须复述。我们总是需要调节人生中永恒的与变动的因素,柏克在调节那些因素时展示出的对全局之极具想象力的把握,最好地展示了柏拉图式的艺术(the Platonic art),那便是在"多"之中看到"一"(seeing the One in the Many)。——在政治思想领域中,他几乎无人能及。

不过,在一个颇为重要的方面,柏克是极度非柏拉图式的(un-Platonic),那便是他对于理智的态度。他对我们今天所说的知识分子的不信任,可以作多种解释。他的观点有些地方与基督教——我们不得不说——之薄弱的方面相关。他写道:"放纵理智,乃是时代的病症以及这个时代所有其他病症之源。"他清楚地看到了滥用理智的危险,因此有时不免会像基督徒那样,对理智本身亦持怀疑的态度。这是因为他和我们一样,看到了太多这样的情况:有的人做着正确的事情,却

---

① 哈利法克斯(George Savile, 1st Marquess of Halifax, 1633—1695),英国政治家,作家。他认为最好的美德就是"整修者"的美德,就是在两个极端中找到平衡。

不给理由或给出了错误的理由,而有的人做着错误的事情,却给出了最具逻辑性、最为精致的理由。正确行为的基础不是推理,而是经验,比个人的经验广泛得多的经验,而只有先期养成正确的习惯,才能确保获得这种经验。柏克对理智持贬抑的态度,在其中我们看到了独具英国特性的某种东西。英国人注意到有这样一种类型的法国人,后者总是在错误的或不全面的前提下进行严密的推理,其结果可想而知。于是英国人便愈发喜欢自己那种零敲碎打的判断力和"胡乱应付"的癖性。正如迪斯雷利有一次向一个外国来访者所说的,英国不是由逻辑而是由议会来治理的。白哲特①在比较英法两国政界人物之后,也曾不无幽默地得出结论:"英国人之具有真正合理有效的愚蠢(sound stupidity),世界上无出其右者。"

柏克之反理智的一面令我们想起了卢梭反理智的一面,例如,卢梭曾说"追随自然之快乐的结果,便是不必反思并超越反思的智慧"。然而,卢梭与柏克的相似只是表面性的。卢梭宣称的那种智慧不是超越于反思之上,而是处于其下。就此我们还需给出细致的心理学上的分析,否则此类区分便毫无意义。或许超理性(superrational)与亚理性(subrational)二者的对比首先便体现在敬畏(awe)与新奇(wonder)这两种心理的对比之上。② 卢梭显然是新奇心理的倡导者,主要是在他个人的作用下,出现了浪漫主义运动导致的那种"新奇复兴"

---

① 白哲特(Walter Bagehot,1826—1877),英国经济学家、新闻工作者和评论家,著有《英国宪法》等。

② 参见《卢梭与浪漫主义》(Rousseau and Romanticism),第49页及以下。——作者原注

(renascence of wonder)。浪漫主义反对理智的理由,便是理智通过精密分析以及寻找因果关系,减弱了人们之新奇的心理。相反,柏克担心的则是不慎重的理智活动会消弭人们的敬畏之心。他说:"我们应该尊敬那些眼下不能理解的东西。"柏克极为倚重习惯的作用,将其视为保持敬畏之心的最佳手段;而那些浪漫主义者,从卢梭到沃尔特·佩特①,则同样态度鲜明地敌视习惯,因为习惯似乎通向一个一成不变的世界,一个缺乏生动与新奇的世界。对柏克来说,强调人们保有敬畏之心,意味着至少要在世俗秩序中注重身份与等级;而卢梭的想象所投射的那种自然状态,其最突出的特点便是讲求人人平等,这与我们迄今为止所了解的原始社会的真正事实相悖。这是卢梭的"无国"(no-state)与"至国"(all-state),或云其兼具无政府主义与集体主义的乌托邦(anarchistic and collectivist Utopia)所共有的特性。那个《社会契约论》的世界,与《论人类不平等的起源和基础》的世界一样,都是不讲等级与服从的世界,人在其中既不仰望他人,也不指望别人仰望自己,从而(这似乎是卢梭极为期待的)在那个世界里无人指挥,也无人服从。至少在某种程度上,卢梭极力强调平等,②不仅是在为自己,也是在为法国,特别是此后两个世纪的法国申说。如马耶③所

---

① 沃尔特·佩特(Walter Horatio Pater, 1839—1894),英国文艺批评家、散文作家,主张"为艺术而艺术",著有《文艺复兴史研究》等。
② 很难在学术水平相当的英国作家中找到与下面这段蒲鲁东(Proudhon)的文字类似的内容:"这种热情支配了我们,这种对平等的热情比酒更容易让人沉醉,比爱更具有穿透力;这种神圣的热情和疯狂是列奥尼达、圣伯纳德和米开朗琪罗的狂热都无法比拟的。"《全集》第 2 卷(Œuvres, Ⅱ),第 91 页。——作者原注
③ 马耶(Jacques Mallet du Pan, 1749—1800),法国历史学家,著有《法国大革命本质论》等。

云,"自由这种东西,法国人永远也无法理解"。①或许,任何地方都不会有太多的人理解自由的真正本质。柏克本人也承认,"对真正之自由的热爱乃至真正之自由的观念本身,都是极为罕见的"。如果像柏克所断言的,服从乃是真正自由的基础,那么这种自由与卢梭式的平等就是不相容的。

对世俗权威的服从,只有在这一权威本身也同样仰望更高事物的情况下才是合理的。因此,真正的自由赖以立足的美德,正是支撑着真正的基督教的那种美德。"真正的谦卑,作为基督教体系的基础,乃是一切真正美德底层的,然而也是深刻的、坚实的基础。然而,这一美德,实践起来令人痛苦,看起来又不会给人留下恢宏难忘的印象,"柏克在谈及法国那些革命者时说,"因此便被完全抛弃了。"那些革命者更愿意追随卢梭,那个了不起的"虚夸哲学(the philosophy of vanity)的宣传者与奠基人"。卢梭自己曾说,他立足于"最高尚的骄傲"之上,而骄傲——甚至超过了虚夸——是谦卑之更重要的对立物。我之前曾说过,卢梭为了骄傲的爱国豪情而贬抑谦卑之心。这种骄傲与谦卑之间的对立,当然不仅限于政治方面,还事关我们的内在生活。卢梭用"天生的善"来取代"人皆有罪,难免犯错"的旧式观念,由此削弱了个体的那种谦卑感。另一方面,柏克却捍卫着宗教以及政治的传统与形式,理由是,它们并不是武断、随意的,而是对庞大的过往经验总体之方便合

---

① 参见法盖(E. Faguet),《政治与道德》(*Politiques et moralists*),第 1 卷,第 117 页语:"让法国人成为自由的,或者让自由主义成为法国的,都有点不太可能。"——作者原注

宜的概括，它们支撑着个体的想象，仿佛是一个牵制着想象的伦理核心；想象转而亦为人们提供了一个标准，根据这个标准，个体可以对其无度扩张的自然之我（natural self）（这包括他的情感，也包括他的理智）加以限制。柏克对谦卑，对那些能够确保谦卑的、他认为必不可少的想象性象征（imaginative symbols）的强调，从纯粹的心理学的角度来说，可以化约为对自由之向心元素（centripetal element）的强调。而卢梭，至少是那个影响了世界的卢梭，由于他认为传统的制约消失之后就会自发涌现一种扩张性的、意欲建立兄弟情谊的意志（expansive will to brotherhood），实际上便否认了自由之向心元素的必要性。如果一个人像柏克那样，拒绝这种"普遍仁爱"的福音，他就很难不像柏克那样来理解与看待自由，即自由乃是在实施内在控制与抛弃外在控制之间进行的精细调节。如柏克所说："除非在某个地方对意志与欲望存有一种控制力，否则社会便无法存在，并且内在的控制力越小，外在的控制力就必然越大。"这种在内在与外在控制之间的调节，主要与个体密切相关，并且终将决定群体在多大程度上能够实现政治自由。从这个意义来说，真正的政治才能表现为人文主义式的调节，而非在两个极端之间惰性摇摆。"建立一个政府并不需要多么审慎。排定权力座次，同时教会人们服从，这样任务就完成了。给予人们自由则更加简单。这不需要引导，只要放开缰绳就可以了。但是，组成一个自由政府（free government），即将自由与限制这两种对立的元素调和起来并保持一贯，这便需要大量的思考、深入的反省，以及一个敏锐精明、充满力量以及有整合能力的头脑。"

我曾说过,柏克不同凡响,原因便在于他是一个极具想象力的辉格党人。事实上,许多典型的辉格党人以及辉格传统中的自由主义者,都像柏克一样,支持适度以及个人自由意义上的自由。然而,他们却没有像柏克那样,给予这种适度、这种个人自由以宗教、人文制约的基础。反之,他们或者倾向于成为理性主义者,或者倾向于成为情感主义者,这实际上意味着,他们的伦理或将建立在功用原则的基础上,或将建立在同情以及为他人服务的新精神的基础上,或更常见的是,建立在这些人道主义要素的混合物的基础上。柏克的自由,不仅具有宗教的基础,而且在政治实践方面还涉及真正的人文主义意义上的调节。反之,辉格党人做出的妥协常常不过是在试图调和以下两种人生观,一方面是宗教-人文主义的人生观,另一方面则是功利主义-情感主义的人生观,而双方在本质上是不相容的。因此密尔的自由主义与柏克的自由主义相比,不免会被斥为缺乏想象力,再进一步来说,从严格的现代的观点来看,密尔的自由主义恐怕还会被斥为缺乏批判性。因为密尔所渴望的自由,只能来自传统的精神控制,或者来自这种精神控制之某种适当的替代物,而密尔的哲学(我将试在后文更充分地展示这一点)对于这两者都不能提供。

在柏克那里,很少见到这种浅薄的做法,即试着调和两种不能相容的基本原则。但是,我们仍可感觉到,他没有充分认识到新旧原则之间发生碰撞的范围与程度,此外,在他为自己的宗教、人文立场辩护的时候,我们也会发现其中有一些难以论证其合理性的蒙昧主义的元素。从柏克那里,我们会觉得,英国仿佛完全是由信仰基督教的绅士组成的,他们时刻准备着集结起来,支撑传统文明的宏伟大厦,并维护人生中那些植根于道德想象之上的行为准则,而那些"诡辩家、经济学家与工于算计者"则在用形而上学的抽象理性来替换道德想象,以此来摧毁这座大厦,而这些人几乎全是法国人。柏克也曾提到过那些英国自然神论者,但只是把他们当成无关紧要的怪人抛在了一边。同样地,他带着极大的蔑视,对同时代的英国知识分子和激进思想家置之不理,不是用那些思考更为敏锐的人,而是用根本不思考的人来对抗他们:"半打蚱蜢在蕨类植物里面发出扰人的声音,那声音回荡在田野,而数千头大牲畜则在英国橡树的阴凉中休憩,反刍着食物,寂然无声。千万不要因此觉得,发出声音的乃是这片田野上唯一的居民。要知道,田野上的居民为数众多,并不全是那些细小枯干,瘠弱跳跃,尽管声音大、惹人厌却短命的昆虫。"

在这个段落中,柏克最为充分地表现出了自己蒙昧主义的一面。事实是,那些细小跳跃、瘠弱短命的昆虫,乃是一个范围广大的国际运动的代表,并且这一运动注定将最终压倒柏克所捍卫的偏见与因袭的习惯。此外,这一运动的主要来源——如果不是根本来源的话——乃是英国。"它来自英国,"儒贝尔说,"就像雾似的,散发出各种形而上观念与政治观念,并将一切都掩盖在暗雾之中。"当我们追溯文艺复兴时期以来欧洲生活与思想中的主要趋势,特别是追溯功利主义式的与情感主义式的人道主义的兴起过程时,便很难不极力认同儒贝尔的断言。柏克之人与国家的概念,具有强烈的柏拉图式的现实主义(就"现实主义"一词原有的意义而言)气息,并最终将重点放在了谦卑或对上帝意志的服从之上,因此与中世纪的概念有着重要的接触点。然而,甚至在培根之前,英伦诸岛的人们便已开始为击破这种现实主义发挥极大的作用。邓斯·司各脱①在其神学中贬抑理性而尊崇专断的神圣意志,如此一来,便将理性释放出来专供世俗秩序之用。奥卡姆所提出的那种唯名论,预言了我们这种类型的现实主义的到来,那不是关于"一"而是关于"多"的现实主义,因此与中世纪的现实主义类型恰成两极。罗杰·培根②则由于他对自然秩序的兴趣以及他在处理这一秩序时表现出的实验气质,对后世深具意义。

此后英国在17世纪频发内乱,这导致人们对过去之想象性的忠诚日渐消失。克伦威尔(Cromwell)本人的主要成就,如他的崇拜者马韦尔(Marvell)所宣称的那样,乃是"毁灭了时间造就的伟大作品"。当人们对伟大传统的忠诚逐渐消亡时,英国从此便将力量集中在功利主义的努力之上,而弗朗西斯·培根正是功利主义的先导。从而英国超过了其他一切国家,为工业革命做好了准备,并一路开展下去。与工业革命相比,法国大革命不过是一个戏剧性插曲罢了。

柏克眼中真正具有代表性的那个英国,即信仰基督教的古典英国,如果说尚在牛津等地苟延性命,那么功利主义的英国则在诸如伯明翰等城市得到了体现。这两个英国之间的对立,代表了两种基本原则的

---

① 邓斯·司各脱(Duns Scotus, John Duns, 1265/66—1308),苏格兰经院哲学家、神学家,他的学说被称为"司各脱主义",曾与托马斯主义长期对抗,著有《巴黎论著》《牛津论著》等。

② 罗杰·培根(Roger Bacon, 1214?—1292?),英国自然科学家、哲学家,著有《大著作》《小著作》《哲学研究纲要》等。

对立,如今也开始书写在英国的地貌之上。不过,英国人行事并不遵循逻辑上的排他法,因此多少能够使两个根本上不相容的东西友善共存。因此,一个青年会在牛津接受宗教-人文训练,以便将来辅助大英帝国在印度的统治,而这个帝国就其根源而言,则主要是英国的功利主义与商业扩张带来的后果。柏克向往的那种由真正的绅士构成的领导阶层,仍然在英国以及世界事务中起着不小的作用。柏克眼中典型的英国人,即"畏惧上帝,敬仰君王,热爱议会,服从长官,尊敬教士,尊重贵族"的英国人,仍旧存在,只是越来越不典型了。总而言之,这种人的心理与人数众多的城市大众不同,后者全仗工业革命才得以存在。伯明翰所代表的东西,已经开始稳步侵蚀牛津所代表的东西,在牛津内部甚至都是如此。我曾说过,唯一有效的保守主义便是具有想象力的保守主义。然而,人们目前不但日益难以借助想象力进入传统的象征世界,而且就总体而言,想象力本身也日益远离事物具有的一致性(unity)因素,而逐渐被引向了多样性(diversity)的因素。这种类型的进步,只会导致人们逐渐把一切好的事物与新奇、变化和成堆的发明联系起来。由此看来,生活不再关乎对某种中心或者"一"的崇敬,而是被看作新奇与好奇(wonder and curiosity)之无限、无尽的扩张。人们如此醉心于变化,其结果就是,我们相信这个世界在朝着某种"遥远的神圣事件"前进。正是在这一点上,人道主义运动的两个侧面,即功利主义/培根式的一面与情感主义/卢梭式的一面,显现出了亲缘性。所谓"遥远的神圣事件"其实就是卢梭的自然状态,一种田园想象的投射。与"神圣的事件"相关的那种幸福,和自然状态中的幸福一样,都与个人严肃的道德努力或自我规训无关。卢梭本人将黄金时代放置在过去,但对于那些卢梭主义者来说,让他们像培根主义者那样将黄金时代置于未来,其实再简单不过。培根主义者与卢梭主义者之间的区别为数众多,但二者之"远见"的品质则具有根本上的相似性,与之相比,那些区别都是无关紧要的。我在本书一开始便说过,现代政治运动就其最具意义的方面而言,可以视作卢梭精神与柏克精神之间的斗争。无论我们如何解释,事实终究无可置疑:这场运动日益远离柏克,转而走向了卢梭。"柏克的命星已经明显黯淡下来,"莱基①在几年前已经能够看出此节,"大部分'社会契约'的教义已经进入了英国政治。"此外,沃恩(Vaughan)教授——卢梭政治著述最近一个标准版本的主编,在编者序言中说了这么一段话(这段话显然没有引起任何特别的反对与惊讶):就基本政治智慧而言,柏克"远远低于那个他总是带着鄙视与憎恶谈起的人,那个遭到蔑视的理论家,那个日内瓦的形而上学狂人"。

只要这个世界上还有能够领悟到真正自由之本质的人,柏克便会得到缅怀与珍视。不过,要在当前的环境下成功地捍卫真正的自由主义,仅凭柏克的方法显然是不够的。为捍卫偏见、因袭的习惯以及"反思之上的智慧"而展开的战斗已经失败。我们已经不可能对现代主义者(modernists)置之不理,仅将之视为吵闹的、短命的昆虫,并且仅依靠对思想的无动于衷和迟钝麻木——此即在英国橡树的阴凉中反刍的大

---

① 莱基(William Edward Hartpole Lecky,1838—1903),爱尔兰史学家,著有《欧洲理性主义史》(1865)与《民主和自由》(1896)等。

牲畜——来对治不健全的理智活动。在谈及方法问题之前,我们需要考虑如下一个问题:在法国大革命期间及此后的现代欧洲史中,卢梭的胜利究竟意味着什么?我们的思考将涉及当前两大政治问题——一个是关于民主的问题,一个是关于帝国主义的问题——以及这两个问题之间的关系。

第四章　民主与帝国主义

为了确保民主在全世界的安全与稳固,我们近来开展了一场以此为目的的运动。在这场运动中,人们普遍相信民主与自由是一回事,并与帝国主义相对立。然而,出乎人们意料的是,历史的教训告诉我们,事实并非如此。民主,就其是直接的、不加限制的民主而言,如亚里士多德很久以前所指出的,乃是自由的死敌;同样地,它所具有的那种专制气质(就"专制"一词的广义而言),亦与帝国主义有着亲缘关系。我们发现,卢梭为民主所作的分类,乃是所有现代直接民主思想中最不具妥协性的。随着卢梭主义福音的散播,人们期待着自由、平等、博爱的天堂,然而,卢梭主义的实际后果何其充分地证明了亚里士多德是正确的!卢梭在民主运动中的主导地位无可置疑,事实上人们经常会对此有所夸大。"民主,"沃盖(Vogüé)先生说,"只有一个父亲——卢梭。……那淹没了我们的混浊的洪流,从卢梭的著述与生平中滚滚涌出,就像莱茵河与波河从阿尔卑斯山的源头那里不断获得滋养一样。"①类似的说法源源不断地产生,难以计数,还有一些来自德国

---

① 见《卢梭肖像集导言》(Introduction à l'Iconographie de J.-J. Rousseau),I,第7—8页。——作者原注

权威人士的说法,同样为数众多,大意是说,卢梭乃是他们的"文化"(*Kultur*)之父,在这一点上无人能及。①将这些说法放在一起来看,倒也颇为有趣。在此我们要看到其中有夸大的成分。很多德国人归诸卢梭的东西,都可追溯为受英国的影响,而这些影响亦对卢梭本人产生了作用。

刚才所引的那一类说法,似乎在德国的"文化"(如今人们已经逐渐认识到其帝国主义的本质)与卢梭式民主之间建立了第一性的联系。"文化",当我们仔细审视这个词时,可以将其分为两大主要元素——一方面是科学功效(scientific efficiency),另一方面则是科学功效旨在为之服务的民族主义热情(nationalistic enthusiasm)。"文化"与卢梭主义的关系显然首先要从第二个方面来看。我们不妨回想勒南②在上世纪70年代所说的一句话:"民族主义情感产生不过百年。"③如果勒南说国际主义或世界主义的情感产生亦不过百年,也大致不错。两种说法都基本正确,只要我们给予"情感"这个词以足够的强调。我们几乎无须重复这一观点:中世纪乃是国际主义的,而新教带来的一个主要后果便是民族观念的发展,这一观念同时由于马基雅维利而得到了推广,尽管新教与马基雅维利对这一观念的推动基于不同的假定。到了18世纪,民族主义与国际主义都开始变得更具感情色彩。在这

---

① 在此我引用了《卢梭与浪漫主义》第194页中的某些段落。——作者原注
② 勒南(Ernest Renan,1823—1892),法国哲学家、历史学家,以历史观点研究宗教,著有《基督教起源史》等,尤以该书第一卷《耶稣传》最为著名。
③ 见《精神改良与道德》(*Réforme intellectuelle et morale*),第194页。——作者原注(译者按:勒南此书出版于1871年,此即白璧德所说的"上世纪70年代"。)

里,卢梭对"美德"的重新解释发挥了根本性的影响,而这种重新解释本身,也是此前发生的大量运动的产物。根据这种新伦理,美德不是限制性的,而是扩张性的,它是一种情感,甚至是一种陶醉感。它以同情为基础,在不加修饰的自然形式当中,终将发展为伟大的世界主义灵魂(cosmopolitan souls)独具的美德,而这种伟大的灵魂便是卢梭在《论人类不平等的起源和基础》中描述的那种超越了民族界限,热爱整个人类,并将全人类拥在怀中的人。此刻我们已经站在了过去一个世纪以来那种煽情的国际主义(sentimental internationalism)的源头。但是,如我曾说过的那样,卢梭把人的美德和公民的美德断然区分开来:人加入国家之后,便"去自然"(denatured)了,他的美德仍旧是一种情感,甚至是一种陶醉感,但已与世界主义相距甚远。卢梭在两种类型的美德即人的美德与公民的美德之间来回摇摆,几乎从未试着对二者加以严肃的调节。根据他想要的美德种类,他设计出了不同的教育体系。例如,在《爱弥儿》中,他力求塑造一个人,而在《对波兰政府的思考》(*Considerations on the Government of Poland*)中,则力求塑造一个公民。他宣称,对国家的爱和对人类的爱是两种不相容的激情。① 由此我们不免要问,在情感类型的民族主义与情感类型的国际主义之间,卢梭自己将作何选择?其实,关于这一点并无疑义;在卢梭看来,对国家的爱乃是更美好的激情。在卢梭眼中,国际主义者那种美德或云陶醉感,与公民的美德、陶醉感相比,未免苍白无力,同时历史也向我们证

---

① 见《卢梭政治著述集》(*Political Writings*),沃恩主编,Ⅱ,第172页。——作者原注

实了卢梭是正确的。一个国家的公民如果陶醉于爱国之情(*l'ivresse patriotique*),往往会无情地对待另一个国家的公民,不过这一事实对卢梭来说似乎无关紧要。① 卢梭的那些大力培养爱国情感的方案与计划,似乎预告了上世纪②出现的那一类民族主义(特别是德国的民族主义)的到来。如果欧洲——乃至整个世界——都是由这种类型的国家构成的,即它们都受到疯狂的民族主义的驱使,同时却缺乏统一的因素对之加以制衡,那么战争问题就变得异常突出了。1914 年 8 月,数百万社会主义者响应国家的号召,列队行军去屠杀其他国家的社会主义者,这表明新生的民族主义远比新生的国际主义更为有力。此外,历史上两大主要新教国家,在试图用烈性炸药将对方炸成碎片的同时,还想将对方的妇孺全部饿死,这一事实也似乎相当清楚地表明了新教的凝聚力一样不尽如人意。同样地,罗马教皇制度曾经代表了欧洲文明传统上的一致性,如今也显然无法有效地限制民族主义的推进。

此外,如卢梭所指出的那样,此类崛起于现代欧洲的民族国家,不会在条约或同盟的约束下停止对彼此的战争。卢梭警告那些基督教国家中的波兰人,国际盟约不过是一纸空文,他接下来又补充说,不过土耳其人对国际义务还是比较尊重的。

卢梭曾为圣皮埃尔神父的《永久和平方案》(*Project for Perpetual Peace*,最初出版于 1712—1717 年)作"删节本"(Abridgement,1761),并

---

① 见《爱弥儿》开篇数段("大凡爱国者对外国人都是冷酷的"等等)。——作者原注

② 即 19 世纪。

为这一《方案》(1782年版)撰写"意见"("Judgment"),那时他的注意力就集中在这一系列的问题上面。圣皮埃尔神父试图重振"欧洲合众国计划"(plan for a United States of Europe),苏利①认为,这一计划最早是由亨利四世提出的。② 卢梭编辑了圣皮埃尔神父的著作,并把这项工作与其对欧洲自中世纪以来战争与和平问题的回顾联系了起来,这是他思想敏锐之处。他承认,有一个体制③在过去为缓解政治冲突起到了很大的作用。他说,不可否认,甚至直到今天,欧洲各国之间残存的那种联盟关系仍主要归功于基督教。他接下来说,尽管罗马遭到了决定性的失败,但是其教条——而非军团——却被输送到了各个行省。卢梭这句话可谓上承霍布斯,下启海涅(Heine)。中世纪的欧洲与现代欧洲享有的那种多少有点接近"罗马的和平"(Pax romana)的状态,都要归功于那个精神意义上的罗马。中世纪秩序中最终起约束作用的因素,便是对神意及其尘世代表——特别是教皇——的服从。中世纪以及文艺复兴后期,这种统一性原则日渐废弛,各大领土国家纷纷崛起。根据格老秀斯一派的学说,这些民族国家之间的关系将通过理性而非任何意义上的意志来加以调整。圣皮埃尔神父或许是最早的法国全职慈善家的典型,与格老秀斯一派相比,他对理性的信心更为天真。卢梭说,圣皮埃尔神父很好地设想了自己的方案一旦确立将如何运转,可一

---

① 苏利(Maximilien de Béthune, Duke of Sully, 1560—1641),即苏利公爵,法国政治家马克西米连·贝休恩的称号,亨利四世的重臣,鼓励农业和工业,并使国库充足起来。
② 即亨利四世提出的欧洲合众国"大计"(le Grand Dessein)。
③ 即基督教体制。

旦涉及他确立这些方案的手段,他的想法就显得颇为幼稚。就此而言,他和从那时起直到今天的"改革者们"都一个样。卢梭抱怨说,圣皮埃尔神父最根本的错误,便在于他认为人们受到理性的管辖,但实际上人们却为激情所统治。①

对卢梭来说,自然状态绝非一种理性的状态。在他不那么具有田园心绪的时刻,特别就国与国之间的关系而言,他倾向于同意霍布斯的观点,即自然状态乃是战争状态。作为救治方案,他似乎比较喜欢如国际联盟(league of nations)或维和同盟(league to enforce peace)等体现了联邦原则(the federative principles)的那一类机制。但是,对这一类方案具有的危险,卢梭又表现出充分的认知,在这一点上远远超过了这类方案的某些现代提倡者。"它在一瞬间所带来的危害,"他在论及某个维和同盟时说,"要比它在数百年内所能防止的危害还要多。"尽管卢梭赞成亨利四世的"大计"②,他却看到这一计划背后的驱动力既非中世纪意义上的基督教,亦非人道主义,而是帝国主义——那是一种贬低西班牙和奥地利的王室、抬高法国以使其取得欧洲霸权的欲望。亨利四世打算发起一场旨在结束战争的战争,他被刺杀之后,"这个世界永远失去了最后的希望"。卢梭预见到,欧洲各国的军事预备注定会导致各国的自我毁灭。简而言之,这是缺乏向心力③的国家面对的问题,对此卢梭没有给我们留下任何恰当的解决办法,事实上,正是卢梭本人极大地强化了这些问题。

---

① 见《卢梭政治著述集》,沃恩主编,I,第392页。——作者原注
② 即前文提到的"欧洲合众国计划"。
③ 指缺乏伦理核心的约束。

尽管卢梭有时会带着明显的鄙视说起那些世界主义者,他的思想却主要是对那些最初倡导(民族主义以及国际主义意义上的)博爱的人产生了影响,此后博爱进一步与自由和平等理想性地结合在了一起。我们不妨简单追溯一下这一福音(特别是在法国大革命时期)所产生的帝国主义后果,然后绕开民主与帝国主义之关系的枝节问题,转而研究个体之心理,由此直击整个问题的根源。

我们看到,卢梭不是试图摒弃某种特定的贵族制,而是贵族制的整个原则。"人民",他说,"构成了人类总体",那些寄生性的,以及"如果不是因为其危害便几乎不必在意的人"是不属于人民的。卢梭的学说让穷人和平民内心充满自以为是的自豪感,同时点燃了他们对那些享有优越的社会经济条件的人群的愤恨与猜疑,或许再没有什么学说比卢梭的学说设计得更具机心的了。所有研究过那个时代的人都会发现,当时推广卢梭主义以及那种广义上的新的博爱出力最多的人,似乎恰恰是那些特权阶级的成员,这个事实真是令人百思不得其解。这一奇怪现象的原因是复杂的,不过泰纳在其《旧制度》(*Ancien Régime*)一书中曾非常准确地就这些原因进行了探讨。法国的贵族甚至在黎塞留[①]和路易十四时代,便基本停止行使贵族的功能了。他们已经成了客厅里的花蝴蝶和宫廷里的清客,对这些已经停止行使功能的人来说,倦怠才是他们当前面对的敌人。此外,这些客厅里的常客,自18世纪上半叶以来,还要忍受枯燥的理性主义以及泛滥成灾的造作礼仪。最

---

① 黎塞留(Cardinal Armand Jean du Plessis, Duke of Richelieu, 1585—1642),法王路易十三的国务秘书,枢机主教,擅权专制,对内镇压起义,对外扩张法国势力。

终,他们寻找解脱的方式便是回到自然,回到简单的生活。其实那种客厅生活从一开始就具有一种田园元素,如朗布依埃侯爵夫人(Marquise de Rambouillet)的沙龙圈子便深受17世纪法国作家杜尔菲(d'Urfe)的爱情经典巨著《阿丝特蕾》(*L'Astree*)的影响,凡是对此有所研究的人都知道这一点。这或许为另一种形式的田园主义(pastoralism)的到来作了铺垫。"那些纨绔子弟,"泰纳如是说,"梦想着这种幸福的状态:在牧歌的间歇,在原始森林里裸体睡去。"玛丽·安托瓦内特亲自给自己的牛挤奶,在小特里亚农宫(the Petit Trianon)过着梦想中的田园生活。许多贵族和高层教士都被大家热衷的这种新事物所吸引,发誓要解除自己的一切阶级特权,转而拥抱那种新的平等,而这新的平等本身即是全世界兄弟情之金色曙光的前奏。其实,1790年"战神广场联盟"(Federation of the Champ de Mars)的成立,便已经庆祝了这一全世界兄弟情时代的降临。成立这个联盟本就是为了象征全体法国人在兄弟的怀抱中融合在了一起。安那卡西斯·克洛斯①男爵被称为"人类的雄辩家",由地球上各民族与各种族之"雄辩家"代表组成的队伍,在国会前列队行进,代表们身着各款服装接受检阅,这成为全世界友爱的象征。然而,正如西谷伯爵(Comte de Ségur)所说,"从未有过比这更令人愉快的美梦,也从未有过比这更恐怖的梦醒时分"。取代普遍兄弟情谊的,是日益增长的疯狂猜疑。卢梭的疑心病变成了流行病,人们彼此猜疑,同时疑心对方在猜疑自己,这时已几

---

① 安那卡西斯·克洛斯(Anacharsis Cloots,1755—1794),法国大革命时期的激进民主派和雅各宾俱乐部成员,后被罗伯斯庇尔送上断头台。

近于恐怖。

在"战神广场联盟"成立庆典中互相热情拥抱的那些人,现在开始将彼此推上断头台。在遭到灭顶之灾的那些人里面,便包括"人类的雄辩家"们。最先遇害的人当中,就有特权阶级的成员,他们曾如此热心地推广那种新的博爱,就像我们今天清谈社会主义的那批人,等他们宣传的革命真正到来的时候,他们将第一个受害。正如切斯特顿①所云,一旦发生社会变革,博爱者的血将染红大街小巷,血流成河。

如果我们希望了解大革命后期的心理,我们就必须对罗伯斯庇尔这种卢梭的公开信徒特别加以注意。他信奉卢梭式的"美德"观并采用了一种毫不妥协的形式,据此他试图建立一个与真正的法国相对立的"理想的"法国。而所谓"理想的"法国,如我所云,在很大程度上不过是田园想象的投射罢了。他在善、恶之间设置的对立,与其说是在善与恶的个人之间的对立,还不如说是由个人组成的阶级之间的对立。根据人所属的社会群体而非个人的优缺点来判断一个人,在柏克看来是极不公正的,而这事实上乃是从法国大革命直至俄国革命的整个运动的固有逻辑。丹东(Danton)早就说过:"那些教士和贵族本身无罪,但他们必须死。因为他们不合时宜,影响了事物的进程,将会阻挡未来的道路。"丹东应用了这种革命的逻辑,他要对"九月大屠杀"(the September Massacres)负责。然而,领导人当中还有罗伯斯庇尔和圣茹

---

① 切斯特顿(Gilbert Keith Chesterton,1874—1936),英国作家、新闻工作者,著有小说、诗歌、传记、评论等。

斯特(Saint-Just)那样的角色,他们比丹东走得更远,进而实施了一个剥夺全体公民人权(whole proscription)的计划。"真正的法国"过于富有,人也太多了。罗伯斯庇尔和圣茹斯特时刻准备着彻底消灭那个在他们看来由寄生虫和同谋者构成的社会阶层,由此他们就可以使真正的法国适应他们梦想中的斯巴达。从而那种恐怖远远超过了人们的一般认识,绝非一段田园式的插曲。① 有人曾说,情感主义的最后阶段便是杀人的狂热,事实证明,此言不无道理。

在理论方面,罗伯斯庇尔和卢梭一样,是刻板的平等主义者。他并非真正意义上的领袖,而只是人民的"雇工"。但是到了关键时刻,以一种理想性的"公意"的名义——他自称是传达这一意志的唯一工具——他就会随时准备像暴君似的将意志强加于现实生活中的人。从而,卢梭主义运动的最终结果,并不是除掉了领导阶层,而是产生了一种低级的乃至神经错乱的领导类型,总之是一种极具帝国主义特性的领导类型。最终暴力大获全胜,这便是卢梭式自由、平等、博爱所产生

---

① 见夏多布里昂(Chateaubriand),《墓中回忆录》(Mémoires d'Outre-Tombe),第2卷,第12—14页:"当悲剧染红街道的时候,田园剧依然风靡剧场,台上满是天真的牧人和纯洁的牧羊姑娘:田野、小溪、羊群、鸽子,茅屋下的黄金岁月伴随着芦笛的乐声,展现在柔声低语的蒂尔西斯们和无知的打毛衣妇女们面前,而他们刚刚才亲见断头台上的场面。倘若桑松(译者按:Sanson,大革命时期著名的刽子手)那时候有时间,他可能会自己扮演科兰这个角色,而戴洛瓦涅·德·梅丽古尔(译者按:Théroigne de Méricourt,大革命时期的革命者)也许会扮演巴贝。国民议会的成员们自认为他们是世界上最和善的人:他们是好父亲、好儿子、好丈夫,他们带着孩子们去散步,雇佣保姆照顾他们,被孩子们天真的游戏感动得流泪;他们把这些小崽子们温柔地抱在怀里,指给他们看那些拉着马车的'马马',而这些马车正载着受害者们前往刑场。他们歌颂自然、和平、同情、善良、直率和家庭的美德,而与此同时,为了人类更大的幸福,这些尊敬的慈善家们感性至极地叫人砍下了他们邻居的头颅。"——作者原注

的全部后果。如我们所知,卢梭本人主张强迫人们获得自由。事实上,试图将自由与平等结合起来,如阿克顿勋爵所说,只会导致恐怖主义。那种雅各宾式的兄弟情谊(Jacobinical fraternity),可以用一句话来概括:"做我的兄弟,否则我就杀了你。"此外,罗伯斯庇尔式的领袖不但与革命的敌人相互冲突,并且与其他多少更为严肃的革命狂人彼此冲突,但他们不过是通过自己的想象分别投射了不同的"理想"而已。这样一来,那些顽固的、各自追寻互不相干的梦幻的领导人,他们之间唯一的公分母便是暴力。这一运动抗拒传统的控制,而那些新的凝聚原则却最终都表现出强烈的离心特性。雅各宾党领袖们唯一促成的兄弟情,正如泰纳所云,乃是该隐式的兄弟情(a brotherhood of Cains)。

128　　然而,罗伯斯庇尔却并非大革命终将注定产生的那种领袖。早在1790年,柏克就预言说,大革命最终的受益者将是某个军事冒险家。从社会契约论发展而来的人民主权说,事实上推进了长期的无政府状态。当社会不能再毫无秩序地前进,眼前又不存在其他形式的秩序的时候,人们就会被迫求助于军事秩序。只有在军队中,还有可能看到对公认的美德的井然有序的服从与效忠,而这在一切非军事领域已经被雅各宾党人从原则上摧毁了。因此,波拿巴的出现绝非偶然,他成了大革命真正的继承人与执行人。当他的精锐部队从圣克鲁(Saint-Cloud)皇家橘园(Orangerie)的大门和窗户冲出来追击五百人议事会(members of the Cinq-Cents)(此即"雾月政变")时,当他日益公开地暴露出自己乃是一个帝国主义超人时,在这些时刻,我们断然不能把雅各宾党人看作与之无关的群体。反之，不加限制的民主与对无情权力的崇拜之间，始终存在着一种亲缘关系，这一点再明显不过。之前的恐怖主义者如今匍匐在拿破仑的脚下，再没有人比他们表现得更加卑微猥琐的了。"在即将变成男爵与伯爵的当口，雅各宾党人只说1793年的恐怖，以及必须惩罚无产者，必须压制民众的极端行为，等等。日复一日，共和党人开始转变为帝国主义者，所有人的暴政开始转变为一个人的独裁。"（夏多布里昂语）①

顺便一提，夏多布里昂对拿破仑的非难并没有起到什么作用，这是因为他的脑与他的心并不一致。他其实对拿破仑有一种隐秘的同情，因为他发现拿破仑那种类型的想象与他自己的有相似之处。这两个人的想象，如我试图定义的，乃是浪漫的想象，他们都极力向无限伸展，尽管路数截然不同。同样地，维克多·雨果曾谴责拿破仑是"雾月政变"的始作俑者，但同时又在想象上深受他的吸引，最终成了拿破仑神话的主要制造者之一。

我一直试图理清卢梭式民主与帝国主义在法国的关系。现在，当我们研究世界范围内的卢梭主义运动时，我们发现它同样与帝国主义纠葛在一起。或许，自创世以来，没有一种运动能像这一运动这样，孕育出如此猛烈的民族情绪，以至于稍大一点的国家都马上会生出帝国主义的野心。我曾说过，大革命几乎从一开始就带有一种在全世界发起运动的特性，它所认定的那种基本原则导致所有现存政府看起来都不合法。各民族在这种原则的怂恿之下，都来推翻政府，谋权篡位，在

---

① 见夏多布里昂，《墓中回忆录》，Ⅱ，第243页。——作者原注

"重新获得"所谓"最初的权利"之后,纷纷加入了以法国为首的那个光荣的博爱队伍。接下来发生的事情我们都太熟悉了,几乎无须重复。有些政府由于其合法性遭到质疑,因此警觉起来,组成联盟进犯了法国。① 这一外来的威胁,导致了法国现代意义上的民族热情第一次汹涌爆发。法国革命军攻打德国瓦尔密(Valmy)的时候,歌德在炮声轰鸣的间歇听到革命军高呼"民族万岁"(Vive la nation),当时他相当准确地意识到,这个呼声标志了一个新时代的来临。② 我们近来在欧洲目睹的各民族聚集在一起彼此杀戮的那场战争③,其起点便要回到此处来看。新的民族热情为法国提供了数量如此之多、情绪如此之高涨的士兵,法国不但赶回了侵略者,并且转而开始入侵别的国家,在理论上则是"背负着解放各国的使命"。然而,在事态的压力之下,权力意志逐渐压倒了建立兄弟情的意志,这场运动始于人道主义,却以拿破仑与帝国主义侵略的出现收场。侵略转而唤醒了各国新一轮的民族情绪,并大力促成了德国的统一,这个因素超过了其他一切成因的总和,为强大的德国的出现铺平了道路。④ 法国不再是"各国的基督",而是成了人类的叛徒,特别是在入侵瑞士之后(1798年),更是遭到了当时

---

① 君主论者与革命理想主义者除了他们公然宣称的理由,自然还有其他的动机。关于整个大革命时期之研究,见布尔乔亚(E. Bourgeois),《外交政策史手册》(*Manuel historique de politique étrangère*),Ⅱ,第1—184页。——作者原注

② 据楚盖先生(M. Chuquet)云,歌德这番话是在1820年说的,并非1792年9月20日战争前夜所说。见其载于《哲学月刊》(*Revue philosophique*)的文章,1915年12月18日。——作者原注

③ 指一战。

④ "法国大革命使德国产生了统一的理念"见勒南(Renan),《精神改良与道德》(*Réforme intellectuelle et morale*),第130页。——作者原注

幻灭的激进主义者的普遍谴责。①

反对兄弟情这一人道主义理论的人,不免有被斥为缺乏博爱情感的危险。但具有批判及实验气质的人显然会这样应答:他之所以反对这样的理论,正是因为他渴望这样的情感。这一理论已经经过了几代人的实践,然而从人们的亲身经历来看,这个世界却经常充满了憎恨与怀疑,群情激奋的人们在其中乱作一团。卡莱尔对大革命的描写在今天仍旧适用:"在普遍的仁爱那玫瑰色的面纱之下,乃是黑暗纷扰的人间地狱。"我们最终不得不相信,在这一运动中,理想与现实的对立,并非普通的精神与肉体之间的对立,而恰恰是这种特定的统一人类的理想引发了它本应阻止的现实纷争。我们看到,一方面是和平主义计划大行于世,另一方面则是战争大举爆发,当我们说这二者具有一种同步关系时,这或许并非奇思异想。继圣皮埃尔神父的思想宣传之后,接下来便是腓特烈大帝发动的战争。18 世纪末期的人道主义运动通过康德的《永久和平论》(Treatise on Perpetual Peace)获得了表达,此后紧跟着便是前所未有的长达二十年的血腥争斗。20 世纪初期出现了大力鼓吹和平主义的运动,之后在海牙②建立了和平宫(Peace Palace),这一运动由此获得了外在表达,然而继此之后,我们看到的却是几百英里长的战线。已故的布特鲁(Boutroux)先生——绝不会有人说他是一个愤世嫉俗者——在 1912 年曾对《时报》(Temps)记者说,根据目前关于

---

① 见柯勒律治的《法兰西:一首颂歌》(France: an Ode)。至于其在德国的发展,见古什(G. P. Gooch)的《德国与法国大革命》(Germany and the French Revolution)等多处。——作者原注

② 即荷兰的中央政府所在地。

和平之言论的数量,他可以推断未来很有可能爆发"极为血腥的战争"。面对战争与和平的问题,人道主义者像面对其他问题一样,对自己的理论在实践上的所有失败都有常备的解释。他们坚持认为,如果不是因为这样或那样的合谋,他们的理论一定会得到完美的实施。一定要等到地球人自相残杀殆尽,这些人道主义者可能才会相信是他们的理论出了问题——不过,即使到了那个时候,最后一个幸存的人道主义者无疑也会继续悲叹"共谋"。

从严格的心理学的角度来说,我们研究的这一运动不但在一百多年前产生了极具特色的后果,而且还产生了两个杰出的、意义重大的人物——卢梭与拿破仑。据说,拿破仑曾云:如果没有卢梭,就没有大革命,如果没有大革命,就不会有今天的我。卢梭可以被看作当仁不让的人道主义的弥赛亚(humanitarian Messiah);而拿破仑,用哈代①的话来说,则是战争基督(the Christ of War)。人道主义的弥赛亚让相关力量运转起来,这个过程——我在此试用粗线条简单地加以勾画——最终导致了战争基督的崛起。

人道主义运动不论就其情感主义的还是功利主义的方面而言,都有一个显著的特点,那便是对大众命运的极大关注。例如,孔多塞②曾说,"一切机构,都应该以改善大多数人和最穷困的人的身体、智力以及道德水平为目标"。但是,从这一运动的两方面(即情感主义以及功

---

① 哈代(Thomas Hardy,1840—1928),英国小说家、诗人,代表作为《德伯家的苔丝》《无名的裘德》等。
② 孔多塞侯爵(Marquis de Condorcet,1743—1794),法国哲学家、数学家,法国大革命时期的吉伦特派,主要著作为《人类精神进步史纲》。

利主义的方面)而言,理想与现实之间的对立都达到了臭名昭著的地步,这昭示出那种人道主义的心理一定出现了某种关键的缺漏。如果说卢梭主义者建立了某种普遍兄弟情的理想,并且迫使全世界都参与其中,那么功利主义者便将重心放在了物质的组织与效用之上,并且在自然科学的帮助下,逐渐建立了一个庞大的、互联的机器。它在理论上是为人性服务的,是为了促进更多人的最大的善,但实际上,二者却在合力为个人、社会群体或国家的权力意志服务。当这些因素结合到一起时,便会导致几乎超出人们想象的严酷战争。而其主要的受害者,恰恰是卢梭主义者和培根主义者声称渴望惠及的大众。就现状来看,国家之间的联盟与冲突,成了弗兰肯斯坦式的怪物们(Frankenstein monsters)之间的联盟与冲突。回想起来,弗兰肯斯坦制造的怪物并非如通常所想是一个没有灵魂的怪物,恰恰相反,正如雪莱夫人①所描写的,他是一个(卢梭意义上的)美丽的灵魂(a beautiful soul)——这有可能是他学会了阅读诸如《少年维特的烦恼》(Sorrows of Werther)等读物之后的结果。② 他变得无情,正是由于其灵魂的美丽及其对人与人之间的共鸣的向往不为人所理解,于是他只能退守精神上的孤独。同样地,在这个故事里,情感主义的最后阶段就是杀人的狂热。

整个西方,渐至整个世界,现在都面临着一个相同的问题:西方过

---

① 雪莱夫人(Mrs. Shelley,1797—1851),英国作家,原名玛丽·戈德温·沃尔斯顿克拉夫特(Mary Godwin Wollstonecraft),其著作中,哥特式小说《弗朗肯斯坦,或现代的普罗米修斯》(1818)最为著名,1816年与珀西·比希·雪莱结婚。

② 见《弗朗肯斯坦,或现代的普罗米修斯》(Frankenstein, or the Modern Prometheus),第15章。——作者原注

去几代人主要都在致力于建造产生物质效能的庞大机制,那么,使这一机制具有生命的那个"灵魂"是何本质?这个"灵魂"是卢梭式的,还是真正的伦理"灵魂"?我们不禁要将这种传统制约失势之后所兴起的文明定义为利他主义与烈性炸药的混合体。一旦利他主义出了问题,就可能会导致非常严重的后果。理想主义者宣称,人的自然之我是如此可爱,根本不需要任何制约,或者一旦需要制约,此时他也会为了同伴的利益对自己加以必要的约束。无论是这两种情况中的哪一种,一切都取决于自然人身上是否存在一种爱或服务意志(will to service)的因素,单是这种因素本身便足以对抗其权力意志。这乃是利己主义者与利他主义者之间的分界线,不能仅以功利诉求来区分二者。要知道,最多的人享有最大的利益这一原则,其实是马基雅维利的提法。①

在自然人那里,建立兄弟情谊的意志与权力意志究竟孰强孰弱?公正地来看,事实有利于马基雅维利主义者,而非那些"理想主义者"。那些对自己的"高瞻远瞩"引以为豪的人,应该特别崇拜马基雅维利才对。他曾被誉为最成功的预见者。用格尔维努斯②的话来说,"他猜到了现代历史的精神"。人们曾准确地把那场刚刚过去的战争说成"马基雅维利的回归",然而,从科学取得的进展来看——目前人们仍在不断地提高"杀人秘技",哪怕是那些大城市也显然能在几分钟之内从空

---

① 见《曼陀罗花》(Mandragola),第3幕,第4场。不过,此处对这一原则的运用乃是反讽式的。——作者原注(译者按:指马基雅维利这种利己主义者亦会提出"最多的人享有最大的利益"这种功利主义原则,因此不可以功利诉求来区分利己主义者与利他主义者。)

② 格尔维努斯(Georg Gottfried Gervinus,1805—1871),德国文学史家,歌德研究专家,著有《德国诗歌史》等。

中加以毁灭,现在最迟钝的人也看得出来,我们实在不能再让马基雅维利"回归"了。就现状而言,再来一到两次这样的大规模的"回归",将意味着白人文明甚或白人种族本身的终结。即将结束的这个时代存在着一个总体上的明显错误,那便是将机械与物质进步和道德进步混为一谈。自然科学就其本身而言固然很好,但是一旦涉及最高的道德问题,自然科学就不过是增产的工具而已。① 如果核心正当,自然科学自会增加其正当性。反之,如果核心有误,特别是在当前人们彼此联系如此紧密的情况下,则必然会产生十分可怕的影响。随着诸如无线通信和无线电话等发明的出现,整个世界正在变成一个(严格就其本义而言的)低声私语的回音廊②,如果私语的内容乃是憎恨与怀疑,那么我们几乎无须细说其结果将会如何。现在人们物质联系日益加强,同时精神上却呈离心状态,这便意味着马基雅维利的回归,换言之,意味着智计与力量法则的胜利。而论起这种"回归"的程度之深与范围之大,过去根本不能与现在相比。使用最高级形式是危险的,然而如果我们说当前的情况无比严重,或许亦不为过。

到目前为止,关于民主及其鼓吹的那种特殊类型的博爱与帝国主义的关系,我对这个题目的处理仍大多止于这一关系的国家与国际的发展阶段。接下来我将兑现自己的承诺,即从边缘插向核心,试着到达事物的根源——个体的心理。因为,一切帝国主义的根源最终都是帝

---

① 米德尔顿·默里(J. Middleton Murry)先生在其《文明的本质》(The Nature of Civilization)的文章中对此有过极好的论述,见《一个知识分子的进化》(The Evolution of an Intellectual),第 168 页。——作者原注

② whispering-gallery,建筑术语。

国主义的个体,正如在一切和平的背后,最终都是和平的个体一样。

为了研究战争与和平的问题,我从个体的角度作了一项区分,即传统的基督教的自由概念与卢梭式自由概念之间的区别。前者意味着精神上的服从,而后者——无论是《论人类不平等的起源和基础》中的"无国",还是《社会契约论》中的"至国",都是坚决主张平等的,这一区分具有头等的重要性。雪莱在他的《解放了的普罗米修斯》的末尾,用《论人类不平等的起源和基础》中的那种精神,描写了废除传统意义上的服从与不平等之后产生的天堂:

> 可憎的面具脱落,人获得了自由,
> 不再有王杖,不再受限制,变得
> 平等,没有阶级,没有宗族,没有国家,
> 毋需敬畏,不必崇拜,不分等级。

不过一旦试图实施这一计划,处于这一运动核心的巨大反讽与矛盾便显露无遗——这会使人们为了纯属奇思异想的理想而去粉碎真实世界的准则。我们不妨从雪莱转向莎士比亚,看一看试图建立平等主义的自由(equalitarian liberty)会产生什么样的实际后果:

> 只消去除等级,松开那根琴弦,
> 那么,听啊,不和谐音随之而起!
> 从此一切相见如仇……

……　……

凡事都归于力量，

力量归于意志，意志归于欲望。

诗句的最后一行，令我们想起了杰里米·泰勒①的一句话：一旦失去了伦理的制约，"人们除了取悦不确定而又无限的疯狂欲望之外，不知还有其他好事"。"无限"这个词是一个关键的概念。其他动物也有欲望，但都在某种确定的范围内，然而人却并不如此，他本就是一种无限的动物(the infinite animal)，无论就其好的还是坏的意义而言。当马基雅维利说他心目中的君主结合了狮子与狐狸的德性时，显然只是在打比方。狮子与狐狸满足了实际的自然需要之后，就不会再去发挥其力量或智计了。它们并不会去竭力建造一个统治其他动物的狐狸或狮子的帝国。卡莱尔曾这么说他的擦鞋人(bootblack)：如果给这种人半个宇宙，他们仍旧会立刻和另一半宇宙的所有者发生纷争。狮子和狐狸可与卡莱尔的擦鞋人不同。确实，正如斯威夫特②所说：

有时

动物也会堕落成人。

---

①　杰里米·泰勒(Jeremy Taylor, 1613—1667)，英国基督教圣公会教士，以其所著《圣洁生活的规则和风尚》《圣洁死亡的规则和风尚》而闻名。

②　斯威夫特(Jonathan Swift, 1667—1745)，英国作家、讽刺文学大师，以其寓言小说《格列佛游记》著称。

138 不过，通常具有卡莱尔的那种无限倾向的人，并不会变成野兽，而是会直接变成恶魔。由于人具有无限性，所以人几乎总是会比其他动物好或坏。他的根本需要与其他动物不同，并非满足某些有限的自然欲望，而是要保持对自己的美好幻想。说到"幻想"一词的本质，根据这个词曾有的用法，它与一般意义上的"想象"是同义词，而它现在的用法，则几乎总是与那种竭力向无限伸展的自我中心类型的想象相关。我们担心，具有这种幻想的冥顽之辈一旦遇到同类，如果对方和自己的虚妄旗鼓相当，那么就一定会彼此产生嫉恨之心。幻想还在很大程度上决定了人们对真理的态度。人总是欢迎与自然法则相关的真理，因为这些原理将为增进其力量或享受而服务，或者常会引起他的惊讶或好奇心。而关于精神的真理则不那么受人欢迎，因为这将削弱他的幻想。如歌德所说，这个意义上的真理，与谬误相比，更不容易为人性所接受，因为关于精神的真理强制人们接受限制，而谬误则不会如此。如果和一般人谈起人们目前正在计划与火星建立无线通信，或者向月球发射一枚火箭，他立刻会肃然表示关注与兴趣。反之，如果告诉他，为了他自己的幸福，应该走上谦卑与自制的道路，他就会显得无动于衷，甚或表现出极大的愤慨。

139 人的幻想（以及这种幻想赋予自然人的向无限扩张的冲动与趋势）有多种类型。在各种主要的分类方式当中，或许传统基督教做出的三种欲望之分仍对我们有所助益，此即知识欲（the lust of knowledge）、感官欲（the lust of sensation）与权力欲（the lust of power）。研究一下历史中出现的征服者与大军事冒险家的权力欲是挺有趣的一件事。圣埃夫勒蒙①曾在其《论"广大"一词》(Dissertation on the word Vast)一文中对这种形式的帝国主义心态作了透辟的观察。他指出,那些大征服者们在其计划及野心中展示出的那种"广大"(vastness),根源在于其想象之性质。在圣埃夫勒蒙看来,向着无限极力伸展的想象,是皮洛士②、亚历山大大帝和黎塞留等人的弱点,而非强项。可惜圣埃夫勒蒙未能将他的研究扩展到拿破仑。拿破仑显然展示出了两种全然不同类型的"远见":在处理自然秩序例如谋划战争的时候,他显示出一种将注意力贯注于事实之上的能力,但就其政治野心而言,当各种属于人伦秩序的因素活跃起来的时候,他便暴露出一种无能——他无法限制自己的想象,这注定迟早会导致灾难。这两种远见结合起来,便形成了一个我们早已非常熟悉的人格类型——效率狂人(efficient megalomaniac),这不仅常见于我们的政治与军事领导人,在商业领导人中也屡见不鲜。这类领导人数量之多令人惊讶,他们都至少意在成为超人,成为小拿破仑。

如果说拿破仑类型的想象便是圣埃夫勒蒙所说的过去各大征服者普遍具有的那种想象,我们则需进一步解释,为什么拿破仑会这样牢牢抓住人们的想象。因为,这一类领袖如果没有人数众多的从犯帮凶,显然将一事无成,只有解答了这个问题,我们才能理解帝国主义的权力诉求何以战胜了卢梭式的理想主义。如我所云,卢梭主义者破除了传统

---

① 圣埃夫勒蒙(Saint-Évremond,1613—1703),法国作家,因参加投石党之乱,后逃亡英国。著有《院士的喜剧》及其他文史论著,葬于英国威斯敏斯特寺。
② 皮洛士(Pyrrhus,前319—前272),古希腊伊庇鲁斯国王,曾以极大代价战胜古罗马。

的制约,却未建立新的制约机制。结果,当人们滑落到自然主义层面的时候,涌现的不是建立兄弟情谊的意志,而是权力意志。因此从这个意义上来说,卢梭主义者实际上推进了他从理论上试图加以防范的东西。以下我们不妨借用弗洛伊德心理学中"力比多"(libido)这个概念,目前有一种"力比多",可能比弗洛伊德主义者们主要关注的那种"力比多"更为根本,那便是"统治力比多/统治欲"(libido dominandi)。在一个自然主义的时代,一个普通人多多少少都会觉得自己处于卡莱尔之擦鞋人的王国,但同时又在各个方面受到牵制,不能自由地扩展权力,从而对自己的幻想逐步减弱。欲望受到压抑与挫败,个人则深以为苦。但是,他不能直接得到的东西,却可以通过间接的方式获得——别人获得巨大的权力,令他感同身受。到这个时候,我们开始理解哈代将拿破仑说成"战争基督"是何用意了。拿破仑发出的那种魔咒般的魅力,不但笼罩着夏多布里昂提到的那些从前的雅各宾党人,也笼罩着法国的大众。让我们回想一下吧,拿破仑从厄尔巴岛(Elba)返回的路上,那些人是如何聚集在他的身边的,甚至当他给人们带来无数罪恶的时候,人们还是源源不断聚拢在他身旁:

> 没错,人们说,他或许伤害了我们,
> 但人民对他仍旧敬畏……

我曾说过,如果把柏克那种人伦领袖领导的国家仅仅看作人们的"自尊之总和",这将会起到误导作用。其实,这个说法与拿破仑式领袖领导的国家倒还有些关联。这种帝国主义的元素不但猛烈入侵了所有的世俗机构,而且还入侵了世界各地的教会,因为这些教会无论在理论上多么纯洁无瑕,毕竟还是由人来治理的。这一因素显然也出现在了教皇制度中,不过我们尚不会像梯瑞尔(Tyrrell)那样走得那么远,断然指出"罗马不关注宗教,只关心权力"。我们常常会觉得,人们创造的神在很大程度上便是其"自尊之总和"。如德莱顿①所说:"我们很高兴,当我们自己不能打击敌人的时候,上帝会站在我们一边来打击他们。"乔纳森·爱德华兹具有真正崇高的宗教情感,不过,他显然对那个"狂暴"的耶和华——那个将罪人踩在脚下,直到他们的鲜血"喷洒在他的长袍上"的耶和华——满心欢喜,这可能会让人觉得爱德华兹不过是一个神学帝国主义者。还有一个确凿无疑的例证:某些原教旨主义团体的成员最近正在致力于将浸礼会教派分离出去,后者描述基督二次降临(second coming)的那种色彩,使得暴君尼禄与卡利古拉②看起来都十分可敬。我们无须详述这一事实:耶稣的第一次降临实际上曾令犹太人深感失望,他们期待的弥赛亚更接近拿破仑,而非他们真正见到的这一位。

不过,我在宗教信仰以及这些信仰的维护者当中所看到的帝国主义元素,当然并非事情的全貌。首先,对于基督教而言并非如此。基督教为克制人心的扩张性欲望贡献殊伟,其中便包括权力欲。如但丁所

---

① 德莱顿(John Dryden,1631—1700),英国桂冠诗人,英国王政复辟时期最有代表性的作家,著有《麦克·弗莱克诺》《押沙龙与阿齐托菲尔》等。
② 卡利古拉(Caligula,12—41),罗马皇帝(37—41年在位),以残酷荒淫著称,终致被杀。

说:"人的兽性狂野奔决",从而需要双重的制约,"一方面需要罗马教皇根据神启将他们引向永恒的生命,另一方面需要皇帝根据哲学传统将他们引向现世的幸福"。① 当然,现实从未恰好与但丁的理想相遇。从但丁对当时追逐私利的统治者的大肆抨击来看,我们或可推知那时的欧洲与今天一样疯狂。同时,中世纪形态的基督教确实在很大程度上确保了欧洲在精神上的统一与凝聚,即便当时存在着分裂的状况,也不至于为害无穷;不像今天,精神上有分歧的人们却在物质上被捆绑到了一起,其危害自不待言。

现在几乎不需要重复我以前曾说过的话,即欧洲旧有统一的丧失,端在于(最普通意义上的)批判精神的兴起,批判精神转而又等同于个人主义精神。要想成为现代的,实际上便意味着变得日益实证、具有批判性,任何东西只要依据的是"先在于、外在于、高于"个体的权威(an authority "anterior, exterior, and superior" to the individual),人们便拒不接受。我并不打算与那些仍旧坚持外在权威原则的人展开争论。他们并不是我主要关注的对象。我本人是一个彻底的个人主义者,是为了那些和我一样义无反顾地投身于这场现代实验的人而写作的。事实上,如果说我反对那些现代人,那恰恰是因为他们不够现代,换言之,他们不够有实验精神,这两种说法意思都一样。在自然法则的领域中,那些支持现代性(modernity)的人,显然很大程度上符合我的考察。用实证性的观察来取代培根等人的先验论、模棱两可的说法,以及对学者权威的奴性依赖,这实际上已经取得了预期的成果。但是,这些现代性的

---

① 《论世界帝国》(*De Monarchia*),Ⅲ,第16章。——作者原注

鼓吹者，并不仅仅满足于为增加人的力量与效用服务，他们还宣称要为旧秩序的精神统一提供替代物。然而，当我们根据他们自己的原则，即实验精神来验看其结果时，便会发现他们一败涂地。现代运动在物质上大获成功，在精神上一败涂地，这一结果就摆在我们面前。我们都看得出来，西方人的力量显然已经远远跑在了他的智慧前面。如果有任何迹象表明西方人正在做出严肃的努力，试图弥补其智慧上的缺失，那么他们就会具有更令人愉快的前景。然而，实际情况恰恰相反，他们几乎是在不由自主地追逐更多的权力。如果他们成功地释放出了储藏在原子当中的能量——这好像是我们的物理学家最近的宏大抱负，他们最后的壮举将是把自己轰出这个星球。据说，我们现在的毁灭手段已经发展到了十分恐怖的程度，以至于已经无人胆敢使用这些手段，我们实际上在战前就已经听过这种说法了。然而，我们现在却仍旧在不停堆积这些毁灭工具。传统制约已经废弃，而人们至今仍未能提供有效的替代物，这只会产生毫不犹豫地使用这些工具的傻瓜与狂人。

确实，有时看起来我们残留的唯一智慧便是生存智慧了。我们至少可以理解人们的这种观点，即决意与古人同道，对今天看来是进步的东西持一种彻底的反动立场。我们甚至可以理解那种天主教教皇至上论的观点，如教皇庇乌九世（Pope Pius IX）在《纲要》（the Syllabus, 1864）第 80 款中所云："如果有人说教皇能够或应该与进步、自由主义和现代文明和解并达成协议，就让他接受诅咒吧。"

从中世纪向现代演变的进程中，或者换一个意思相同的说法，从外在权威向个人主义演变的进程中，失落了某种关键的元素，不过我们可以在承认这一点的同时,仍旧做一个现代人。只不过这样一来,我们就必须明确这一点,即要想成为一个彻底的现代人,绝非像人们有时设想得那么简单。我本人的看法是,人不是受到一个法则而是受两个法则的制约,要想彻底保持现代,就必须不仅依据自然法则,同时还要依据人的法则来保持实证与批判的态度。现在那些自诩现代的人,多半是这种人:他们在自然法则方面,还多少具有一点批判性,之后便借助各种理性主义手段,或者通过田园式的想象,把他们对事实的不完全调查串联起来。至于在人性法则的领域,19世纪——一方面那是一个理性主义的时代,另一方面则是一个浪漫幻想的时代——可以说代表了与传统的断然决裂。以这样的方式与传统决裂的人,根据我的判断,不应该被称作现代人(a modern),而是一个现代主义者(a modernist)。只有那些对人性法则以及自然法则都具有批判意识的人,才称得上"现代"。任何打算完成这一任务①的人都会发现,必须赋予"实验"一词较近来常见的用法更为广泛的涵义。扩展的范围不应仅限于实验室中进行的那种实验,还应包括对各种远古以及近来发生作用的人生哲学所进行的实验。确实,当一个人让当下接受过去的指引时,他很可能会由此被看成反动分子。实际上,我们更常见的是那一类进步主义者,他们拒斥过往,却完全纵容现在,并轻松自在地想象着未来——但那只是一个巨大而空洞的所在。歌德曾说,我们应该用"整体的历史"来对抗"当下之谬端",他可不是作为一个反动分子,而是作为一个具有强烈实验气质的人说出这番话的。通过无数研究者的艰苦努力,我们已经

---

① 即保持"现代"。

能够日益走近歌德所说的"整体的历史"——从中国的战国时代(公元前3世纪)直到今日欧洲的"战国时代"。不过我们必须承认,着手清理这些过去的纪录,并从中建立判断"当下之谬端"的标准,存在着哪怕不是无法克服也是巨大的困难。有一句话说,历史从不重复自己,这里面确有真理的成分,但困难显然就在这里。如果历史只是一连串互不相关的事件,展示不出任何核心的人性法则的内在运行机制,我们便有权利根据亨利·福特说过的一句名言(或其他更优雅的表述)——"历史都是废话"——来拒绝用过去的经验判断现在。历史从不重复自己,这固然是对的,但历史又一直在重复自己,这也同样正确。这便是充满矛盾的生活本身的一部分,不是在这里给我们一点儿"一"的元素,或在那里给我们一点儿"变"的元素,而是一个永远不断变化的"一"。这意味着统一性存在于多样性之中,而自古希腊以来,大多数哲学家们便试图借助理性将多样性中的统一性抽取出来,或通过相似的理性推理过程,以牺牲统一性为代价来强调多样性,这真是理性的耻辱。几乎不必多说,今天所有那些有"市场"的哲学家们事实上都属于后一类。但是彻底的实证主义者一定会坚持此节,即智慧存在于对人类经验之恒久因素与变化因素的调节之中。他反对卢梭主义者打算通过散播爱与同情在人们当中建立的那种统一性,因为这种统一性是虚幻的。假使我们能够用一种固定不变的统一性来对抗这种不真实的统一性——后者只是浪漫想象虚构的产物而已——并在理性的帮助下清除所有的幻觉,从而一劳永逸地把一切变成既定的程序,真能如此的话,我们的问题就变得非常简单了。然而,那些按照生活本来面目来面对生活的人,绝不会承认能够如此这般清除幻想的因素。对幻想的因素有所认识,并不意味着这个人就是一个幻想家,反倒说明他是一个敏锐的观察者。那些伟大的诗人,如莎士比亚和索福克勒斯(Sophocles),对幻想的作用深有认识,而他们的智慧亦在此得到了最为鲜明的体现。我在其他地方①也曾试图说明,幻想的问题与想象的问题之间的联系是多么密切。最终的对立并非理性判断与纯粹的幻想之间的对立,而是两种想象之间的对立,前者是有一定之规的想象,同时仍能与变化和幻想共存,而后者却是狂野奔决的想象,在某个"喀迈拉式的怪物帝国"(empire of chimeras)中四处游荡。

如果一个人想从经验中受益,就需要对有一定之规的想象具有真正的远见。这项工作变得日益困难,因为其中涉及了包括个人的、同时代人的,以及刚刚过去的和久已过去的历史经验。这种远见甚为罕见,思之令人沮丧。然而,如果缺乏这一远见,人们就往往会在对自己的进步性信心百倍、最具幻想的时刻经受这种风险——"用最新的方式犯下最古老的罪过"。人们常说:经验是一所严厉的学校,傻子只会从自己的经验中汲取教训。但我们有时会想,哪怕能从自己的经验中汲取教训,都算得上是一个聪明的傻子,更不要说从别人的经验中吸取教训了。

现在还是回到眼下的问题:将过往的历史经验施用于今天这个民主-帝国主义时代(democratic-imperialistic era),这种类型的远见显然不易获得,可是,只要我们征诸往史,这种远见看起来就是非常必要的。

---

① 见《卢梭与浪漫主义》一书导言。——作者原注

我们要追溯到相当久远的历史,才会找到与当前困境极为相似的情景。不少人都曾指出,世界大战及其心理背景与希腊伯罗奔尼撒战争(the Peloponnesian War)时期有相似之处,这一类比如果谨慎地加以使用,便可能有所助益。伯罗奔尼撒战争时期与我们这个时代一样,都是商业与帝国主义扩张的时期,同时这种扩张(特别是在古希腊)还都伴随着一种向平等主义民主(equalitarian democracy)不断发展的趋势。① 与我们的时代一样,那个时代的"知识分子"也主要是在用自然与习俗之间人为设置的对立来批判传统的规训。这种对自然的崇拜,从否定的意义上来说,意味着对一切约定俗成、已经确立的东西的反叛;从肯定的意义上来说,则一方面意味着崇尚超人,另一方面意味着同情弱小,尽管后一因素在古代远不像在现代自然主义中这么明显。当我们研究那个时代的诡辩家时,未免会联想到今天的"流变哲学家"(philosopher of the flux),用阿里斯托芬(Aristophanes)的话来说,即那些"狂乱上帝的崇拜者"(votaries of the God Whirl)。在古希腊,看到无政府式个人主义之危害的不乏其人,有些人和阿里斯托芬一样,仅希望回到"过去的好时候",而不愿对苏格拉底和寻常的诡辩家加以区分。然而,我们几乎无须多言,苏格拉底及其门徒(其中特别是柏拉图和亚里士多德)事实上是在试图建立一种与批判精神更契合的准则,并以此来代替处于崩溃中的传统准则。苏格拉底的努力从整体而言(特别是在政治领域)失败了,这里有着复杂的原因。现在我将指出我所看到的苏格拉

---

① 这个时期典型的民主-帝国主义政治家便是伯里克利。要想对希腊扩张政策的危险性以及希腊各城邦组成同盟的重要性有所感受,我们就必须回到客蒙(Cimon)那类保守主义者那里。——作者原注

底哲学本身具有的重大缺憾,我们可以确定地说,西方文明直至今天仍在为这一缺憾大受其苦。这种苦难可以说始自诡计多端的奥德修斯的时代,始自希腊人的性格逐渐与其思想相匹配的年代。① 亚里士多德曾说,如果希腊人能够联合起来,他们就能对抗整个世界。不幸的是,他们从来也没能联合起来。尽管当时存在一种本质上等同于宗教的政治传统,能把各城邦的公民约束在一起,但由于每个城邦都信奉不同的神明,因此这些城邦仍呈现出彼此离心的状态。这一政治-宗教传统既已崩坏,进而人们未能沿着苏格拉底的或其他路线创造出这一传统的对应物,从而不复能够提供传统曾经给予的精神控制,这样一来,不但各城邦之间的公民彼此呈离心状态,同一城邦内的公民之间亦呈离心状态,此后随之而来的便是令人生厌的阶级斗争。例如,在米利都(Miletus),穷人战胜了富人并将他们驱逐出境,此后穷人后悔未将富人杀死,于是便把富人们的孩子抓来,一起关进谷仓里,然后放牛进去将这些孩子全部踩死。之后富人回到城中重新成为主人,于是他们转而把穷人的孩子抓来,给他们涂上沥青活活烧死。② 这种惨剧在现代也已充分上演,从法国革命到俄国革命期间发生的故事,只是全本大戏之浓墨重彩的开头罢了。那些堕落的希腊人,和我们今天宣传阶级战争的人一样,使用了诸多动听的辞令,但实际上真正盛行的法则便是力量法则。最终源于外部的力量——先是马其顿,后是罗马——统治了

---

① 西塞罗(没有人会指责他是希腊人的敌人)曾就这个题目写过一段文章,其中有一段文字,几成不易之论。见其《为弗拉库斯辩护》(*Oratio pro L. Valerio Flacco*),Ⅳ。——作者原注

② 见阿忒纳乌斯(Athenaeus),Ⅻ,26。——作者原注

希腊,通常情况总是如此。堕落的希腊人最终屈服于帝国主义独裁者,然而他们居然还能借助廉价的借口自我安慰,即他们不是屈服于一个人,而是屈服于一个神,而这在希腊的辉煌时代,会被看作是一种深深的堕落。

我试图作出的这种概括定然极具误导性。什么也不能取代对第一手资料,特别是对柏拉图、亚里士多德和修昔底德等人著述的了解。人们从中都会看到,现存状况与亚里士多德的《政治学》尤其具有惊人的相关性,特别是当前我们的国家已经滑出了宪政的停泊地,开始向着直接的或不加限制的民主漂移。过去的著述和今天的晨报一样现代,却至少比今天的文章合理一百倍。罗马后来也经历了一个类似的循环:一个以宗教控制为最终根基的宪政制共和国,随着宗教控制的衰落逐步让位于平等主义的民主制,随后经过常见的阶级斗争的阶段,一直走向了腐朽的帝国主义。我们同样可以用中国古代史当中的例子来说明不加控制的个人主义终将导致帝国主义:周代的封建制度崩溃之后,中国便进入了我之前提到过的战国时代。这一时期的某些哲学,比如墨子(Mei-ti)[①]的哲学,显示出了功利与情感因素的混合,这或许比在古希腊或罗马时期能够找到的对应思想都更接近于我们今天的人道主

[①] 最近出版了《墨子》的德文版(并覆以一个对之赞誉有加的导言),译者为阿尔弗雷德·弗尔克(Alfred Forke)。我们要注意,"仁"(jen)这一儒家最重视的美德,尽管通常被译为 benevolence(仁慈)或诸如此类的词,却与利他主义大不相同。从孟子对墨子之毫不妥协的敌意态度,便可明白地看出此节。儒家认为,法度实现之后才有"爱"(love),从而高扬"仁"德不过是儒家强调其立场的一种方式。由于"仁"仅仅表现于人文主义而非宗教的层面,从而西方与之最为接近的对应物,或许便是亚里士多德在《尼各马科伦理学》(第8—9卷)当中讨论过的"友谊"。——作者原注

义。此后中国的发展轨迹与古希腊罗马一般无二：从权力平衡，到普遍的兄弟情谊，再到"国际联盟"，各种事物都被尝试一遍，最后只剩下无言的恐怖，这时不会有人再抱任何幻想，唯一的问题就是看哪个帝国主义领袖最先把自己的意志成功地强加于人。

显然，如果西方文明已经达到了帝国主义的最后阶段（现在看来确实如此），那么其前景并不乐观，特别是当我们想到自然科学在提高"杀人秘计"方面不断取得的进步，情形就更加不妙。北美，以及在很大程度上包括南美，几乎无须多说，都和西欧各国属于同一文化群体。这一群体中的所有国家，现在都正以不同方式、在不同的程度上表现出过度的离心式个人主义的症状。外面的世界通常对此是没有发言权的，但是考虑到当前通信的便利，或许也可以与西方世界联为一体，特别是与西方相匹敌的伟大的亚洲文化，更宜加以吸取。现在西欧文化群体中一些较为强大的国家，不但对彼此的态度是帝国主义式的，对本群体外民族与文化的态度更是极端帝国主义式的。我们几乎看不出那些所谓的民主制国家在这个问题上有什么区别。早在1790年，米拉波就曾警告法国的狂热分子："自由的人民更热衷于战争，民主制与最专制的独裁相比，更容易沦为激情的奴隶。"就政治而言，这一论断显然是正确的，不但在欧洲是如此，在世界其他地方也是如此。例如，共和制的法国就曾渴望建立一个亚-非帝国。不过，与这种明显的政治类型的帝国主义相比，或许还有一种更为重要的帝国主义扩张类型，并且往往会导致前一类型的帝国主义，此即商业主义类型的帝国主义扩张。人们曾说，贸易随着国旗走，但更重要的一个事实却是国旗随着贸易走——让我们想想大英帝国在印度的起源吧。18—19世纪诸多自由主义者持有一种观点,即贸易本身就是一种促成和平的手段,今天几乎已经无须对之加以驳斥了。但事实却是商业利益在欧洲各国之间导致了冲突以及危险的对抗,这不仅发生在欧洲本土,在世界其他地方也是如此。当前帝国主义的一个重要体现便是国际上对石油的争夺。一家负责任的法国出版物在最近一期文章里写道:"为了计划的成功,考德莱爵士(Lord Cowdray)与库尔松爵士(Lord Curzon)能在墨西哥煽动革命,在亚洲推动内战,甚至为了粉碎敌手,在欧洲放火,将整个世界付之一炬!他们的帝国主义虽然不乏恢宏之处,但对全世界来说都十分凶险。"①在我看来,英国现在的领导人还不至于这么不择手段(Machiavellian),但我刚才引述的观点乃是法国人普遍持有的观点,这显然令人对英法两国建立和谐关系缺乏信心。在特定情形下,石油问题甚至可能会导致英美关系趋于紧张。

这种帝国主义扩张带来的最主要的问题便是亚洲与西方的关系问题,这已日趋显豁。从现状来看,这很可能会导致一场真正意义上的世界大战——大战将在东方与西方之间展开,其为害之烈,很可能日后回顾起来,当前欧洲的纷争与之相比不过是一个微不足道的前奏而已。表面上,欧洲从长远看来似乎不会有望得到这种奢华享受,即用最新、最精良、最有效的科学手段来屠杀彼此,并将帝国主义和种族狂妄强加给大约九亿亚洲人,特别是当亚洲人如今正有机会观察帝国主义国家不仅在欧洲而且在亚洲表现出来的彼此敌对的情形,以及欧洲列强之

---

① 见《各民族的生活》(*La Vie des peoples*),第7卷,第195页。——作者原注

间几乎无可救药的分裂状态。我所说的这种可能性不会在一天之内实现,但正如孔子所说——"人无远虑,必有近忧",现在是时候与东方建立目光长远的联系,或许尤其应与孔子所在的国家建立联系了。

从政治的角度来看,目前亚洲问题可以分解为诸多小问题。例如,关于近东的问题我们便处理得非常糟糕,这在很大程度上可以说是英法两国未能形成妥善共识的结果。此外还有印度问题。还有美国与远东之关系的问题,眼看就要为了太平洋帝国的建立而展开大规模的争斗了。在此我们遇到了日本这个不祥之物:日本是亚洲强国,正在沿着西方的老路学习帝国主义的游戏规则,它甚至已经学会借用人道主义-帝国主义的老调——"白人的负担"(white man's burden)为自己的目的服务,现在它已经在把中国说成是"日本的负担"(Japan's burden)了。

最后,最重要的是,还有俄国的问题。这是一个在地理上地跨欧亚的国家,而在心理上就其大多数人而言,则既是欧洲的又是亚洲的。伴随着对其上层阶级的剥夺与消灭,俄国与西欧之间的心理鸿沟日益明显。俄国革命(the Bolshevist Revolution)的基本原则派生自法国大革命,甚至比法国雅各宾主义具有的帝国主义特性更加激进。俄国很可能在一段时间之内仍是帝国主义阴谋滋生的肥沃土壤,这不但与俄国人有关,而且与德国、日本或许还有土耳其有关,其背后还将有整个穆斯林世界的支持。正如某些希腊人为了对抗另外一些希腊人,随时会与希腊之外的世界结盟一样,德国为了变得更为强大,也许会与欧洲之外的力量联合,哪怕这种行为无异于对其所属之文化群体根本利益的背叛。

我对相关问题的种种思考仍在猜想阶段。那些专门研究这些题目的人，特别是在政治领域，具有我所缺乏的能力，事实上，直接处理政治问题并不在我的方法范围之内，我将使用纯粹的心理学方法，至少从意图上来说是如此。当我们从心理学的角度来处理亚洲与欧洲之关系的问题，并且用足够长远的眼光来看待这个问题时，我们便会立刻注意到一个惊人的事实：希腊-罗马世界未能向我们提供人与人之间真正的精神凝聚的原则——实际上斯多葛派为获得这一原则而作出的尝试基本以失败告终，从而西方的精神凝聚原则乃是来自那个源于东方的信仰，即基督教。纽曼①主教在他的《辩解文》(Apologia)中说，有一句拉丁格言对他转向天主教起到了极为重要的作用——"整个世界的裁决是稳健的"(Securus judicat orbis terrarum)②。不过，现在严格来说，那些试图用实验的态度来对待生活的人，比那些最终依赖外在权威的天主教徒更欢迎这句话。实际上，导致基督教产生的亚洲经验只是亚洲整体经验的一部分，我们必须首先坚持这一点，这才是以实证的精神来运用这句格言。认为"整个世界"(orbis terrarum)是由欧洲和亚洲的一小部分构成的，这不过是我们西方人狂妄自大的一种表现，这将使我们的研究忽略地球上将近一半人的经验。在这个全球通信畅通的时代，把两个半球的人类经验综合起来，看上去格外令人神往。不过，面临这一任务的人，不但苦于知识不足，而且往往还会由于神学偏见而自障其目，这乃是西方人正确解读远东经验的主要障碍。特别是当代人在判断东方

---

① 纽曼(John Henry Newman, 1801—1890)，英国基督教圣公会运动领袖，后改奉天主教，教皇利奥十三世任其为天主教枢机助祭，著有《论教会的先知职责》等。

② 该格言强调了世界的一致性，指向了人与人之间精神凝聚的原则。

157　与西方世界全部经验的时候,还会有一种更狭隘的观点,即仅从机械进步的角度来看待事物。在我看来,对整体经验的评价,一方面要建立在充足的知识的基础上,另一方面则要抛开对各种形式的教条的关注,我相信,这种评价方式一定会为我们目前的困境——此即我们失于一偏的自然主义导致的结果——带来一线生机。西方从中世纪向现代欧洲演进的过程中显然失落了一个关键的因素,而对整体经验的合理评价将帮助我们得出一个纯粹心理学的定义,这将有助于我们获得并保持这种关键的因素。柏克曾试图通过"旧日的偏见与不理性的习惯"来获得这种因素,而这(如我所说)乃是柏克方法的薄弱之处。现在,我们将借助上述评价方法,以实证与批判的形式,即一种与现代精神更为契合的形式来达到这一目的。

第五章　欧洲与亚洲①

　　新古典主义时期批评著述的作者们特别喜欢深究礼仪这个观念。他们不时会对这一观念在各大洲范围内加以考察,并对典型的欧洲与亚洲(或云欧亚两洲的礼制)加以对比。这种做法乍一看像是异想天开,但其实并非如此。亚洲与欧洲的气质存在某些根本的差异,我们不但对此逐渐有所认识,并且可以在某种程度上对之加以归纳总结。不过,在我们谈论亚洲之前,首先要明确我们心中所指的亚洲主要是那个文明的亚洲,那个处于文明巅峰的亚洲。亚洲之未开化的或半开化的游牧部落,过去不但曾对欧洲构成了威胁(他们将来也很有可能会如此),事实上也真正侵犯过欧洲,并且自古以来亦使亚洲的文明地区备受其害。在古犹太人关于歌革与玛各②的传说中,便残留着他们对野蛮的北方游牧民族的记忆。我们看到,中国的长城乃是存在着两个判

---

　　①　白璧德的学生吴宓先生曾以文言文翻译本章,题为《白璧德论欧亚两洲文化》,载《学衡》1925年2月第38期。

　　②　"玛各"(Magog)是"歌革"(Gog)统治的国土的称谓,"玛各"地的"歌革"乃是罗施、米设、土巴诸地的王,常被用来代指亚洲蛮族王者,见《旧约·以西结书》第38章第2节、第39章第1节。《学衡》译文按语中提到《创世纪》(第10章第2节)中还有一个"玛各"(Magog),但这个"玛各"乃是诺亚的第三个儿子雅弗的儿子,应与"蛮族"无关。

然有别的亚洲的象征。长城一侧是阿提拉①、帖木儿②与成吉思汗的亚洲,而在长城另一侧,则是耶稣、佛陀与孔子的亚洲。

一提到基督与佛陀(此后我将详述典型的亚洲人孔子),我们立刻会想到,与欧洲和世界其他地方相比,亚洲独享一份殊荣——这里乃是各种宗教的母出之地。因此要想为宗教下一个批判性、实验性的定义,就必须踏上亚洲的轨道,来看什么才是亚洲特有的生活态度。当然,历史形成的基督教并不纯粹是一种亚洲信仰,其中还有一些重要的元素来自古希腊哲学——包括柏拉图、亚里士多德、斯多葛以及新柏拉图诸派,另外还有一些极具罗马特性的元素,特别是罗马帝国的组织方式,此外还有从各种秘教中吸取来的巫术仪式等等,这些元素来源混杂,但主要还是源于希腊。那么,到底基督教中的哪些元素与其创建者有关呢?我们可以实验性地看待这个问题,而这种方法曾得到了基督本人的认可。("凭着他们的果子,就可以认出他们来。"③)培根与那些功利主义者也曾宣讲过用"果实"(fruits)来判断他人的福音,但基督心目中的"果实"显然与培根的并非同一类型。前者乃是精神的"果实",圣保罗曾一举道出这些"果实"都是什么,此即"爱心、喜乐、和平、安忍、仁慈、良善、信心、温和、自制"④。欧洲在基督教之前的任何教派与哲

---

① 阿提拉(Attila the Hun,406?—453),古匈奴王,曾侵入欧洲,所向披靡,令时人闻风丧胆,被称为"上帝之鞭"。
② 帖木儿(Tamerlane,1336—1405),帖木儿帝国的开国皇帝,兴起于撒马尔罕,横扫波斯、土耳其、俄罗斯和印度等广大地区,暴卒于东侵中国途中。
③ 见《新约·马太福音》第7章第16、20节。
④ 见《新约·加拉太书》第5章第22、23节。

学中都找不到相应的对这一系列品质的重视,然而这在亚洲更古老的宗教思想中却可以找到对应物。基督出世前3世纪中期,印度信仰佛教的统治者阿育王(Asoka)曾在其疆土广袤的帝国四处勒石立碑,上刻诸种美德"慈悲、宽宏、真理、纯洁、温柔、和平、喜乐、圣洁、自治",与此前提到的德性便非常相似。① 佛教与基督教,如果从各自信奉的教条的角度来看,其分歧之大似乎到了令人绝望的程度,然而,当我们用实验性的方法,即用其"果实"来研究二者,就会发现它们彼此印证,令人惊叹。

要想更为充分地为宗教下定义,我们或许还须进一步探究圣保罗与阿育王所列举的诸种德行中,哪些才是真正的宗教生活当中最为核心的东西。阿诺德②曾这样定义宗教:"宗教是情感触发的道德。"这个定义不乏实验性,但是忽略了宗教最为核心的德性。尽管宗教通常都会经过道德这个阶段,并且至少会在早期与情感极大地混合起来,不过,宗教最后的重点——如果我们信从那些伟大的宗教领袖——却往往自有别在。基督与他的门徒诀别的时候说:"我留下平安给你们。"他又说:"凡劳苦担重担的人,可以到我这里来,我就使你们安息。"③佛陀也是以一种极为相似的方式来理解宗教式的圆满的:"他的心灵宁

---

① 这种更古老的宗教(指佛教)对基督教到底有何影响,这是一个问题。就此有多种说法,但无甚收益。我们所确知的,仅是阿育王曾向叙利亚、埃及、马其顿等地派遣弘法僧。至于其结果如何,则不为人所知。阿育王刻石有多个英译本版本,见史密斯(Vincent A. Smith)所著《阿育王》(*Asoka*)一书(1909年,第2版)。——作者原注

② 马修·阿诺德(Matthew Arnold,1822—1888),英国维多利亚时期诗人,批评家,主要著作有抒情诗集《多佛海滩》,论著《文化于无政府状态》等。

③ 前引言见《新约·约翰福音》第14章第27节,后引言见《新约·马太福音》第11章第28节。

静,他的言行宁静,他由此成了一个宁静的人,他通过真正的智慧获得了自由。"①那么,什么才是通向安宁的道路呢?但丁曾这样回答这个问题:"我们的安宁取决于上帝的意志。"此语深得基督教之精神。这种普通自我应该屈从于更高的或神圣自我的观念,不仅是基督教的,也是一切真正宗教的核心。在此穆罕默德亦与佛陀和基督一致,要知道"伊斯兰"(Islam)这个词本身便是屈从的意思。

在印度,尽管人们也普遍对意志十分关注,但通常会认为人的普通自我所屈从的意志并非超越人之上的神意,而是人自己的更高意志。佛陀消解了诸多其他信仰,包括基督教认为关键的东西,不过,他对人的更高自我,或伦理自我与其自然之我,或扩张性欲望之间的对立,并未加以消解。反之,与一切其他宗教导师不同,他完全立足于这一明显的心理事实之上。因此佛教就其原始形态而言,乃是最具批判性的,或者也可以说是各种宗教中最不神秘的一种。

佛陀和其他真正的宗教导师一样,其教义都是断然二元划分的,但在印度还有很多教义并不如此,而是多少会有一种明显的泛神论倾向,我们认识到这一点非常重要。现在有些印度人自称在向外面的世界诠释印度,其中某些人就有泛神论的倾向。例如,泰戈尔(Rabindranath Tagore)作为印度的诠释者,不但在西方而且在东方都享有盛誉。他的

---

① 《法句经》(Dhammapada)第96偈。——作者原注(译者按:白璧德曾从巴利文将本部小乘佛典《法句经》译为英文,该译本于其身后出版。见 The Dhammapada: Translated from the Pali with an Essay on Buddha and the Occident [1936]。上述引文即来自其所译《法句经》第96偈。通行的中译典藏见"吴天竺沙门"维祇难等人译的《法句经》,对应译文为"心已休息,言行亦正,从正解脱,寂然归灭"。两个译本意思大致不差,"寂然归灭"正是"获得了自由",但感觉却千差万别。)

长处在于看到了东方与西方对立的整个问题的重要性,同时他对西方的批判常常是颇为睿智的。他说,西方人的专长便是力量与机械效能,因此得以成为这个地球上恃强凌弱的恶棍,但事物的本然决定了恶棍终将败落。这种对西方的看法不但在中国与日本找到了信徒,而且与目前伊斯兰教的毛拉们从印度德里到摩洛哥北部港市丹吉尔一路散播的观点极为相似。但是,几乎无须多说,事实绝非如此简单。英国能够成功地维持对印度的控制,并不完全是建立在机械效能的基础上,当然更非建立在博爱或渴望承担所谓"白人的负担"的基础上。这部分源于印度人自身的分裂,同时在很大程度上也是一种品格的胜利——英国人明智的道德现实主义(the sane moral realism)使之成为或许是全世界目前最好的统治民族。

泰戈尔还说,按照现状来看,欧洲各国的联盟只不过是蒸汽锅炉的联盟。他给出的药方是,去掉理性分析——正是这些东西构筑了机械效能的噩梦,取而代之以爱的原则。① 正是在这个地方,泰戈尔不是与印度的古代先哲,而是与那些卢梭式梦想家显示出了一种亲缘性。我们可以以最具东方特性的佛陀为例,反对泰戈尔或柏格森的阴柔之气,以及东西方所有那些试图以牺牲理性分析而获得"远见"的人。在佛陀那里,最上乘的"远见"与最上乘的分析是并行不悖的。②

我一再试图表明,亚洲伟大的宗教信仰的核心便是关于更高意志的观念,相对于人的普通自我或云扩张性欲望,前者表现为一种基本的

---

① 见其《民族主义》(Nationalism)一书,全书各处均可见此观点。——作者原注
② 如他对所谓"缘起链"(chain of dependant origination)的追溯。——作者原注

制约力量。对这一意志的认识无论如何表达——基督说"(父啊,)愿你的旨意行在地上,如同行在天上",佛陀则说"天上地下,唯'我'(self)独尊"①——都是敬畏与谦卑之源。② 当我们服从于这一更高意志,最终的成就便是内心的安宁。

乍一看,孔子与亚洲其他大宗师迥乎不同。如我所云,他的兴趣在于人文方面而非宗教方面,他的学说与西方最重要的人文主义者亚里士多德的学说常有惊人的相似之处。我们不由得要说,如果真有所谓万世不易之智慧,即人类一般经验的核心,那么这一智慧就宗教的层面而言在佛陀与基督那里可以找到,在人文的层面则可见于孔子与亚里士多德。这些大师无论从自身而言,还是就其影响而言,都可看作人类精神史上四大杰出人物。在他们身后,整个世界的经验都与之密切相关,不但如此,他们之前的经验也与之紧密联系在一起。③ 我们注意到,圣托马斯·阿奎那试图在其《神学大全》(*Sum of Theology*)中结合亚里士多德与耶稣之智慧,大致与此同时,朱熹(Chu Hsi)亦在其伟大

---

① 基督所云见《新约·路加福音》第11章第2节,佛陀所云据说是其出生时所作之偈。人们常有疑问,既然众生平等,何以佛陀要说"唯我独尊"? 白璧德将"我"译作"self",他的这种理解可以说很好地解决了这个问题。

② 前者事关超越人之上的神意,而后者则事关人内里的更高意志,两种说法系对"更高意志"的不同表达。

③ 例如,关于孔子,法兰西学院已故教授沙畹(Chavannes)曾提道:"他仿佛比我们要领先五百年,他所提倡的那种国民性道德让古代经典向我们揭示的深刻思想变得精准、确凿……他一直不断提倡要顺应几个世纪以来中国逐渐形成的道德观念;而同时代的人却因为无法放弃舒适和利益而拒绝遵循孔子的道路;然而,他们也能感觉到孔子的思想有着超越人类的权威;当他们灵魂深处被这种来自遥远过去的强大精神力量所触动、所震撼时,他们父辈所窥见的真理再度在他们身上苏醒了。"《中国道德思想》(Quelques Idées morales des Chinois,该文原系索邦大学讲稿,载《环球学会简报》[*Bulletin de la Sociéte autour du Monde*],1918年1—5月,第47页及以下)。——作者原注

的集注中将佛学与儒学元素混合了起来,二者构成了十分有趣的类比。

尽管亚里士多德与孔子在中庸之道(doctrine of the mean)上不谋而合,他们对待生活的整体态度却反映出了欧亚气质各具特色的不同之处。亚里士多德的兴趣绝不仅限于人文方面。他生命中最幸福的几年据说是在爱琴海的岛屿上度过的,终日观察鱼类与海洋生物,为撰写生物学论文做材料方面的准备,这些论文后来还曾令达尔文钦佩不已。① 亚里士多德在智性领域有着如此广泛的好奇,而孔子与其他亚洲大师们则独重谦卑这一美德,这两种特质似乎很难结合起来。亚里士多德影响之大,几乎无法估量,他不但对基督教产生了影响,而且对犹太人以及穆斯林的宗教思想也产生了影响,不过,如果有人要建立敬奉亚里士多德的庙宇,我们就会隐隐感到有不合适的地方。但如果是为孔子建立祠庙,我们无须成为儒者,也不会觉得此举有何不妥之处。亚里士多德是"认识"方面的宗师(a master of them that know),而孔子则与之不同,他是"意志"方面的宗师(a master of them that will)。在常人反躬自省、自觉最无把握之处,孔子于此往往最有把握。他力求用"礼仪"或者"内在制约的原理"来克制膨胀的欲望,而这种"原理"显系一种意志品质。孔子并非蒙昧主义者,但是在他看来,理性就其与意志的关系而言,其作用乃是第二位的和工具性的。当我们从亚里士多德转向苏格拉底,我们发现后者与孔子一样,其兴趣也几乎全在伦理方面,但即便如此,在他们身上仍旧显现出了东西方不同气质之间的对

---

① 见汤普森(D. W. Thompson)关于亚里士多德的文章,载《希腊的遗产》(The Legacy of Greece),第144页。——作者原注

立。苏格拉底的美德定义鼓励人们将重点首先置于心智之上,而东方的观念则是意志处于首要的位置,基督教便是这种观念的一个反映。此外,西方自文艺复兴之后逐渐从基督教中解放出来,人们便逐步远离了苏格拉底的论断——"知识就是美德",而是日益倾心于培根的论断——"知识就是力量"。

几乎无人否认,随着传统宗教的式微,谦卑之美德也日渐衰落。如法盖先生所说,甚至"谦卑"这个词本身都可能会在不远的将来成为过时的词汇。这个词虽然仍旧存在,但常被误用。① 这个词有时会用来描写科学人士对神秘、无限的自然表现出来的敬意,有时则被当成"谦逊"(modesty)的同义词,有时甚至指一个人在比较自己与他人的时候表现出来的精神上的低劣(meanness of spirit)②。确实,一个人在与自然以及他人打交道时,不应该自我膨胀,但谦卑属于另外一种秩序,即帕斯卡一再坚持的超自然的秩序。柏克曾云,如此理解的谦卑乃是所有其他美德的根本。这关系到第一性的原则,因此不容任何调和与妥协。要么接受其为真,要么拒斥其为假。如果接受其为真(我本人即是如此),这就会产生一个问题:何以谦卑在西方竟会衰落如斯?问题的答案很明显,谦卑在过去是与某些教条联系在一起的,其中最突出的就是人类堕落说和神恩救赎说,此后随着批判精神日益高涨,这几种教义都遭到了毁弃。个体日趋拒绝服从于外在的权威——无论这权威是来自天启还是来自教会,而那些教义以前正是通过天启和教会最终获

---

① 休谟便曾讨论过动物的谦卑!见《人性论》(*Treatise of Human Nature*),第2卷,第1部分,第7节。——作者原注
② 指自卑。

得认可的。从而我们不禁要说，人的谦卑的衰落程度与其自立（self-reliance）的发展程度几乎恰成正比。如果一个人想成为真正的现代人，换言之，拒绝服从外在的权威，他就会面临一个严重的问题：显然他很难同时保持谦卑与自立。从谦卑的角度来看，从古希腊直至今天，自立学说本身在西方便暧昧不明。犬儒主义者是最先宣扬自立（autarkeia）的，没有人会把他们与谦卑联系起来。斯多葛派同样主张自立，在帕斯卡看来，他们罪在其基本设想便具有"魔鬼般的骄傲"（diabolical pride）。这种说法未免有些言重了，特别是用在诸如马可·奥勒留等斯多葛主义者身上，但我们仍旧不能把整个斯多葛派群体引为谦恭温顺的典范。

说到现代"自立"说的支持者，我们可能首先会想到卢梭以及他在《爱弥儿》中对这一原则的辩护。至于他的谦卑程度，我们看了他的《忏悔录》第一章就能明白。此外，我们也不能说爱默生——"自立"在美国最主要的宣传者——特别谦卑。①

要想把握这个问题，即怎样才能同时保持谦卑与自立，我们需要回溯古代的个人主义思想。卢梭与爱默生从某些方面来说复兴了古代的个人主义，并试图找到它最终失败的原因。我们发现，斯多葛派之乐观主义与卢梭不同，后者基于对本能的信心，而前者则主要基于对理性的信心。对斯多葛派来说，对事物有正确的认识无异于做了这件事，从而理性与意志趋于一而二、二而一。斯多葛派认为，他们在此无非是在追

---

① 布朗乃尔（Brownell）先生竟然说，不可能还有比爱默生更不谦卑的人了。见《美国散文大师》（American Prose Masters），第176页。——作者原注

随苏格拉底的脚步。事实上,我们讨论的这个问题与苏格拉底和柏拉图等人建立的"知识即美德"的传统密切相关,这继而又引发了另一个大问题,即理智与意志到底是何关系,就此欧洲与亚洲有着不同的看法。关于亚洲主要的宗教导师的主张,我早已说过,他们都以这样或那样的方式宣称,要想获得内心的宁静,人的自然之我就必须遵从一种更高的意志(依据亚洲人的心理,理智属于自然之我的一部分)。在柏拉图与佛陀之间作一对比,或可有助于阐明东西方之间的这种对立。与柏拉图一样,佛陀试图将哲学与宗教结合在一起,但即便如此,他对于心智之作用的重视也远逊于柏拉图。他所列出的一系列"不思议"(unthinkables),几乎无异于否认人生之深义是可知的。千万不可认为佛教徒所谓之"心"(mano[末那])与柏拉图式的"心灵"(nous[努斯])①意义完全一致。对于佛教徒来说,心乃是流变的器官(an organ of the flux),而柏拉图却将"心灵"提高到了最首要的位置,这一区别意义重大。佛陀认为,把一个人的身体看作永恒的固然是种谬误,但如果把人的"心"看成是永恒的,此种幻想则其谬更甚。西方哲学有这样一种趋势——将思想等同于存在(being),这至少可以上溯到巴门尼德,②而一个佛教徒则会把这看成是西方哲学的根本谬误。人这种荒

---

① 白璧德用一个词 mind 来对译佛教意义上的 mano 与柏拉图哲学意义上的 nous,中文中却找不到一个可以兼顾这两种涵义的对应词,故借用"心"来译佛教意义上的 mano,用"心灵"来译柏拉图哲学意义上的 nous。

② 见迪勒(Diels),《苏格拉底之前的古希腊哲学家》(*Fragmente der Vorsokratiker*),I,第 117 页。——作者原注(译者按:巴门尼德[Parmenides,约前 521—前 450],希腊哲学家,爱利亚学派创始人,认为思想与存在同一,著有诗体写成的哲学著作《论自然》,现仅存残篇。)

诞的生物,他的思想抑或其他东西如何能够等同于存在呢?如品达(Pindar)所说:"我们是什么?我们不是什么?人不过是影子的梦幻罢了。"品达显然担心,如果把人说成是"梦幻的影子"(the shadow of a dream),而不是"影子的梦幻"(the dream of a shadow),恐怕就会过于迎合人们对自身之永恒性的狂妄幻想了。设想一个人可以仅凭理性(无论是在什么意义上使用这个词)超越(无论是其自身还是外界的)非永恒的因素,便忘了"幻想乃是现实不可分割的一部分"。一个人过于信赖理性,往往就会建立某种静止不动的"绝对",而那些为了流变与相对的事物试图捐弃"绝对"的人,与此同时又经常会抛弃准则。根据我们对生活的真正经验来看,统一性与多样性是不可分割地结合在一起的,因此绝对主义者与相对主义者都错在用理智曲解了事实。

回到我们对东西方的对比,乍一看,佛教徒似乎属于宣称事物变动不居的那类人。事实上,曾有人比较过佛陀与柏格森,认为二者都是生成哲学家(philosophers of becoming)。把这两个人的名字放在一起,真是令人震惊,这绝非由于其时空上的距离,而是另有原因。柏格森分明陶醉于变化与自然主义式的扩张,并公然承认其关于生命冲动的哲学直接通向帝国主义。而佛陀则至少与柏拉图一样关切如何逃离流变的现象,他绝不主张帝国主义,而是对能臻于(用他的话来说)"宁静、知识、般若、涅槃"(tranquility, knowledge, supreme wisdom, and Nirvāna)的事物至为推重。他将流变哲学与宗教的安宁与谦卑结合了起来,这与我们在西方见到的一切学说都迥然不同,因此凡是在涉及佛陀的地方,我们都应以上述说法为戒,格外慎重。至少我们可以由此推知佛陀

170 与西方传统中的哲学家的分歧点在哪里。佛陀作为一个彻底的个人主义者,不得不竭力处理一与多的问题,因为如果事物中没有统一性的原则来衡量变化与多样性,人便没有了可以遵循的准则,就必然会陷入无政府的印象主义。现在,佛陀正像一个真正的亚洲人那样发现了这个统一性的原则,它并不存在于理智中,而是存在于意志里。尽管他赋予了理智非常重要的作用——他本人就是一个有着高度理性分析能力的人,但即便如此,理智的作用仍是第二位的、工具性的,是为意志服务的。任何试图用理智来直接处理生活的做法,都无异于打算用一只茶杯容纳大海。他似乎想说,生活只向行动者显露自身的秘密,而一切行动当中最为困难的便是内在的行动(inner action)。理解佛陀,包括理解基督的第一步,便是认识到他们主要都是行动者。不过,在此"行动"的意义乃是基于亚洲人对这个词的理解,他们在某些伟大的时刻,一下子体悟了这个词的涵义。佛陀主张尽可能地消解一切理论,哪怕是西方最不爱作玄想的哲学家,在他眼中恐怕仍旧过分耽于玄想。他将世世代代的智慧成功地压缩成了一句话:"去恶成善,净化心灵,此即觉悟者的教导。"①后世佛教徒对这句话的注释非常有趣:当你诵读这几个词,它们似乎毫无意义,但是当你试图将之付诸实践,你就会发现这几个词意味着一切。

171 如果把一与多的问题主要看成是一个关于认识的问题,其中必然会出现固有之困难,如柏拉图的理念论就面临了类似的难题。事实上,

---

① 巴利原文仅八字,见《法句经》第186偈。——作者原注(译者按:此系白璧德笔误,应为第183偈。)

关于一与多的问题乃是一种关乎实证的体悟：在所有特殊类型的事物当中都存在"一"的因素。例如，所有特殊的马都存在"一"的因素，而这种"一"，用柏拉图的话语来说，便是马的理念或天上的原型（heavenly archetype）。但是，如果我们不超越这个境界，那么很不幸地，这个"一"就仍不过是一种抽象的东西，最终不过是一个词而已——而人性却是对具体（the concrete）充满渴望的。试图用理智来处理统一性与多样性的关系，便会导致柏拉图本人在《巴门尼德篇》（Parmenides）第二部分当中提出的难题。当我们提出所谓的一切事物的总理念（the chief idea of all）——此即善的理念或上帝的理念，亦与人最高超的一部分相重合——便会出现这样一个问题：如何避免那种纯粹的抽象？代表了善之理念的那个词，乃是那个超凡脱俗的词——逻各斯（logos）。在某种程度上，我们可以从诸如斐洛·尤迪厄斯①等中介性质的人物，再到第四福音书的作者②这条线索来追溯"逻各斯"这一希腊概念的传递过程。对这个关于逻各斯的问题，基督教是用神圣理性（divine reason）对神圣意志（divine will）之隐秘的或公开的服从来加以解决的，这显然是基督教中独具亚洲特色的元素。通过这一意志的作用，抽象的、共性的智慧与个体的、特殊的东西之间的鸿沟最终得以逾越；道（the Word）于是成了肉身（flesh）。在这个关键的节点，人对于具体的渴望得到了满足。关于道成肉身（incarnation）的真理，从纯粹心理学的角度来说，我们其实在日常生活中遇到的榜样身上都有所

---

① 斐洛·尤迪厄斯（Philo Judeaus，前 20？—50？），亦称亚历山大里亚的斐洛，犹太哲学家、政治家，希腊化时期犹太教哲学的代表人物和基督教神学的先驱。
② 即使徒约翰。

经见。想一想,所有那些折磨人心的疑问最终都是由谁来解答的?最终给予我们解答的不是某种关于行动的理论(那种理论无论多么完美),而是有品格的人。当庇拉多①质问"什么是真理?"时,他是作为一个欧洲人来问这句话的。在另外一个场合,基督对此则给予了一个亚洲式的回答:"我就是道路、真理和生命。"基督教十分强调基督的位格(personality),这与最为实证的观察是一致的。而基督教超越实证观察(positive observation)的地方,正在于其将基督的位格——包括神格与人格(personality divine and human)——大力投射到了无限与永恒的领域。

　　在整个讨论过程中,我不免会简化这一无比艰深、复杂的题目,有时或许还会对柏拉图及其群体的成员有失公正。我对柏拉图几乎是无尽的智慧宝藏这一点并非无所意识。如果人们想获得一种宗教性的洞见,同时又不想过分牺牲批判精神,那么柏拉图就仍然是这些人的主要后盾之一。但是,对那种柏拉图-苏格拉底式的"知识即美德"的观念,我们很难不产生疑问。准确地说,这种观念并不肤浅——柏拉图与苏格拉底这种人从来都不是肤浅的。知识看上去是如此完美,以至于逆之行事就像把手放入火中一样。从而,当一个人从谬误的迷局中挣扎出来、回首往事的时候,往往会觉得自己犯错是出于无知,而非由于意志的薄弱。然而,苏格拉底的这个提法在某些方面却与普遍的经验相悖离。人们不但会做他们明知是错误的事情,有时还会对做错事有一

---

　　① 庇拉多(Pontius Pilate,? —41),罗马帝国犹太行省总督,主持对耶稣的审判并下令将耶稣钉死在十字架上。

种病态的满足感,如奥维德①早在那些提出"罪恶的快感"(delectatio morosa)的神学家之前便最先指出了这一点。要提请大家注意的是,我们在此打算处理的问题乃是如何同时保持自立与谦卑。但是,在确保谦卑的同时,以希腊哲学的方式承认理智的第一性,这确实难乎其难。与理智的傲慢相比,其他类型的傲慢都不值一提,而理智的傲慢本身,在其试图知晓善恶的时候最为明显。从而,在人类堕落的神话当中,我们似乎可以找到一丝心理意义上的真实。

或许,我的用意可以用对苏格拉底运动(其中包括柏拉图以及亚里士多德的影响)的研究结果来阐明。由于柏拉图主要致力于宗教层面,我们不免期待柏拉图的学园中最终会结出宗教之果。然而,这个学园却培养出了大量杰出的知识分子,他们的总体倾向乃是怀疑主义。当然,我们有可能在怀疑的基础上建立信仰,就像苏格拉底本人做到的那样,但是学园中柏拉图的后继者却未能产生这种或其他类型的信仰。无论如何,这一学园与佛陀建立的僧伽组织(the Order)之间的差异十分惊人。任何对历史记载有所研究的人,都会确信佛陀建立的僧伽组织中产生了许多有信仰的人,他们所产生的精神成果正是圣保罗曾完美定义过的那种成果,因此足以被视为圣徒。

事实上,当希腊人从传统的准则中解放出来的时候,他们便急剧地滑落到了纯粹的理性主义当中。而这种纯粹的理性主义,无论是通过斯多葛的形式,还是通过伊壁鸠鲁的形式,常常会显示出其无力控制人

---

① 奥维德(Ovid,前43—17),古罗马诗人,代表作为长诗《变形记》,以及《爱的艺术》等。

心之放纵的欲望。斯多葛主义试图在人与人之间建立一种普遍有效的统一性原则,换言之,它试图承担宗教的工作。斯多葛主义认为,这种普遍原则便是理性,同时宣称根据理性生活就是根据自然生活。斯多葛主义者认为,人的理性可以单枪匹马地战胜外在的印象与放纵的欲望。无可置疑,不仅是苏格拉底的,还包括柏拉图与亚里士多德的训诫,其中某些重要内容在后世的希腊-罗马思想中已趋于晦暗不明。斯多葛主义者自认为是真正的苏格拉底主义者,断言正确的意志会随着正确的认识而来,但他们实际上正是在此处错失了苏格拉底的真精神。我们由此不得不结案陈词云,这一真精神确实不易把握。

总体而言,斯多葛主义是一个自相矛盾的思想运动。它断言只有物质秩序才是真实的,但转而又将最终的重点放在了物质秩序不能提供的"美德"之上。换言之,它试图通过一元论假设获得(或者说它在某种程度上确实获得了)的那些成果,实际上总是与真正的二元论哲学联系在一起的①。斯多葛主义尽管有诸多长处并获得了局部的成功,但从总体来说仍是失败的。不仅是斯多葛主义,事实上所有希腊人试图批判地解决行为问题(the problem of conduct)——换言之,建立健全的个人主义——的一切努力均告失败;上述针对斯多葛主义的断语在此也同样适用。希腊哲学失败的原因在于,它未能充分地处理以下两个密切相关的问题,即关于想象的问题和关于更高或伦理意志的问题。如果想保住谦卑这一美德,意志就必须优先于理智。任何相信"幻想是现实不可分割的一部分"的人,任何与亚洲人意见相同的人,

---

① 指斯多葛主义只承认物质秩序的真实,却同时想保有精神世界的美德。

都必然会得出这样的结论:希腊哲学从一开始就是一种顽固的理智主义(obstinate intellectualism),这正是其危险之处。

基督教为我们提供了希腊哲学一向缺乏的东西。它建立了一系列教义,这些教义使理性变得谦卑,同时创造了诸多能够控制人之想象力的象征,并最终通过人的想象力控制了他的意志。希腊-罗马衰亡之后,欧洲历经蛮族入侵之浩劫,最终在基督教这种东方信仰所提供的基础上得以重建文明。但是,这种再生的工作在很大程度上是以牺牲批判精神为代价的。最终的结果便是"先在的、外在的、更高的"权威之于个体的胜利。如果说希腊人对理性的信任从某些方面来说有其谬误之处,那么,各种形式的对意志的崇拜也存在诸多危险与麻烦。关于尼采式意志崇拜(will-worship)的危害,我们几乎无须多言。但即便是东方人对伦理意志的崇拜也存在着种种隐患。那些印度苦修者,有的睡钉床,有的高举胳膊直至肌肉萎缩,他们是在东方的意义上锻炼其意志的,但我们显然不能说他们锻炼意志的方式是理性的。当更高意志被当作神意——后者通过文字记载的神的启示而一劳永逸地昭示于众——这时便会出现诸多弊端与难题,而最明显的弊端与难题恐怕就在中东之一宗教那里。这种宗教强行将人的生命纳入了一个僵硬的、固定的模子。为了绝对的意志而忽略流变与相对的因素,或者为了绝对的理性而忽略流变与相对的因素,二者其实同样危险。该教教徒以自己的方式忽略了"幻想乃是现实不可分割的一部分"这句话。此外,当意志被看作绝对的、不向任何人负责的,同时又是超越的,这时个体确实会变得谦卑,但他并没有变得自立,往往还会陷入东方式的宿命论。

为了更好地讨论目前的问题,我们不但要考虑所有东方式意志崇拜中存在的难题,还要考虑基督徒奉行的,尤其是体现在神恩说(the doctrine of grace)当中的那种意志崇拜。几乎不必多说,圣奥古斯丁为发展保罗的神恩说做出的贡献最大,从此对中世纪以及此后的基督教产生了几乎无法估计的巨大影响。把圣奥古斯丁看作信奉基督教的柏拉图,这种说法确有其道理。对于圣奥古斯丁以及柏拉图来说,最重要的对立乃是"流变与速朽之物"(*fluxa et caduca*)和"贞定与永恒之物"(*certa et aeterna*)之间的对立。然而,当我们进一步加以对比,他们之间的歧异就会显现出来,即相对而言,理智更重要还是意志更重要。事实上,从柏拉图到圣奥古斯丁,重点已经发生了意义重大的转移。圣奥古斯丁的愿望是,如他亲口所说,只想知道两件事情——上帝与灵魂(*Deum et animam scire cupio. Nihilne plus? Nihil omnino.*[我欲了解上帝与灵魂。此外无他?全然无他。])。他主要把上帝构想为意志,而非理智;人的灵魂就其本质的方面而言,也被他还原为意志。(*nihil aliud habeo quam voluntatem.* [我除了意志别无所有。])只是,人类的意志由于最初的堕落,已经令人绝望地远离了神意。二者之间的鸿沟只能通过神恩的奇迹才能跨越,而这个奇迹本身又依赖于救赎这一奇迹。人若想与神意达成和谐,不但需要基督的干预,还需要教会、圣礼以及各阶层教士的协助。如柏拉图所想的那样,正确的意志并不会伴随正确的认识而来,堕落的人喜欢的正是邪恶事物本身。圣奥古斯丁说过,自己小时候偷梨吃,舌头尝到的美味不是梨本身的滋味,而是罪恶的滋味。此外,意志的错乱最初正是源于理智的傲慢:人竟然希望成为知道

(knowing)善恶的神。从而在基督教那里,理智不但被适当地放到了服从的位置,而且还遭到了彻底的怀疑,这便为蒙昧主义打通了道路。人变得谦卑,他的意志获得了新生,但是如我所说,这多少乃是以批判精神为代价的。至于基督教何以具有这一非批判性的因素(unciritical element),人们根据其历史作出的解释是,这种宗教无疑不同于大多数其他宗教,它是一路从社会底层推进到上层的,因此不免会有蒙昧主义的痕迹。无论如何,据说人们相信某个事物正是因为其荒谬①,此外无知也被说成是虔诚之母。有人可能会为之辩解云,正是在人们不复自立,总而言之不再像苏格拉底时代的希腊人那样依赖理智的基础上,教会才得以更为有效地开展帮助人们重生的工作。于是,卢梭发出了这样的质询:"那么,正义乃是无知之女?科学与美德互不相容?"我们必须承认,西方历史恰恰证实了这一点。阿克顿勋爵曾不无夸张地说,所谓的黑暗时代②在精神上一片光明;③而从另一方面来说,在理智获得了"启蒙"的18世纪,正如柏克所抱怨的,在精神上则是一片黑暗。

---

① Credo quia absurdum(我相信,正因为其荒谬)这个说法事实上并未出现在德尔图良(Tertullian)的《论基督之肉体复活》(De Carne Christi)之著名的第5章当中,不过这句话止确地总结了这一章的整体涵义。——作者原注

② Dark Ages,指欧洲中世纪早期,约为公元476—1000年。

③ "此后出现的世纪,便是人们不无公正地称作'黑暗时代'的世纪,它为我们从此所享受到的一切幸福、所成就的一切伟大打下了基础……这不是一个有着显著的圣徒的时代,而是一个具有其他任何时候都没有的普遍圣洁的时代。最初几个世纪的圣人在周遭腐败的包围之中熠熠生辉。从几次大的教义辩论的终结,到新神学的兴起与人们开始对希尔德布兰德(Hildebrand)、安色勒姆(Anselm)以及伯纳德(Bernard)等人产生新的兴趣,时间跨越了五个世纪,在这几个没有文字记载的世纪里,聚集着成批的圣徒,由于周身那光明的气氛,他们作为个体都不为人知。"见阿克顿勋爵(Lord Acton),《自由史论》(History of Freedom),第200页。——作者原注

说到18世纪意义上的"启蒙",其起源要追溯到中世纪本身,至少要回到13世纪。伴随着初期理智的解放,宗教裁判所建立了起来,这种巧合意义重大。理智的真正解放乃是在文艺复兴时期蓬勃兴起的。人们又重新获得了自立,并几乎以同等的程度失去了谦卑。他们像古希腊人一样,再次把人生主要看成是一个关乎认识的问题。只是他们追求的知识,不再是苏格拉底试图得到的那种伦理知识,而是日趋转向自然秩序之知识。伦理知识似乎与晦涩难解的教义纠结到了一起。尖锐的冲突已经不可避免,旧式的谦卑与理性所探寻的新精神经常在个体内心之中彼此争斗不休。让我们来看看帕斯卡这一个案,他既是杰出的科学研究者,又是深刻、犀利的宗教作家。他建议人们,面对自然秩序,不妨充分运用批判与实验的精神,而一旦涉及超越自然秩序的领域,面对双重的外在权威——天启与教会,他便会让批判精神逊位。① 他把那些与理性最为抵牾的教义,比如"夭折婴儿应入地狱"(infant damnation)之类,等同于精神真理。② 确实,人的高贵性便在于理性,但是,这种高贵本身并没有什么益处,因为理性不过是想象的游戏与玩物而已。而斯多葛派恰恰相反,认为理性是有可能战胜想象的,这正是基督教心理与斯多葛派心理发生终极碰撞的地方。

如果理性就这样沦为想象的玩物,那么,无论是斯多葛派的还是其他形式的自立都是虚妄的。以神恩的形式表现出来的专断意志(arbitrary will),成了人的唯一希望。那种对神恩的突然领悟,帕斯卡

---

① 见其《真空论残稿》(Fragment d'un Traité du vide)。——作者原注
② 《沉思录》(Pensées),434。——作者原注

称之为"心"(heart)。"心具有理性(reason)并不知道的理由(reasons)。"从而,以神恩的形式表现出来的意志便与理性格格不入,理性则转而与想象亦有所扞格。然而,如果一个人想成为健全的个人主义者,他的理性与想象就必须合作,并为那种我称之为"伦理意志"的力量服务。

不过,我们不能由此推论说,帕斯卡对个人主义者而言不复具有价值。他强烈支持谦卑,极力反对理智的傲慢,他发出的诸如此类的论断仍旧有效。原因很简单,这些论断并不是教条式的,而是基于对心理的敏锐体察。正如帕斯卡向我们所展示的,人被困在两种极限之间,一者无限小,一者无限大,二者他都没有能力把握,因此人无力捕捉事物的本质,并且必然永远捕捉不到事物的本质,那么人为什么还要骄傲呢?无论何时,只要人自以为找到了一个坚实的基础,可以在上面建立一个伸向无限的通天塔,这个基础都会突然崩陷,"大地裂开,直达深渊"。缺乏这种坚实的基础,人们就无法确知自己的知识是真实的,或者自己的知识只不过是梦中之梦而已。不过,有一件事情比人的无知更令人感到羞耻,那便是理智如果孤立无援,就不能有效地控制外在的印象与放纵的欲望。显然,现实的观察结果有利于帕斯卡,而非斯多葛派。人所特有的盲目皆源于此;他不想自己的主导欲望受到限制,不论那欲望是什么。他希望能够自由自在地做他的荒唐事,如伊拉斯谟所说,直到最后与事物的极限发生痛苦的碰撞,经过这个过程之后,他才会发现界限就存在于事物的本性之中。人类的这种倾向是如此普遍,这种倾向招致的惩罚又是如此严厉,最终让人产生了这样的印象:生活本身是不可信赖的。过去的救世方案是,通过人的惧惕之心以实现救赎,而现代方案则是"冒险的生活"(living dangerously)或其他类似的东西,它离开了敬畏与谦卑,转而不断走向惊奇与好奇。在这种情况下,人们不需要成为詹森派信徒①,甚至不需要成为基督徒,就可以看出旧式的方案还是有某些优长的。在希腊人看来,人类不断恣肆的幻想产生了过度的傲慢(insolent excess, *hybris*),这又导致了盲目(blindness, *atê*),盲目继而招致了报应。恣肆的幻想因遭受报应而趋于缓和——这个说法很好地定义了人性当中一个重要的方面,在历史中可以找到大量的佐证。有时候看起来,人在不顾一切、最为自信地向前冲的时候,往往正是他已经在深渊边缘的时候。在大战前夕,欧洲人的病症不在于无知,而在于古希腊意义上的盲目。对报应之运行机制的透彻体悟,乃是古希腊伟大的悲剧诗人的卓越之处,甚至包括欧里庇得斯(Euripides)——其中最不关注伦理的一位,也是如此:

> 金色的、美好的命运,带着胜利者
> 给予的力量,以愚蠢的虚荣
> 促使人走向末日
> 他僭越律法,无法无天挥鞭向前
> 他的心也不知
> 慎防结局——看啊,他的马车突然倾覆
> 在黑暗中撞得粉碎!②

---

① Jansenist,该派教徒主张虔诚地严守教会法规。
② 《赫拉克勒斯的疯狂》(*The Madness of Hercules*),第744及以下诸页,英译者为韦(A. S. Way)。——作者原注

大量的历史事实都反映出了人类的无知与盲目，这为谦卑提供了一个实证的基础。那些宗教大师们坚持认为，人必须屈从于某种更高的意志，首先他的理智要接受这种制约；现在我们开始觉得，或许他们的意见到底还是对的。无节制的理智即"知识欲"（intellectual unrestraint, *libido sciendi*）导致的灾难，或许是最根本的灾难。"到底什么才是抵挡、阻碍……那侵蚀一切、消解一切的理智力量之面对面的敌手？"无论如何，纽曼大主教提出了这个关键的问题，姑且不论人们是如何看待纽曼自己的解决方案的。不幸的是，在去除理智之傲慢的过程中，基督教往往也去除了理智本身，或者说至少过度贬抑了理智，①由此才有了我早就注意到的基督教中蒙昧主义的脉络。将理智运用到极致，同时又使其处于恰当的服从地位，这项工作目前看来仍在西方人的能力范围之外。一方面是僭越了本分的理智，另一方面是多少无异于轻信的信仰，二者之间的争斗乃是从古希腊直到今天西方文化的病症所在。这种脑与心之间的斗争在语言当中也留下了印记，仅举数例为证：一个"精神强健"（*esprit fort*）的人，在法语的旧式用法中大致等同于无神论者。而说一个人"有福"（blessed），无异于说他是个傻瓜（blockhead）。（法文中的"傻子"[*benêt*]这个词就是从"有福"[*benedictus*]这个词派生来的。）还有，一个"纯真"（innocent）的人就是

---

① 我们从纽曼大主教那里就能看到这一点："理智本身是什么？"他问道，"难道不是堕落之果，在天堂与极乐世界之中都不见踪迹，也不在小孩子那里，至多可以为教会所宽容，并仅能与获得新生的心灵共存？……理性是上帝的礼物，激情也是。……夏娃受到了诱惑，想追随激情与理性，于是她堕落了。"见其《教区布道与普通布道》（*Parochial and Plain Sermons*），V，第112页。——作者原注

一个白痴(idiot),而与之形成鲜明对照的,无疑是这个说法——说一个人"聪明得像魔鬼一样"。英文中的"愚蠢"(silly)一词,从词根来说和德文中的 selig(意为"神圣")是一个词。

当卢梭说自己的脑与心似乎不属于同一个体的时候,他不过是引入了一种新形式的或(如我此刻试图揭示的)更坏的蒙昧主义。脑与心的冲突以卢梭主义的形式延续到了今天,现在的哲学家们(没有人会把他们误认为基督徒)仍断言,在理智与直觉之间存在着彻底的对立,从而在柏格森哲学的意义上来说,"有生命力的"(vital)就是"反理智的"(anti-intellectual)。①

有些人支持神恩说,有些人则断言理智居于首位,这两种人之间的意味深长的对立仍旧存在。神恩说乃是中世纪欧洲社会的基石,我们都希望这一学说式微之后欧洲文明仍然能够幸存,但我们却不知道是否真能如此。人仅有自立是不够的,还要保持谦卑——持这种看法的个人主义者将面临一个问题,那便是找到神恩的某种对应物。于此我们发现,如果把亚洲的整个经验都考虑进来,将对我们十分有益。没有人会说远东的道德整体而言优于欧洲,但至少远东对西方文化特有的疾病——理性与信仰之间的战争——相对具有免疫力。佛陀与孔子都能够将谦卑与自立、与批判精神的养成结合起来,如果我们想让亚洲人过去所代表的那种元素沿着现代的脉络重新回到我们的生活中来,特别是当我们认识到,如果缺乏这种回归,西方将由于对力量与速度的强

---

① "理智天生就不能理解生命,这是理智的特征。"见柏格森(Bergson),《创造进化论》(*Evolution créatrice*),第179页。——作者原注

烈渴望而变得更加疯狂的时候,我们就会发现,佛陀与孔子将对西方大有帮助。当我把和平以及内心的宁静说成是亚洲的元素,并不是想建立某种地理决定论或其他什么决定论。一方面,中国面对西方的压力,也可能不得不进行一场工业革命(例如汉口早已有望成为东方的匹兹堡),随之而来的很可能将是传统精神的迅速崩坏,并由此导致彻底的道德混乱。另一方面,西方不但应该重新肯定伦理意志之真理,还应对以某种适当的现代方式来重新肯定这些真理,并且其重点亦将与东方迥乎不同。为了处理这个题目,我们最好以这一事实为出发点:所有自命现代的人,都是自由主义者。如果说西方在从旧向新演变的过程中存在某种关键的缺陷,那么在关于自由的定义中,这种缺陷表现得最为明显。阿克顿勋爵曾经打算在《自由史论》开篇列出上百个这样的定义。虽然有一百多个关于自由的定义,但其中任何一个都不一定能够完全满足我们当下的要求,即以某种彻底的批判的方式来确保自由的向心因素。如果我们不能实现此项任务,我们就不复是一个彻底的现代人,而只是一个现代主义者。现代主义者总是断言,最重要的斗争乃是自由主义者与反动分子之间的斗争,但实际上还有更重要的斗争,那便是真假自由主义者之间的斗争。

第六章　真假自由主义者

有人说过现代人终将做出选择，或者成为一名布尔什维克主义者（Bolshevist），或者成为一名耶稣会士。如果是这样（假定耶稣会士意谓教皇至上论的天主教徒），似乎就没有多少犹豫的余地了。教皇至上论的天主教信仰并未像布尔什维克主义那样冲击文明的根本。事实上，在已经部分显现的某些情形下，天主教会也许是西方仅存的一项可以维持文明标准的制度。然而，做一名纯粹的现代人而同时具有教养，也是有可能的。在深入考虑这一可能性之前，追溯现状所以产生的过程将不无益处，这一现状至少在浅层上造成了我刚才提到的那种极端选择。

在追溯过程中，我们会发现任何事物最终都取决于关系到克制原则的自由观念。我曾经说过，旧秩序下精神克制的最终源泉与支撑来自神恩说。因此我们有必要多少了解一下该学说的命运变迁，看看它如何受到文艺复兴以来个人不断挣脱外在权威束缚的解放以及随之产生的各种自然主义倾向的影响。教会内部的一些团体，引人注目者如詹森教派，力图复兴严格意义上的奥古斯丁主义神恩说来对抗方兴未艾的自然主义运动。这一理论起初标志了基督教彼岸性（otherworldliness）

的顶峰,但在詹森主义①复兴这一学说的过程中,人们越来越坚定地转向了此世。据圣埃夫勒蒙估计,在法国能满足詹森教徒圣洁测试的不到十个人。其他所有法国人似乎都被詹森教徒流放到了外面的幽暗世界。天主教会主张用相对温和的方式解释神恩,这仅表现出了它的健康理智,更可疑的是它倾向于用对教士的外在依赖代替詹森教徒所意欲的人类对上帝的内在依赖。我现在的论题并不需要我考虑下述指控是否正确:教会在努力劝导个人服从它的权威时不恰当地掩饰了基督教教义的严苛性;简单来说,它对诡辩的懈怠(casuistic relaxation)假以辞色,其后果就是波舒哀所说的"在罪人的胳膊肘下面放一块垫子"。在此我只需指出:教会对各种个人主义倾向的回应是在不断加强教皇集中制。不妨说,教皇至上论的天主教徒和神恩说的极端支持者一样——尽管是在极为不同的意义上——干脆否弃了自立。

如果一个人想了解各种类型的个人主义(与之针锋相对的是教皇至上论的天主教信仰),他还需要研究与新教改革相关的神恩说。毋庸赘言,路德和加尔文都最重视这一理论,尽管他们强调的重点不尽相同。就其根本设定而言,宗教改革是一项批判运动;它力图恢复在它看来已经被罗马神权制度引向歧途的真正基督教教义。它督促个人对这个神权制度采取批判态度,或者说它督促个人行使个人判断的权力,但这不过是鼓励他依靠自己、信赖自己的另一种方式罢了。然而新教徒

---

① 詹森主义(Jansenism),17世纪天主教詹森教派的神学主张,认为人性由于原罪而败坏,没有神恩就会受到肉欲控制而不能向善。

一旦开始自立并同时捍卫神恩说,马上就会遇到特殊的困难;路德和加尔文试图复兴的保罗主义和奥古斯丁主义的神恩说,恰恰是对自立的否定;当初设计这一理论,就是为了让人感到自己彻底无法抗拒对神的意志的依赖。如果一个人要自立,那么有两件事显然是必不可少的:首先他必须具备健全的标准,其次他必须自由地按照这些标准行事。为了获取这些标准,他需要理智;而按照这些标准行事,他需要意志。路德自己希望成为一个个人主义者,但他同时奉行早期基督教的蒙昧主义做法,蔑视理智并且否定自由意志。既然"工作之约"(covenant of work)被人类的堕落所否弃,人类的意志就必然受到罪(sin)的制约①,而只有上帝能做善功,于是人类唯一的希望就是神恩的约定和救赎的安排了。此外任何一种观点都于谦卑有害。路德极端敌视工作(work),这自然是因为他把工作等同于礼仪和仪式,特别是与忏悔(*satisfactio operis*)有关的礼仪和仪式。

路德与其他宗教改革者脱离教会,从而或多或少地将自身与传统象征符号割裂,而正是通过这些象征符号,人们的想象力才能理解谦卑和更高意志的真理。因此,他们在捍卫这些真理时,几乎不由自主地依靠了理性。伊拉斯谟以其细微的心理能力,几乎从一开始就在宗教改革中感觉到了理智的骄横(intellectual presumption)。如果说,加尔文在鼓吹人类完全依赖神的意志时没有给人留下谦卑的印象,我们想原因在于他过分宣称自己知晓这个意志。同样,乔纳森·爱德华兹急于论证上帝绝对、专断之意志的合理性,最后使他自己看上去成了"三位

---

① 见路德(Luther),《论意志的捆绑》(*De servo arbitrio*),1526年。——作者原注

一体"议事厅的第四个成员。

公道地说,加尔文和爱德华兹等人面对的困难绝不在小,这些困难至少导致了一部分新教主义的崩溃:它不得不在一定程度上面对所有那些寻求结合批判精神的自由运用以及接受传统基督教教义的人。如果一个人像传统基督徒所习惯的那样,从假定存在着一个全能的、具有"绝对预知"(foreknowledge absolute)的上帝出发,那么几乎就会不可避免地产生一个问题:为什么这样一个存在者居然允许恶的存在?不仅如此,通过严格的逻辑推理将进一步得出结论:这个存在者让他创造的生物命中注定承受永久的折磨,这仅仅是因为他们做了归根结底是他意欲他们去做的事。① 简而言之,如何调和上帝的全知全能以及他的公正与慈悲,这是历史上基督教的核心症结所在。为自身的现代性而感到骄傲的那部分世人仅仅是转过身不去理会这个神学噩梦罢了。不幸的是,他们在祛除这一噩梦的同时也消灭了内在生活,消灭了这样一个真理:处于自然之我中的人类需要怀着敬畏和谦卑之心仰望更高的意志。随着内在生命的衰落,对自然人扩张不已的欲望——无论是知识欲、感官欲还是权力欲——的控制也在不断减弱。

在我追溯的发展进程中,精神意义上的工作概念如果不是在很大

---

① "上帝不仅预见到了第一个人的堕落,以及第一个女人的所有后代的毁灭,而且他也这样意欲了。"见加尔文(Calvin),《基督教要义》(*Inst. chrét.*),第3卷,第23章,第7节。梅兰西顿(译者按:梅兰西顿[Philip Melanchthon,1497—1560],德国新教神学家)也在他的《罗马书注疏》(*Commentary on Epistles to Romans*,1525)中宣称"上帝创造一切事物……他制造了犹大的叛卖和保罗的改宗"。——作者原注

程度上从属于神恩,就多少混同于施行礼仪和仪式。① 在这里我们有必要追溯一种大不相同的"工作"学说的兴起。最后一批经院哲学家,著名者如邓斯·司各脱,倾向于分离宗教真理和理性,并把宗教真理等同于绝对、专断的意志和不可理喻的神学奥秘。弗朗西斯·培根这样的人对这类神学家信以为真,并且在对无限超出人类能力的精神真理多少有些真诚地表示服从后,将变得无所事事的理智转而用于对自然秩序的研究。他的目标是在这个秩序上建立一种哲学,这种哲学不是空谈的哲学,而是工作和成果的哲学。培根主义的"工作"概念可以在实用主义运动中一路看到。例如,它以一种极端的形式在洛克的《政府论》下卷中出现。在洛克那里,"工作"实际上等同于身体的努力(physical effort),而且成了财产的唯一合法来源。与之十分相似的是,亚当·斯密也倾向于按照它和财产的关系来理解工作概念。正统的政治经济学把"工作"概念理解得低到不能再低,从而为非正统的政治经济学开辟了道路。卡尔·马克思(Karl Marx)对工作的定义尤其受到李嘉图(Ricardo)的影响。按照这些正统政治经济学家自己的说法,人为什么不该做实在的工作并获取报酬呢?他凭什么要把这个报酬中的一大部分交给那个懒汉、寄生虫,也就是资本家呢?这些正统的政治经济学家使得意义遭到过度限制的工作成为财富的源泉,但是说句公道话,他们并未像马克思主义者那样把工作和价值混为一谈,其坚信,价值在很大程度上是被供求规律和竞争规律所决定的。极端的马克思主

---

① 神恩委派给了教会,因此教会被认为有能力在这个意义上有效工作。——作者原注

义者不但单纯量化地对待工作,以至于像人们所说的那样,把拉斐尔(Raphael)的作品和普通招贴画家的作品放在一个水平线上,而且他在评估工作成果时希望消除竞争因素。近来的马克思主义者渐渐不那么量化地看待工作了,但是全面或部分压制竞争而产生的观点已经融入了社会主义的基本思想。

在这里人们应该注意到,卢梭主义者和培根主义者对工作本质的看法在很大程度上具有深层的一致性。卢梭本人倾向于把工作降低到最低层面,并且把它等同于手工劳动。凡是不在外在的、可见的意义上工作的人似乎都成了寄食者、寄生虫而不配活在世上。[1] 在俄国,功利主义-情感主义的工作观和消除竞争的企图,一方面发展出了无情的专制统治,另一方面则发展出了降低人身份的奴役状态。

这种实际上意味着回归野蛮状态的工作观念显然存在着严重的缺陷。一个同时希冀现代与文明的人,不会仅通过单纯的"回到过去"的吁求,还会通过更加确切的定义来反对培根主义或卢梭主义的片面性。在培根看来,亚里士多德是"语词的卑劣玩物"。事实上,成为语词卑劣玩物的最万无一失的方法,就是像培根和卢梭那样把可见的、具体的东西视为"真实",同时把和这些东西相对的语词看成是非真实的。语词,特别是抽象的语词,和真实具有重要的联系,因为它们操纵着反过来决定行为并因此"统治人类"的想象力。逃避语词暴政的途径,不是袒护感觉对象而把语词作为非真实的东西打发掉,而是应当把它们交

---

[1] "一个无所事事的食利者在我看来无异于一个靠抢劫路人财物为生的强盗"等等,见《爱弥儿》,第3卷。——作者原注

给探索式的苏格拉底辩证法。举例来说,不被"工作"这个一般术语蒙蔽的唯一方法,便在于以苏格拉底式的态度区别或"剖分"这个词,并由此意识到它可能具有的不同涵义。单纯量化定义工作所导致的谬误实在是太明显了,几乎用不着反驳。孟子(Mencius)很早以前就说过,用脑工作的人支配用手工作的人是正当的也是必然的。① 少数有天分者的专注的精神工作,即展现于发明创造或组织管理方面的努力,使普通的劳动者在今天可以享受到两三代以前富人都无法享有的舒适。如果劳动者希望增加,或者哪怕是保有这些舒适享受,就不应听从鼓动家的煽惑,对任何一种优越性(superiority)感到妒忌。他应当第一个承认超常的能力应该获得超常的报酬。

诚然,劳动者亦会有抱怨,那些位置更高的人在其精神工作中一味关注物质秩序。真正的问题是,应该让关乎力量和舒适的庞大机械(这已经成为实用主义类型的工作的成果)隶属于某个足可胜任的目标,在此特别需要一种伦理类型的工作。在西方,这种特定的伦理工作传统上与神恩说相联系——如果人用自己的工作取代上帝的工作,这似乎有害于谦卑。但是正如我所努力说明的,如此这般强调上帝的工作就会导致一种令人难以忍受的神学困境;人们为了摆脱这一困境,结果便往往是取消了真正的精神工作而倒向了仅仅是培根意义上的工作。问题似乎在于,应当通过某种个人主义的形式重获神恩的真理。为了完成这项任务,我们不妨暂时把目光投向远东,向那位结合了谦卑

---

① 见《孟子·滕文公上》:"劳心者治人,劳力者治于人;治于人者食人,治人者食于人,天下之通义也。"

与精神自立之终极成果的教师①寻求帮助。"业(工作)"(karma)这个词在西方逐渐获得了一种神秘的魅力。但是应该记住,佛陀本人是以一种极其讲求实效的方式使用该词的。他说,一个人要想成为木匠就必须做木匠的工作,想成为国王就必须做国王的工作,想成为圣人就必须做圣人的工作。正像登梯子一样,一个人由外而内地做工作。个人应当把自己的伦理意志(这被视为他的意识的直接事实)不断施加于他对外界的欲望。他应当为了自己的幸福或者是(这在佛陀看来是同一个意思)自己内心的和平来做这种精神性的工作。佛陀说:通过振醒自己,勇猛精进,收敛克制,智者就能为自己找到一个小岛,任何洪水都无法淹没它。② 在这种信仰中,最高的对立总是精神勤勉者与精神懒汉之间的对立。

很可能以往任何一位教师都不曾像佛陀那样透彻地探讨过工作的概念;尽管如此,佛教的说法并不是我们今天需要的。和耶稣一样,佛陀非常注重彼岸。他主要感兴趣的工作是通向圣贤的那种类型的工作。我也许显得缺乏想象力,但是我无法把同时代的人想象为圣徒的角色。也许再没有一个时代比我们这个时代更缺乏彼岸色彩,更表现出对宗教的不理解。人们把佛陀变成了一个目光沉重的悲观主义梦想家,而且仿照卢梭的做法,让耶稣的形象也变得感伤起来。因此,我们不妨处理一种和宗教相比更属于我们能力范围之内的东西。一般来说,如果有人哪怕拥有一星半点能从事真正的宗教性工作以及宗教所

---

① 指佛陀。
② 见《法句经》第25偈。

追求的勤苦和平(strenuous peace)的品性,那么至少可以找到一百个人在一定程度上领悟那种在调节的或人文的德性(mediatory or humanistic virtues)中臻于圆满的工作概念。在此人文主义必须像宗教一样依托于对这种或那种形式的内在生命的认可,或者说,依托于精神法则和身体法则的对立。它也必须像宗教一样使理智从属于伦理意志,从而把最后的重心放在谦卑上。在谦卑这个问题上,西方的人文主义者需要(如我所示)向儒家的中国(Confucian China)学习一些东西。

尽管宗教和最好的人文主义都一致强调谦卑,但是它们对待扩张型欲望的态度大相径庭。宗教在追求和平这种彼岸性的美德时往往全盘否定这些欲望,而人文主义仅仅是缓解、调和这些欲望,以便尽可能好地生活于我们这个世界。人道主义者以其特有的方式混淆了上帝之物和恺撒之物,结果人们便把和平视为世俗秩序中第一位的善,并希望通过某种形式的机制(例如国家联盟)或诉诸感情以取得这种和平。奔放不羁的托马斯·杰斐逊曾感叹说:"和平就是我的激情的对象。"但是把和平变成激情的人,无论是在内心还是在外部世界都没有进入和平的轨道。我们也许会发现,和平主义者不但是物质主义者,而且还是一种非常令人不快的物质主义者。以最美好的德性为名,他实际上是在破坏伦理标准。有不公正存在就不会有和平,同时不公正的东西很多,而且一向很多,这是一项常识和日常经验。伍德罗·威尔逊(Woodrow Wilson)曾经宣称,一个国家可能"骄傲到不屑争斗",人们可以引用这句话作为人道主义者混淆价值的又一个例证。一个人有可能"谦卑到不屑争斗",但是在我们这个世界上,一个骄傲到不屑争斗的国家也许会骄傲到不屑作为一个国家存在。正如每一个配得上称为思想家的人会看到的那样,在世俗秩序中总领一切德性的德性并不是和平,而是正义。任何明确对待正义观念的人,几乎都会不可避免地走向定义之路——根据每一个人所做的工作来定义他,而这一定义是否完备,反过来又取决于个人对工作的定义是否完备。

我已然指出,自培根以来的人文主义者对于工作的定义是极其浅薄的。即便是在他们没有堕入更加粗暴的量化谬误的时刻,他们也会使用自然法则和外部世界而不是内在生命来定义工作。① 他们并不考虑那种施加伦理意志于自然之我及其扩张欲望的工作,而我说过,这种工作的观念往往随着神恩说的没落而消失。

因此,如果我们承认现在需要的是伦理意志在世俗层面(在此人们感觉它是对正义的意欲)而非宗教层面(在此人们感觉它是对和平的意欲)的复兴,如果我们进一步承认积极意义上的正义在于对每一个人都按照他所做的工作而赋予他报酬,那么我们就想办法把人文主义者忽略了的因素归还给"工作"吧。这样做的时候,我们可以从古希腊哲学中得到帮助,虽然我们不赞同苏格拉底派哲人把正当理性等同于正当意志的倾向。柏拉图把正义定义为做自己的工作或关注自己的事务,这个定义也许从未被超越。它把一个人直接带回到了内在生命

---

① 一名作家在俄亥俄报纸上抱怨,虽然有"数十位梦想家、诗人、演说家和方案设计者"做出了努力,但千禧年仍未实现,从而得出了以下结论:"因此我认为,为我们所声讨的人类没有进步这一可悲的事实提出一条简单的理由并非背叛。它就是:每一个人都在躲避对自己做工作,相反他却试图改造别人。"这位作者比我们某些大学校长更接近万世之智慧。——作者原注

的真理。当一个人的各个器官都发挥正当功能,特别是当他的更高自我发挥正当作用、协调并控制本性中的卑下部分时,正义就实现了。在塞内加(Seneca)对正义所下的定义中可以发现柏拉图的影响:(美德乃是)特定情形中的灵魂(Animus quodam modo se habens)①。说到底,外部世界的正义反映出了一种通过精神对自身进行工作而体现于某些个体的和谐与协调。亚里士多德对正义的看法和柏拉图有很多相似之处。他在定义正义时,不是始于社会,而是始于限制自身中的无尽欲望,以及对之施以节度法则的个人。如果在一个城邦中这样的人足够多并且成为主流,那么这就是一个正义的城邦。无论是惩罚的正义还是分配的正义,奖惩都必须均衡,而只有把那种更高形式的工作考虑在内才能达到均衡。要想用构成这种更高工作形式的节度法则来规束扩张的欲望,必须很早就开始养成习惯才能产生效果。因此,一个伦理城邦的必要基础就是一种伦理类型的教育。

亚里士多德不但使正义而且也使幸福依赖于他所说的"根据德性激发力量"(energizing according to virtue)。他最后把工作的概念从人文层面推向宗教层面,从调节(mediation)推向沉思(meditation)或曰"远见"的生活(life of "vision"),将神自身定义为纯粹的行动。在有些人看来,个体在远见生活中展现出的活动和他在人际关系交往中展现出的活动是如此大相脱节,以至于促发了中世纪苦行思想的泛滥。不错,利他主义者会说柏拉图和亚里士多德对正义的定义鼓励个体像他

---

① 出自塞内加《道德信札》113,原文为"*virtus autem nihil aliud est quam animus quodam modo se habens; ergo animal est*",Loeb 丛书英译为"Virtue is nothing but a soul in a certain condition; therefore it is a living thing"。

们那样把自己的工作置于世人工作之上,因此是自私的、反社会的。一个人应当弃绝自我而委身于同情和服务(service)。但是我们要提醒利他主义者,这个世界需要服务以外的某种东西,那就是我们的榜样(example)。正如柏克所说,"榜样是人类的学校,人不会在别的学校学习"。一个人只有通过宗教的或人文主义的工作才会成为榜样。人们不禁会说,以宗教的态度工作的人正是通过拒斥这个世界而帮助了这个世界。他为其他人树立了最重要的榜样,那就是出世思想(unworldliness)。如果说佛陀深入探讨了个人由此在宗教层面成为榜样的那种工作,那么孔子也许比亚里士多德更加到位地论述了社会与文明通过人文主义的工作而受到的益处。孔子用一句话概括了他的教诲:对自己忠实,对邻人亲善。① 利他主义者也许会接受这个准则,前提是允许他把"对邻人亲善"这一条放在首要位置上。然而这样做完全不符合孔子的思想。个人必须首先仰望高于他或他的邻人的东西,以便让自己值得被人仰望。孔子这样说到舜——他心目中理想的统治者:"舜没有做任何事情,但是统治得很好。他到底做了什么呢?庄重地坐于王座之上虔诚自省,如此罢了。"②孔子在这里要说的全部意思,即是内在的行动优于外在的行动(我们在别的章节中了解到,他所说的君主也能外在地行动)。简而言之,舜是在柏拉图的意义上关注自己的事务,这也是他能使别人像他那样行事的榜样力量所在。然而,随

---

① 见《论语·里仁第四》。子曰:"参乎!吾道一以贯之。"曾子曰:"唯。"子出,门人问曰:"何谓也?"曾子曰:"夫子之道,忠恕而已矣!"
② 见《论语·卫灵公第十五》。子曰:"无为而治者,其舜也与?夫何为哉?恭己正南面而已矣。"

着当今"社会正义"的潮流,我们正在迅速走向每个人关注其他人的事务的时代。我们把一直有着微弱声音同时又是真正之正义基础的良心,换成了毋宁是通过扩音器发生作用的社会良心。也许是世界历史上的第一次,大忙人(the busybody)的自我评价被普遍接受了。正如有人所指出的,我们事实上生活在一个"干预的时代"(the Meddle Ages①),而这种干预本身不过是我们对"正义"定义混乱的产物。有鉴于此,愤世嫉俗的人也许会说,用"混乱的时代"(the Muddle Ages)来描述我们这个时代才更为准确。

也许,"干预"和"混乱"并不如人们有时想象的那么普遍。很可能仍有少数人意识到关注自身事务的重要性,尽管不完全是在柏拉图或孔子的意义上。近来有人宣称,面对这一问题——"难道我是看守我兄弟的人吗?"②——整个美利坚民族都心潮澎湃地做了肯定的回答。以上说法可能有一点夸张的成分,但我们应该注意这一点:一个人把应该对自己兄弟具有的情感不加区别地施加于一切人,这意味着责任原则的过分淡化。一个人应当从极力渴望为人类做事的角度出发还是从忠于自己的角度出发,由此引发的问题在任何情况下都不是小事。无论如何,在儒家思想中也许有这样的东西:一个人只要正己,那么正当(rightness)首先会扩展到他的家庭,然后从家庭扩展到整个社会。

人们将会发现,用工作来定义工作和正义,这与人们对自由的定义是密不可分的。唯一真正的自由是工作的自由。所有证据都表明:对

---

① 仿自"中世纪"(the Middle Ages)这一词组。
② 这句话出自《旧约·创世纪》第4章第5节该隐(Cain)之口。

于懒汉来说,事物的本性没有安全可言;而在一切懒散行为中,精神的懒散是最危险的。正是由于未考虑更加微妙的工作形式,实用主义者定义"自由"的尝试(例如 J. S. 密尔的尝试)成为徒劳。如果一个人十分小心地不去伤害其他人,那么按照密尔的说法,他就应该自由培养自己的个性。首先,人们无法接受任何一种把人性中的利他因素和自顾(self-regarding)因素截然两分的可能性,即便人们接受了这一点,他们也不得不强调:即便从社会角度来看,自顾也是最重要的德性,人们正是由于运用这种德性而成为榜样,并且像我试图证明的那样对他人真正有所帮助。

如果社会为了自身利益而鼓励(相对于用手工作的人而言的)用脑工作的人,它就会在更大程度上认可从事真正伦理工作的人。事实上,正是一个人工作的性质决定了他在每一个文明社会都需要的等级体系中的地位。简而言之,从正面来看,工作是贵族制度正当性的唯一证明(justification)。佛陀曰:人之贵贱,皆因其业(工作)。① 必须承认,这个原则虽然正确,但是施行起来并不那么容易。尽管正义要求每一个人按照他工作的数量与质量获取报酬,但是在这个竞争中从一开始就存在着明显的不平等。一个人具有某种天赋,而这是另一个人无论怎样努力也达不到的。根据柏拉图的神话说法,神在一部分人的本性中混杂了铅,而在另外一些人的本性中混杂了金银。如果过于强调人最初的差异,就会像柏拉图本人那样走向种姓制度,或是倒向宿命论——无论是自然主义的还是得救预定论(predestinarian)意义上的宿

---

① 《经集》(Sutta-Nipâta)第135偈。——作者原注

命论。另一方面,为了某种平等主义理论而否认这些差别,就会与最明显的事实相矛盾。真正的正义似乎要求我们根据人们的实际表现而不是其意图或努力来判断他们;简而言之,柏克所说的"天然贵族"——无论是像科学人士那样将其卓越归结为遗传,还是像基督徒那样将之归结为神恩,或者是像佛教徒那样归结为他的宿业——应当获取恰如其分的报酬。

人们对工作及其应有报酬的看法必然会决定他对财产的看法。从文明的角度来看,无论在什么样的群体里,某些个体都应当从不得不用手工作的必然性中解放出来,以便从事更高级的工作,并因此有能力担任领袖,这是最重要的一点。文明如果要成为真正的文明,就必须拥有亚里士多德所说的那种闲暇者(men of leisure)。因此,在任何特定群体中得以享用非本人外在或有形劳作成果的人,并不是懒汉或寄生虫。一个贵族阶级或领导阶级,不管人们如何构想其原则,如果希望长久保有自己的财产和权益,就必须在一定程度上具有示范作用。显然,旧体制下的法国贵族(尽管有许多可敬的例外)未能经受住这一考验。有些人受到当代作家如莱平顿上校(Colonel Repington)、阿斯奎斯夫人(Mrs. Asquith)的启发,指出英国的贵族制度也在走向没落。从长远看,人们不会仰望那些自身并不仰望高于普通自我的事物的人。一个耽于享乐、自我放纵的领导阶级是没有希望的。首先他不应该把物质利益放到第一位。的确,人们也许会制定这样一条原则:如果财产作为达到目的的手段乃是文明的必要基础,那么财产作为目的本身就是物质主义。鉴于人类精神的贪得无厌的本性,最需要的榜样乃是限制自己对世俗财产的欲望的人。即如亚里士多德所说,医治经济不平等的唯一药方是"训练较为高贵的天性不要欲求更多"①,这个药方并不主张按照机械的规划来分割财产,"需要平均的不是财产,而是人类的欲望"②。对于个人来说,亚里士多德意义上的对于欲望的平均化(the equalization of desire)需要一种真正伦理的或人文主义的工作。在无需这种工作的基础上提出平等,将会产生讽刺的效果。例如,这个国家③曾在《独立宣言》中信奉天生平等的学说,由此鼓动起来的那种个人主义导致了可怕的不平等,并且随着传统标准的衰落导致了赤裸裸的财阀统治。一个积攒了十亿美元的人,即便他后来拿出一半的钱用于慈善事业,也很难说具有亚里士多德意义上的示范作用。改变上层人士无法克制自身欲望之弊端的方法,并不是鼓动家希望我们相信的那样去激起底层人民的欲望,也不是用虚幻的社会正义取代真正的正义。这一取代的结果将是,人们立刻从惩罚个体违法者转向抨击财产制度本身,而对资本的战争将像过去一样迅速退化为支持懒惰和无能、反对节约和勤奋的战争,并最终蜕变为以理想主义自命、实际上破坏公共诚信(common honesty)的没收充公方案。最重要的是,社会正义很可能因为局部或全面抑制竞争而出现问题。如果没有竞争,实现正义的目标,即每个人都应该按劳取酬,是不可能的。赫西俄德④很早以前就指

---

① 《政治学》,1267b。——作者原注
② 同上书,1266b。——作者原注
③ 指美国。
④ 赫西俄德(Hesiod,约前8世纪),古希腊诗人,著有《工作与时日》《神谱》等。

出,竞争原则根植于这个世界①,事物的本性呼唤着真正的成功与彻底的失败。若要把人类从本然的怠惰中唤醒,竞争是必不可少的;没有它,生活就失去了激情和兴味。赫西俄德接着说,有两种类型的竞争:一种是通向血腥的战争,另一种则是事业与伟大成就之母。他也许可以讲清却没有讲清的是:人如何才能明智地竞争,同时避免那种导致恶性争斗的竞争。不过这在我刚才引用的亚里士多德的话中的确找到了答案。医治恶性竞争的方法在于强者、成功者的节制和宽宏,而不是在对失败者的命运表示病态的同情。今天普遍流行骚动与叛乱的情绪,这足以表明我们的领导者并没有这样克制自己,而是对心灵的极端放纵负有罪责。

应当注意,鼓吹社会正义的人对于资本的性质有些认识不清。据说约翰逊②博士曾在拍卖斯雷尔酿酒厂(Thrale's Brewery)时说:"我们在这里售卖的不是一堆水壶和酒桶,而是超乎贪婪梦想之外的致富潜能。"当然,潜能的实现依赖于管理能力,而管理能力是酿酒厂的一部分资本,并且是至关重要的一部分资本。目前有一种说法,即现在对我们铁路投资的资本可以用所谓的废品价值来衡量。这种错误思想及类似错误想法的结果是,铁路的所有者与管理者近年来遭受的待遇阻碍了上述领域事业的发展。似乎很容易说服公众,铁路正受到"掺水股票"的折磨,但它真正遭遇的是"掺水的劳动力"。如果国内鼓吹服务

---

① 见《工作与时日》(Works and Days)开篇部分。——作者原注
② 约翰逊(Samuel Johnson,1709—1784),英国作家、评论家、辞书编纂者,编有《英语词典》《莎士比亚集》,作有长诗《伦敦》等。

和社会正义者大行其道,中产阶级现在投资于铁路的一大部分积蓄有可能直接或间接通过保险公司和投资银行被部分或全部没收充公。

确实,任何一种形式的社会正义都倾向于没收充公的做法,而大规模实行的没收充公破坏了道德标准,并就此用智计与力量的法则取代了真正的正义。为防止社会正义说带来的这些危险,人们需要结合敏锐的分析以及独自就能产生真实远见的想象力,然而许多人都缺乏分析能力,同时他们的想象不是伦理想象,而是田园牧歌式的想象。结果,他们不能发现深层的原因,而是去治疗表面症状,求助于柏克所说的"骗人的捷径和不可靠的措施"。表面上是善的东西结果变成了恶,而表面上是恶的东西变成了某种善的必要条件。这样追溯事情的终极效果时,事情常常变换面貌,不是变换一次,而是变换多次。例如,普通的劳动者也许看不到,人们怂恿他以社会正义为名投票赞成的"征收资本税"最终会对他造成反弹。目前还看不出即将有可能将普选权与财产制度的安全程度结合起来,而后者乃是真正的正义、真正的文明的共同要求。无代表而征税曾是美国革命者主要的不满对象;但在今天,这种税收恰恰是一个社会中必须上交的重要部分。以主权者人民(the sovereign people)的名义征税,一定就比宣称拥有皇室特权的人更公平吗?

在戴着理想主义面具的各类欺骗行为中,也许再没有比干预货币标准更能有效撼动文明生活基础的了。如果说财产代表了"工作"这个词某方面的意义,那么货币则是财产的常规符号,如果这种符号疯狂波动,正义的目的就会被颠覆,节俭和先见之明也将变得毫无意义,没有人能够确保自己会根据工作获取报酬。通货膨胀事实上是一种可鄙的没收充公形式，无论是像德国那样指望以此促进国家利益，还是像俄国那样指望以此促进国际主义。已经有人指出，激进主义者常常犯下混淆货币和财产、认为分配货币即等于分配真实财富的错误。货币只是一种常规符号，但这种符号的本质并非无关紧要之事。实行金本位制的理由很简单：黄金在生产中包含了一定量的工作，这一工作量大致等于生产那些可用它交换的各种不同商品的工作量。如果由于某种原因，黄金生产得更多而需要的劳动更少，或者发生了相反的情况，那么货币标准就会上下浮动。这是一种恶，但是比起用纸币或其他什么交换媒介代替黄金所导致的恶果，这只是一种小恶（因为人性如此），如果用工作来检验，它几乎没有什么内在价值。

事实上，现代人正身处两种矛盾倾向的拉锯撕扯之中。一方面，他在国家和国际层面上陷入了越来越复杂的物质联系的罗网，这个罗网又以一种极为灵敏的信用与交换机制为依托；另一方面，现在提出的替代公共诚信的各种理想主义方案或具有公开的帝国主义倾向的经济或政治方案，正在破坏作为信用和交换之必要基础的信任，从而工业革命培养起来的一整套复杂结构就面临着崩溃的危险。根据卡莱尔的看法，提倡这种革命的政治经济学家赞成使现金支付成为人与人之间的唯一纽带。然而，现金支付并不能为精神上彼此分离的人提供纽带。在东欧的许多地方，人们已经对现金支付充满疑虑，结果被迫在经济交往中回到以物易物的方式。

我列数的各种恶在很大程度上源自功利主义运动中流行的片面工

作理念。财产的利益本身要求在社会群体中至少有一些成员在极其不同的意义上工作，简单来说，他们应当限制自身的贪求本能，通过为社会树立良好的榜样而为社会服务。这并不是说从一个人那里获取这种服务的最好方法就是用社会利益来鞭策他。莱斯利·斯蒂芬（他本人就是一个功利主义者）曾经说："每个人只能关注自身幸福的学说显得极有道理，而且与个人主义深为符合。"确实符合，简直太符合了，打动个人的最明智的方法不是向他指出他的行为如何影响了别人的幸福，而是如何影响了他自己的幸福。只是在这种情况下，人们必须十分小心地定义幸福，不是像功利主义者和享乐主义者那样用快乐来定义幸福，而是像亚里士多德或佛陀那样用工作来定义幸福。人们不但可以用这种方法抑制贪求本能，而且可以用来控制性欲。性放纵对社会正在造成并已经造成了可怕的混乱，其弊病甚至比酒精中毒更加威胁到白种人的未来。从另外一个角度来看这个问题，在离心的、自我放纵型的个人主义和过分下降的出生率之间无疑是有联系的。土生土长的法国人和美国人（如果我们愿意相信统计数字）正面临着从地球上消亡的危险。我们得知，人口增长的代价是人口质量的下降。过去人们期望从中产生领袖的人种正在死去，而劣等的甚至是堕落的种族却在成倍地繁衍。

对于这类恶，人道主义开出的药方显得尤其可疑。例如，信奉优生学的人提出的控制性关系之类的药方很可能导致一种古怪而无效的暴政。一方面，很少有证据表明个人能被诱导为了空泛的国家利益、人类利益或受到"有色人种崛起"威胁的白色人种的利益而克制自我。不管怎样,宗教通过内在生命来处理性问题也许是正确的。按照一位法国道德学家的说法,人的本我是由一点儿虚荣和一点儿淫佚制成的。基督徒希望代之以贞节和谦卑。人文主义者想要节制而不是完全否定这种最迫切的感官欲(libido sentiendi),但是他赞成基督徒从生命冲动(vital impulse)和生命制约(vital control)之间的斗争入手。他会让个人实施这种控制,但不是为了社会利益,而是为了他自己的利益。确实,快乐与幸福的对立再没有比在性的问题上令人看得更清楚的了。

一个人越是思考我们现代的解放,就越是能看清这种解放是以我称之为自由的向心因素为代价的,没有这种向心因素或伦理意志,任何真正的精神工作都是不可能的。人们也许会问:面对这种严重的错误,人们是如何自我欺骗的呢?不妨这样回答:他们欺骗自己的方法之一,就是用自然法则代替人的法则并按照自然法则来工作。浮士德(Faust)可以通过围海造田弥补道德过失就是一个好例子。卡莱尔(他自称是歌德的信徒)对工作的看法甚至更加偏颇。他不是把苏格拉底的"认识你自己"作为信条,而是信奉"认识你的工作并且去做它"。①因为人(像他接下来所说的)在抽象的、形而上学的意义上不可认识,因此他便贬低那种认识自我的努力,而这在现有状况下,不过是为了外在的工作而贬低内在的生命罢了。用这种片面的方式来看待工作,工作就退化成了单纯的效率。事实上,卡莱尔不但赞扬"工业巨子"(captain of industry)(这显然是他首创的术语)的效率,而且歌颂腓特烈大帝甚至是弗朗西亚博士(Dr. Francia)一类人物的军事效率。在他

---

① 见《今与昔》(Past and Present)第 6 章开头部分。——作者原注

的哲学中,他倾向于帝国主义而不是真正的伦理,尽管他徒劳无益地向自己和他人证明相反的情形。他的"英雄"至少也是尼采式"超人"的近亲,他们都是18世纪"创造性天才"的真正传人。

不单单是"巨子",现代工业大军中"卒子"的地位也是值得考虑的一点。确实,这个卒子和我们一样必须在工作中找到自己的幸福或一无所获。不过,人们可能会提出,我们是否能指望他在工业革命中发展起来的效率形式中找到自己的幸福。现在已经通过不断分工取得了这种效率,结果个体工人往往成为巨大机器上的一枚螺丝钉。他所做的只是自己那一份微乎其微的工作。事实上,有时候他几乎说不上是在工作。做工作的是机器,而且机器似乎比操作机器的人还多几分生气。据说亨利·福特一家工厂里的一名工人在被问到自己的名字时,他的回答是"螺丝29号"。一大批人以这种方式被机械地组织起来,以便让工业巨子具有"生机"和"动能",换言之,让他们在心灵不受约束的状态中生活。人们可以颇有自信地断言,一个人如果认为积攒一笔比洛克菲勒①的产业还要庞大的收入是有价值的,那么这个人并未积极从事人文或宗教的工作。如果普通的工业卒子效仿这些巨子,也要具有"生机"和"动能",那么无论是他本人这样做还是通过他的工会或工会领导人,结果都将是一片混乱,因为他这样做将破坏整个机制成功运作所依赖的各个部件的协调。

其实我并不认为推广机器完全是件坏事。它有可能使一个人做以

---

① 洛克菲勒(John Davison Rockefeller Sr.,1839—1937),美国石油大亨,洛克菲勒财团创始人。

前需要十二个人甚至一百个人来做的工作,从而大大减轻许多人的繁重负担,并为他们提供了休闲的机会。亚里士多德说过:"没有任何过着技工或劳动者生活的人能实践德性。"现在劳动者获得了前所未有的机会而不再单单是劳动者,但不幸的是,正如我们所知,他们并没有利用自己被免除劳苦的机会来享受亚里士多德意义上的闲暇,而是去寻欢作乐,这样他们便和自己在工作时一样受制于机器(诸如汽车、留声机、电影等等)。也许错误不全在劳动者自身,而是在于"上头的人"给他们的示范吧。

可以看到,我所讨论的那种极不具示范意义的个人主义,不但来源于一般的实用主义人生观,也特别来源于亚当·斯密一派的政治经济学。亚当·斯密说,让国家站到一边去,让个人为所欲为(laisser faire),个体不会滥用这种自由,因为他受到开明自利(enlightened self-interest)的指导。"开明自利"这一学说本身绝非肤浅,像亚里士多德、佛陀这些真正有深度的思想家都持这个观点。但是这些思想家心目中的"自我"并不是把追求财富视为第一目标的那个自我,而是对这个贪求的自我进行克制的伦理自我。如果放纵这种探求的自我,竞争就会退化为错误的竞争,那种无情的竞争事实上受到了曼彻斯特经济学派的鼓励,磨坊工人因而成了工业战争的"炮灰"。这种竞争也不会通过同情心或利他主义得到足够的制衡。作为伦理意志替代物的同情心,其效力在任何情况下都是整个运动中的关键问题。我们将会发现,一切事物最终都取决于当前的"服务"理论中的这一点,对此大多数人像以往信奉三位一体那样确信不疑。但是在严格的心理学层面上,我们可以发现这个理论的基础是极不牢靠的。

首先,当前的服务观念并不是基督教意义上的。基督徒服务于上帝而非服务于人,正如我们从《祈祷书》得知的,这种服务意味着"完美的自由"。另一方面,人道主义意义上的服务和斯多葛主义有着重要的接触点。像人道主义者一样,斯多葛哲人力求用普遍的人类利益来制约自身行为。不过,我们应当注意到二者之间的重大差别。斯多葛哲人根本不具有进步观念,或者只具有初步的进步观念,即不认为人类总体上几乎是自动地奔向"一个遥远的神圣事件"。当这种自动的进步受到严格的心理审查时,我们会发现它不是被消解成"为变化而变化"的快乐,就是被消解成"为权力和舒适而变化"的快乐。可以看到,功利主义者促成的道德进步与物质进步的混淆,与玩弄一般术语(general terms)直接相关,这与我在谈到卢梭和情感主义者时涉及的情况十分类似。迪斯雷利说讲英语的民族已经没有能力区分舒适和文明了。"安适/舒适"这个词本身就是一般术语从某种价值范式不正当地转移到另一种价值范式的极好例子。"悲悼的人有福了,因为他们将获得安适。"但今天的美国人却希望不先经过任何悲悼就得到安适。

混淆道德进步与物质进步的结果,就是现代人对机构和效率还有普遍对机器都培养出过分的信任,认为它们是达到伦理目标的工具。如果人们告诉他文明正处于危险之中,他的第一本能反应就是任命一个委员会来拯救文明。国际联盟(The League of Nations)本身就不过是一个超级委员会罢了。

然而,和同情心相比,功利主义意义上的进步对理想主义信仰来说是一种更为无关紧要的因素。在同情问题上,人们同样需要注意斯多葛主义者与人道主义者之间的区别。一方面斯多葛哲人不像人道主义者那样信任机器,另一方面,他也不像人道主义者那样情感恣肆。正如我已经指出的,在论述沙夫茨伯里及其影响的时候就会产生这类有趣的问题。沙夫茨伯里哲学中有一整个方面明显来自斯多葛主义,以至于有些人想把他描绘成爱比克泰德和马可·奥勒留的纯粹信徒。然而事实却是,斯多葛主义者并不是情感主义者,而沙夫茨伯里则可以说是英国情感主义、也许还是德国情感主义的一个主要来源。确实,在沙夫茨伯里的英国先驱坎伯兰那里,斯多葛哲人的正确理性(right reason)已经开始具有感情色彩了。实用主义者倾向于混同幸福和快乐,他们更让我们想起伊壁鸠鲁主义者而不是斯多葛主义者。不过,伊壁鸠鲁式的"泰定"(ataraxy)和斯多葛式的"漠然"(apathy)一样都不赞成放纵情感,无论是伊壁鸠鲁主义还是斯多葛主义都不主张"让感情轻柔而充沛地流淌",然后把这结果称为"德性"。我已经说过,卢梭把一时冲动产生的怜悯歌颂为对抗自私冲动的东西和其他一切德性的源泉。几乎与之同样重要的是休谟在所谓严格心理基础上提出的主张:自然人具有先于理性的、不依附"自利"的同情因素。接下来,同情又成了休谟定义正义的基础。在休谟看来,正义的人是利他主义者而不是柏拉图意义上的关注自身事务的人。①

当然,关键问题不在于一个人在其自发和自然之我中是否会对他

---

① 根据休谟的说法,正义是一种"人为的"德性;它的直接来源是一种开明自利。和所有其他德性一样,它的最终根源是"对人类的广泛同情"。——作者原注

人的快乐产生同情,而在于他是否会对他人的痛苦产生同情,①至少是对自私冲动形成足够的制衡。18 世纪道德学家们对此的信心在我们看来已经显得极为幼稚了。大家也许还记得,卢梭不仅试图在人类固有的恻隐之心的基础上建构起整个伦理大厦,而且他宣称,一个人的社会地位越低,恻隐之心的品质也就越高,因此也就越接近"自然"。当人们问他,既然平民大众这么有恻隐之心,他们为什么还渴望围观车裂处决的场面;他回答说,怜悯是一种十分怡人的情感,因此他们不愿失去任何一个体验这种情感的机会!无疑,正是这个原因,使夏多布里昂的门房(像他讲述的那样)为罗伯斯庇尔感到惋惜,并感叹在路易十五的皇宫看到的情形——"脖子白得像鸡肉一样的"女人们被送上了断头台。西班牙人经常出入斗牛场,还有古罗马人云集角斗场,无疑也是出于类似的原因了。真实的情况却是,大众看待这些事情的心理根本不是伦理性的,而是伊壁鸠鲁式的。就像伊壁鸠鲁主义者卢克莱修(Lucretius)很久以前指出的那样,从海岸上一个安全的地方看到他人遭遇海难是一件快乐的事。几乎如出一辙,世界上的苦难变成新闻标题后,只是给早餐桌旁的普通市民提供一种愉快的刺激罢了。凭借耸人听闻的新闻报刊之力,今天人们确实是不停地在海岸上排队观看了一场又一场的海难。

简而言之,卢梭意义上的"自然的"民众的突出特征就是无责任心地追求惊悚。把伦理直接建筑在感情基础上的整个尝试之所以成功,

---

① "笑,世界会和你一起笑;哭,你只会一个人哭。"——作者原注

在很大程度上缘于这一事实:它不仅为基督教的慈善,而且也似乎为"神恩"——一种不同于以前那种涉及谦卑和判定罪孽的神恩——提供了一种对应物。现在人们犯错不是因为自己身上遗留的元恶(old Adam),而是由于社会及其制度。还没有从自然的神恩堕落到社会世故中的人自然而然是有德的。洛威尔(Lowell)谈到这种优美的灵魂时说:"就像树林深处长出紫罗兰并让它们变蓝一样,上天的丰裕本能在他身上毫不费力地生长出来了。"新旧两种神恩的区别在这里看得很清楚:旧的神恩和一种工作有关,尽管接受这种神恩的人坚持认为做这个工作的是神而不是他自己。这一工作的真实性在任何情况下都是无可置疑的,以至于它常常对自然人施加严格的甚至是严苛的控制。另一方面,自然神恩带来的善并不需要接受者一方做任何事情,他只需要有"明智的被动性"(wise passiveness)就行了。

基督教的爱与神恩和卢梭主义者对这些学说的戏仿,还存在另一个引人注目的区别,也应加以注意。基督徒的爱和神恩指向严格的排除与甄别,而卢梭主义者往往在泛神论的幻想中混淆一切差别。例如,我们可以对比一下但丁对于从天堂之巅到地狱深处界限森严的道德价值的"幻象"(vision),以及惠特曼用泛神论者所说的"爱"来平等看待好的、坏的、不好不坏的男人和女人,乃至"接骨木、毛蕊花、商陆果"的"幻象"。但丁说,这种"最高的爱"建造了地狱之墙,这让我们不禁震骇于这种中世纪的冷酷。一个更加危险的相反极端则是把波舒哀所说的"谋杀性的怜悯"随意强加给人性,并在增进爱的掩护下随时准备推翻正义。

的确,与"明智的被动性"和回归"自然"结盟的不加选择的爱可以被证明是正当的,如果它们像其信徒所宣称的那样倾向于把人引向一个共同的核心;但是我们可以看到,这种交融不是在现实世界中而是在梦呓中形成的。我们就从这个角度来思考卢梭和其他原始主义者们为了治疗随着传统标准崩溃不断加剧的骄奢淫逸和自我放纵而提出的"简单生活"吧。生活的简单品质似乎必须通过限制欲望来达到,而奢侈的生活(用孟德斯鸠的话说)则是"欲望变得巨大"的生活。现在可以看到,原始主义者的"自然"只是浪漫想象的一种怀旧情绪,因此回归自然的尝试不但扩张了欲望(而非限制了欲望),并且使欲望成了无限的和不定的。卢梭说,这种"吞噬一切而空无所有的火焰,我自从童年以来,就感到自己被它徒然地消耗"。夏多布里昂让他笔下的勒内(René)从欧洲文明逃到北美的蛮荒之地并娶了一位印第安新娘。夏多布里昂让他做代言人,写信给她说:"从这颗心中喷发出了火焰……它能吞没一切造物而不觉得满足。"夏多布里昂假装是基督教的倡导者,但是没有什么比这更确定的了:基督教的爱带来和平与交流,而夏多布里昂方才描述的那这种怀旧之"爱"则导致骚动和孤独。理想与现实之间的反讽对比,也许在雪莱那里表现得更加明显,因为雪莱并不像夏多布里昂那样装扮成传统主义者,而是毫不妥协地鼓吹新的伦理。"道德的伟大秘密,"他说,"是爱。"另一方面,雪莱诗歌的特点——也许是最大的特点——就是严重的精神隔绝。

这种新的自由基于情感恣肆的"爱"而非内在制约意义上的"工作",法国大革命让诸多这种新自由的信徒都遭受了惨痛的幻灭。夏多布里昂本人就是幻灭的卢梭主义者的一个典型代表。他在《论法国大革命》一文中仍然将浪漫的怀旧视为高等精神的真正标志,但是他承认,浪漫怀旧所激起的对"无限"的向往特别流行于道德衰亡的时代。不管怎样,这种怀旧的结果是人类不再满足他所拥有的东西。仅仅出于厌倦无聊,他打碎了一个又一个政府体制。人类历史并不像鼓吹它乃是不断趋于完善的人所说的那样平稳地直线式发展,而是像转笼里的松鼠一样循环往复地运动。社会从热爱自由者的角度看是没有希望的。"如果我们寻找的是政治的真理,它是很容易找到的。一个专制的大臣堵住我的嘴并把我投到牢房的最深处,一待就是二十年,不知道为什么;逃离巴士底狱之后,我义愤填膺地投身民主,而这时吃人肉的妖怪在绞刑架下等着我。"今天我们应该这样说:推翻了沙皇之后,布尔什维克主义者扼住了你的咽喉。

那么就没有自由这种东西了吗?"有,有一种可爱的、来自上天的自由,这就是自然的自由。"让一个人走进"宗教的森林"吧。以十分类似的方式,柯勒律治发现法国大革命在理论上是博爱的运动,但在本质上却是帝国主义运动,于是他便放弃了在人类中找到自由的希望。他大致说过这样的话:如果一个人希望找到真正的自由,那么就让他到外面听听惊涛骇浪在说什么吧。在任何人类形式中都找不到自由。但是如果一个人"把自身的存在投向大地、海洋和天空"并"以最热烈的爱拥有一切",那么自由就会向他现身。①

---

① 见《法兰西:一首颂歌》,1978年,第5部。它的开头部分纯粹是柏克式的:"感官和黑暗徒劳地反叛/强迫自身成了奴隶!"发出这种柏克式的感叹之后,柯勒律治继而陷入了十足的泛神论迷茫。——作者原注

不过,人们也许不应该在社会中寻找自由,而是应该在自身——他的伦理自我中寻找自由;这个伦理自我在经验中不是作为放纵的情感,而是作为内在制约。因此,和自由相关的主要不是"爱",而是工作。佛陀说过,"正是工作(业)",而不是西方情感主义者所说的爱,"让世界轮转不已"。① 一个人在伦理方面做的工作越多,就越是与自身合一,同时和服从类似的道德自律并因此趋于(用儒家的话说)"大中"(universal centre)的人,而非和一般意义上的人类交融在一起。这样,即便是从意欲爱的人的角度去看,道德的大秘密也在于工作。爱是法则的完成,而非情感主义者想让我们相信的那样,是法则的代替物。人类不可能在放纵的普通自我的层面上走到一起,这乃是基督教慈善信条基本的心理事实。如我们在卢梭和雪莱那里所见到的,这样做的结果是心灵的极端隔绝。

卢梭说他在"超越了信仰的怠惰"之上建立了"不屈不挠的自由精神"。不消说,真正的自由不可能建立在懈怠的基础上;这种自由必须通过激烈的斗争才能获得,这种斗争主要发生于个人内部而非外部世界。正如我提出的,真假自由主义者之间的最终区别很可能是精神健将与超级懒汉之间的区别。真正的自由要继续存在下去,道德懒散就不得篡夺专属于道德努力的荣誉,这一点非常重要。如果我们接受了那些用放纵的情感取代更高意志活动的人的方案,这种篡夺行为就会发生。如我努力表明的那样,在现实世界中,这种放纵的结果不是博爱,而是帝国主义。

---

① 《经集》(*Sutta-Nipâta*)第 654 偈。——作者原注

自然权利学说也进一步混淆了真假自由主义者、道德努力与道德懈怠。自然权利被说成是一种抽象的权利、一种先于履行任何确定义务而存在的东西,这从内在生命而言总会成为一种慵懒的自由。从这个角度来看,卡尔·马克思的一个孙子①的著作标题在某种程度上概括了其他一切"自然的"权利——"懒散的权利"。在今天这个时代,我们听到有些人宣称所有人都具有抽象的自决(self-determination)权,而这种权利是先于他们道德发展水平的某种东西。提出这样一种假想的权利作为世界和平方案的一部分,必将陷入人道主义自我欺骗的深渊。

毫无疑问,自然权利学说虽然还控制着大众的想象,但是已经被政治理论家自己所否弃。不幸的是,其中某些理论家在否弃教条的同时仍然保留了根本的谬误。例如,哈罗德·拉斯基②先生说,尽管我们不再相信任何抽象意义和形而上学意义上的人权,但是我们仍然认为它们是"人类欲望与其需要大致对应"这一真理的方便表达。③ 有效认识人性的第一步和最基础的一步,就是发现人类的需要和欲求不相吻合,而这正是拉斯基先生这一类"自由主义者"始终未能踏出的一步。人类需要的东西——如果我们相信上帝的祈祷书——是面包和智慧。在祈祷书广为传诵的时代,一个人,至少是一名罗马人,需要的东西则是面包和剧场(bread and the circus)。从罗马时代以来,人类的欲求与需

---

① 应为马克思的女婿保尔·拉法格(Paul Lafargue),此处应系白璧德笔误。
② 哈罗德·拉斯基(Harold Joseph Laski,1893—1950),英国政治学家,费边社成员,曾任英国工党主席,后期鼓吹民主社会主义。
③ 《政治思想:从洛克到边沁》(Political Thought from Locke to Bentham),第270页。——作者原注

要之间的差距并没有缩短多少。无论我们怎么看基督教神学,基督教的这条洞见总归是正确的:人类受到分裂意志的折磨,他需要遵从精神法则,同时又想按照身体法则行事,于是他成为完全矛盾的生物而在大多数情况下与自身的幸福为敌。

我说过,现在我们应该尽力实证地对待精神法则,从而便能在那些自称是实证主义者的人的领地上与他们相见。我们且从这个角度打量一下专业的哲学家们。例如休谟是作为一名纯粹的实证主义者出现的:他赞成消除一切先验主义而将自身根植于柏格森所谓的"意识的直接材料"。严格来说,单纯的理性主义其实已经随着休谟而消亡了。不幸的是,康德又激活了这具"干尸"。不同于笛卡尔和其他17世纪伟大的体系建构者所说的理性,康德的"纯粹理性"仅仅是空洞的范畴,并不指望用它来提供现实性。和这种纯粹理性相对,康德建立了实践理性来并用它作了一些断言,而这些断言又无法表明和"物自体"有对应关系。通过由此而产生的实践和现实的剥离,通向实用主义——这种实用主义不是用真理来检验效用,而是用效用来检验真理——的大门就打开了,同时还通向了和实用主义沆瀣一气的"有用虚构"理论(theory of useful fiction)和近世出现的其他哲学幻想。

现在让我们从康德的虚幻超验回到休谟和他提出的"纯粹经验"。这一说法之所以不被认可,原因有二:首先,如我所说,他提出了某种无法在经验中建立的东西,即自然人身上的强大足以独力应付自私冲动的自发同情元素;其次,尽管如此,他仍然未能提出一种属于"意识的直接材料"的东西,即人们感觉能够支配自然人及其扩张欲望的道德意志(ethical will)。否定这种道德意志,内在生命就会消失;主张这种道德意志,人们就会摈弃诸多其他论断,至少是强调得少一些。无疑,在人们正面肯定的事物之外,有很多事物也是正确的,"多余信仰"(extra-beliefs)在任何情况下都在所难免。不过就现状而言,尽量不和形而上学或神学纠扯在一起而掌握人文主义的或宗教的真理仍是可取的。我们甚至不清楚,为了保全内在生命,人们是否需要在流变之上建立一个实体、本质和"理念"构成的世界。西方许多最崇高的精神性事物(spirituality)都和这种柏拉图式的理念有关。另一方面,早期佛教徒发现古印度有一种与之不无相似的学说,其不但没有帮助、反而阻碍了宗教成果的取得。

从严格的经验角度看,康德在宣称"上帝、自由、永恒"时走得太远了;同时从另外一个角度看,他走得还不够远,因为他所谓的"绝对命令"(categorical imperative)的自由,主要是"做"的自由(a freedom to do),而非像伦理意志的自由那样是一种"不做"的自由(a freedom to refrain from doing)。第一步无疑是将自身置于精神法则与身体法则相对这一心理事实之上,这是一种活生生的、存在于当下的事实,但是人们为了某种表面上看来更加有用和可爱的东西而冒险无视这一事实。有些人本身并没有意识到这种对立,而有的人更是色盲,他们的精神视力甚至比眼睛的视力还容易出毛病。

如我力图表明的那样,我勾勒的二元论中的更高意志与神恩说有很深的历史渊源,并随着这种学说的没落而被人遗忘了。我们可以一一列数笛卡尔以降的近代主要哲学家,随即会发现他们极少满意自己对意志的看法。① 任何人只要想重建真正的二元论,必须从一开始就把道德意志放在第一位。无论在哪种意义上理解"理性",赋予理性以最高地位将导致谦卑的沦丧并重新犯下斯多葛主义的错误。在这个问题上,人们不但要站在基督徒一边反对斯多葛主义者,并且要从总体上站在亚洲一边反对欧洲的知识分子(intellectual)。把意志放在第一位并不意味着要把它等同于绝对或(像叔本华那样把它等同于)"物自体";因为这样就从实证的心理观察滑向了形而上学。同样地,我们也不必因为有人强调理智和意志相比是第二位的,就跟着华兹华斯(Wordsworth)及其他浪漫派蒙昧主义者(romantic obscurantists)一道下结论说因此它是"虚假"的。

把更高意志放在第一位,只是用另一种方式来宣布"生活是信仰的行为"。人们可以在实证的基础上(on positive grounds)发现下面这条古老的基督教信条的深刻涵义:知不是为了能够信,而是信以便能够知。当理智不再为更高意志服务并作为一种独立的力量出现时,一种形而上学的幻觉,认为杯子里容纳了整个大海的幻觉,就几乎不可避免地产生了。纯粹的机械主义者或决定论者的幻觉就是现时代我们最熟悉的一种形式。如果用诗人的语言告诉决定论者,"我们的意志属于我们自己,但我们并不知道何以如此,它是我们的,因此成为你们的",他大致会这样回答:我们的意志并不属于我们自己,而且我知道这是如何发生的。不过,他自以为知道的这点知识只是知识的自诩(conceit)罢了。他试图用有限的能力去把握归根结底是无限的因素,或者说试

---

① 参见附录一。——作者原注

图让人性中高尚的部分服从于低劣的部分。对决定论者的恰当回答不是援引教条,而是让经验来说话。约翰逊博士,这位被认为是近代最明智的人士已经得出了定论,宣布"一切理论都反对意志的自由,而一切经验都支持意志的自由"。坚定地置身于这一经验事实,回归常识的道路就会在关键的地方开启。我们立刻摆脱了自然主义道德学家试图网罗我们的理智和情感的诡辩言论。如果说生活中确实存在着谜一样的东西,那么揭开谜底的人不是建立形而上学理论的人,而是在各种意义上行动的人。就自然人而言,根据道德意志来行动意味着阻抑、限制和选择。理性的自然主义者会把"选择"这一最高人性行为交给自然界处理。情感的自然主义者则会拒绝被笛卡尔主义或达尔文主义变成机器,而强调生命的独特性、自发与性情之"我",以及让自身获得表达的权利。尼采认为,由此从克制中解放出来的这种自然意志是一种权力意志,这种看法似乎是接近事实的;另一方面,卢梭或惠特曼认为这种"自由"与博爱并行不悖,这种观念则远不是实验性的。

  法国作家雷翁·都德[①]先生,曾经用"蠢货"一词形容19世纪而为人所知。如果19世纪的确符合这一称号,原因无疑在于我正在讨论的它的那个方面。决定论者倾向于将人类机械化,同时否认其真正的道德选择。从卢梭到柏格森,凡是鼓吹浪漫自发性(romantic spontaneity)的人都希图通过建立某种普遍冲动或"生命冲动"以取代道德努力,从而摆脱这种自然主义宿命论。但是在上个世纪[②],许多赞成以上两种

[①] 雷翁·都德(Léon Daudet,1867—1942),法国极右派作家,曾与人合办保王党报纸《法兰西行动》,宣扬民族沙文主义。

[②] 即19世纪。

主要道德消极论调中的任何一种的人士,同时也对"进步"坚信不疑。的确,他们不过是在漂流不定,漂向一个经常被设想为和平与博爱天堂的"遥远神圣事件"。然而,这种漂流只能漂向一个地方,在此人们可以随意漂荡,此即野蛮。文明是某种必须认真意欲的东西,它并不是从无意识深处自动喷发出来的。进而,它是某种必须首先由个人在内心产生愿望的东西。以这种方式意欲文明的人从来不曾太多,因此文明始终是一种岌岌可危的东西,而且就其本质而言也必然始终如此。用里瓦罗尔(Rivarol)的话来说,野蛮和最精致的文明就像铁锈和擦得最亮的钢一样始终紧密相随。

否认或掩饰文明最终依赖的各种内在行动的结果,就是我们所在的这个自然主义的世纪格外盛产可疑的道德家,从18世纪的"美好灵魂"(beautiful souls)一直到弗洛伊德主义者和今天的行为主义者均在此列。如果说行为主义者因为只看到物质和质料因素而应受到谴责,那么贝克莱①式的唯心主义者以及各色"新思想"代表者的更加粗糙的理论则往往因他们认为是精神的东西而否认物质,这种倾向也应该受到严厉批判。由于否认物质,他们往往失去了对"洞穴中的内乱"的现实感而从另一侧陷入了唯物主义。弗洛伊德主义对伦理的破坏有趣地展示了自然主义的另一个主要的谬误。由于对欲望外在的、机械的压抑会带来伤害,因此人们便说压抑欲望本身是恶的。如果人们说现在需要的是内在制约而非外在克制,甚至具有一定地位的哲学家也会回

---

① 贝克莱(George Berkeley,1685—1753),爱尔兰基督教新教主教,唯心主义哲学家,认为"存在即被感知",著有《人类知识原理》等。

答说:内在制约或伦理意志仅仅是阻抑人格的制动器,而车子说到底是无法靠制动器来驱动的。然而,这个隐喻完全是误导性的:伦理意志绝不是制动器这种外在的、机械的东西。把这种意志施加给外向欲望的人从自身的边缘走向了核心,走向了真正处于中心的部分。人文主义者仅会用节度的法则来约束自然人的欲望,但是如果有人由此更进一步,对自然之我及其种种冲动都完全"死心",那么接下来出现的——如果我们相信宗教大师们——不仅是空(emptiness),还有那种出人意外的平安(the peace that passeth undertanding)。

不肯对普通自我施加宗教或人文克制的人,一般不会承认自己不过是一个唯物主义者。如果他承认的话,伦理问题会变得相对简单一些。不过,以自我为中心的个人主义者总是爱为自己的放纵冠以种种美名。如柏拉图所说,他会把无礼说成是教养,把放肆说成是自由,把浪费说成是慷慨;面对维吉尔(Virgil)的问题"是不是每个人的神仅是他自己的强烈欲望",有时人们不得不给出肯定的回答。有些冷嘲热讽的人说,"诚实的上帝是人类最高尚的作品",人们必须同意这里面还是有些道理的。我们立刻就能发现,一战期间德国皇帝和许多德国人所尊崇的那个上帝,只是他们自身权力意志在宗教领域的投影。然而我们却不愿承认,在民主国家典范中也存在着这种帝国主义谬误的对应物。指出这个对应物并不难,人道主义幻想家维克多·雨果就是一个例子。蒙克顿·米尔尼斯(Monckton Milnes)说,有一次他在巴黎拜访雨果,"他被带到一间大屋子里,男男女女都坐在靠墙的椅子上,雨果高踞在另一端,仿佛国王一样。没有一个人说话。最后雨果庄严地扬声说道:'至于我,我信仰上帝。'接下来是一片寂静。然后一个女人仿佛陷入深思似的回答说:'崇高啊,一个信仰上帝的上帝!'"①不过,当一个人看到雨果信仰的上帝在多大程度上反映了他自己的普通自我,他因而能够无限度地崇拜这个自我时,那种崇高就消失了。一个人也经常把其实只是他的普通自我沉积在自身主导欲望中的东西称为进步或者正义。于是塞缪尔·龚帕斯②先生抱怨说,1919 年纽约众议院没有通过任何一条"进步的或者是具有前瞻性的法案"。我们都知道这意味着什么。对于龚帕斯先生来说,整个世界走向的那个遥远神圣事件就是劳工阶级的统治,而劳工阶级本身不言而喻是由龚帕斯一流的人物来掌控的。由于我们政治家的怯懦,这个多少有些神圣的事件有时并不像人们想的那样遥远。将"正义"一词赋予个人或阶级利益的做法我们都很熟悉,就无须举例说明了。

我们现在讨论的是最古老而且仍旧是最成功的一种伪装。一战期间,法国人引用了塔西佗③的一段话,大意是日耳曼人其实只是给他们自己的无法无天和抢劫爱好冠以种种美名。但这一特性并不为日耳曼人所独有。还是同一个塔西佗讲的,野蛮的不列颠人抱怨罗马的征服者说,"他们带来破坏,却管这个叫和平"。人类的这种倾向具有普遍性,不过在个人解放时期表现得最为突出。在这样一个时期,人们尤其

---

① 这段逸闻摘自《亨利·亚当斯的教育》(The Education of Henry Adams),第 143 页。——作者原注

② 塞缪尔·龚帕斯(Samuel Gompers,1850—1924),美国劳工领袖,生于英国,以保守闻名,组织了美国劳工联合会(1886)。

③ 塔西佗(Tacitus,56?—120?),古罗马历史学家,著有《历史》《编年史》等。

需要用霍布斯的话来提醒自己：语词是聪明人的伪币和愚人的钱币,人们不应听到一个美好的语词就认为它必然与一个美好的事物相符。在这个时代,我们已被纳入了理智工作的正轨。像卢梭那样成为一个个人主义者并同时贬低理智,意味着走向疯狂。实际上,一个人要想和过去完全决裂,就必须具有相应的敏锐区别能力,否则他将冒险建立一种"理想",并用美丽的言辞装饰某个空洞的梦想,而这仅仅是想象在虚空中的膨胀罢了。

确实,想象力肯定处于最高位置,但它应当是受到事实规训的想象力。如果没有想象力,事实就无法统一,它们将缺乏生气而彼此隔绝。但是也必须有理智（intellect）——所谓理智,我指的是人类身上那种分析、区别和追溯因果的能力,只有这种能力能够决定想象力在事实中建立起来的统一是否真实,是否仅仅存在于"喀麦拉的王国"（realm of chimeras）之中。真正的科学人士,一方面不是形而上学的理论家,另一方面也不仅是搜罗事实的人。他的杰出在于具有这样一种天赋：他对自己长期关注的某个领域内的事实具有真正的远见。他会在自身能力范围内采用各种方法,小心地核对检验灵感的火花最初向他显现的东西。他在这个阶段不是在做综合的工作,而是在做分析的工作。他取得成功是因为他在自身的感受部分、构思部分和区别部分之间建立起了正确的联系。

人文主义者处理事实的方式与之相似,只是他关注的事实来自一个截然不同的领域。他的想象力受到法则的规训,但这个法则并不是"物的法则"。他也在追溯原因和结果,但这些因果性事件不同于现实世界中的因果性事件。因为我们身上具有(用洛威尔的话说)某种拒绝"边沁化"(Benthamized)的东西,于是浪漫的唯心主义者便用怀疑的眼光来看因果哲学以及建立这种哲学的敏锐分析,但是除了因果哲学之外,任何一种哲学都有可能落入纯粹的非现实(sheer unreality)之中。"现实"实际上意味着法则的现实性,而法则又意味着就实证观察而言,时间或空间诸现象间存在着在某种恒常的联系,一种与个人欲望或意见相距甚远的联系。如果没有这样一种客观的人性法则,违反者将面临如同以手探火一般的后果,那么这个人性法则就不值得我们去探究。不错,休谟一类的怀疑主义者会宣称,因果观念本身恰恰是主观的而非客观的,它来自人类的"虚构倾向",但是即便我们走向极端的怀疑主义,认为生活只是一场"变换形象、周而复始的梦境"(dream whose shapes return),这些变换的形象之间仍然会有某些恒常的联系,因而可以从唯一有终极意义的问题,也就是幸福和不幸福的角度来加以研究。对于任何抽象的、形而上学意义上的原因和结果,批判的人文主义者乐于宣称自己一无所知,就像真正的科学人士承认自己无法把握正在追溯的现象联系背后的终极本质一样。

如果上述分析无误,那么西方在过去一段时间努力争取的那种物质进步,不但没有促进道德进步,反而很可能阻碍了道德进步。这种物质进步来自充满想象地关注与道德法则的序列截然不同的事实。真实感知给予了人们现实,服务于真实感知的敏锐分析与鉴别力日益成为科学人士或实用主义者的专利,他们用那些科学发现组建了一个具有物质效应(material efficiency)的庞大机制。与此同时,在专属人类的领域里,想象力多少有些放任自流。我在一开始就谈到,想象力建立起了某种统一,但这种统一从现实角度来看还未得到充分地验证。我试图说明,人道主义者希望在人类当中建立起来的那种统一几乎完全围绕着"服务"这一观念。人们分析这一观念就会发现,在其中,人类不是以理性的方式,就是以机械的方式或情感的方式被带到一起。在任何一种情况下,人道主义者都认为人类可以广泛地在普通自我的层面上相遇。但是,假如这种"团结"的提法被证明是虚幻的,人类只有谦卑地服从某种高于普通自我的东西才能真正走到一起,那么几代人持续建造的通向人性的庙宇就是今天的巴别塔;因此,如果它被混乱的话语所败坏,我们也不应该感到吃惊才是。

随着传统标准不断衰落,人道主义者却无法提供任何有效的替代物,这在今天已昭然若揭。整个西方似乎都处于绝境之中,单纯的理性主义者和单纯的情感主义者几乎同样面临破产。我们唯一的希望或许即是回归内在生命的真理。如果我们自己都看不到这种回归的必要性,这也许是因为我们已经处于古罗马人的衰败阶段,如李维[①]所说:他们无法忍受自己正在遭受的恶,也不能忍受救治这些恶的方案。

我曾试图说明,传统形式当中内在生命真理的丧失导致了自由观念的深刻变化。人们对于自由的构想越来越松散,它不再被视为一个集中的过程,以及对更高意志的服从或顺应。到目前为止,我的全部论点就是:我们应当以某种批判的方式寻回"自由"的向心因素,现代主

[①] 李维(Livy,前59/64—17),古罗马历史学家,著有罗马史一百四十二卷,记述罗马建城至公元前9年的历史(大部分已经佚失)。

义者任凭这种因素失落而变成了完全的、彻底的现代人。如果对自由的定义存在缺陷，这在任何情况下都是非同小可的事情，因为其中任何一种缺陷都会在人们对"和平"和"正义"的定义中反映出来，而一个社会如果对"和平"和"正义"的认识存在缺陷，就无法被视为一个有希望的社会。

如我努力表明的那样，泛神论梦想家进一步带来了大量的对自由的混乱认识，他们试图用自然的神恩代替上帝的神恩，从而混淆了两种人的区别：对于一种人，自由意味着伦理的工作，而另一种人（如卢梭）则试图在信仰之外的懈怠基础上建立起百折不挠的自由精神。纯粹的传统主义者（例如天主教徒）不仅避免了这种特定的混淆，而且普遍被免去了加给个人主义者的定义自由的任务。教会将为他提供定义：他会被告知，自由是对上帝意志的服从。教会不仅提供普遍原则，而且会指导他如何处理使用这条原则时出现的无数"个案"。既然教皇不会犯错（始自1870年），至少在宗教和道德方面是如此，那么服从上帝的意志和服从教皇其实就是一致的（当然在理论上并非如此）。

稳健的个人主义者也必须具有自己的标准，但他显然不是依赖外在权威获得这些标准的，而是通过我所描述的理智与想象力的合作。他会运用这一标准进一步为伦理意志服务。必须承认，这种想象、理智与意志三方合作的方案（而不像在帕斯卡那里倾向于分崩离析），对之进行描绘肯定比实现它要容易。不过，我们这场现代实验很难在其他条件下安全通过。如果说这场实验显示出了崩溃的迹象，原因无疑在于迄今为止它一直未能找到传统性制约的对等物。有的人自称是现代人,却不但没有建立真正的标准并参考这些标准进行选择,而且把选择的权力交给了"自然",并试图用一种散漫的、无选择性的同情取代伦理意志的工作。让同情担负它无力承受的任务,同时为了平等原则而牺牲真正属于人类的价值等级体系,这一倾向在民主运动中表现得格外突出,在我们美国的民主制度中也许表现得最为明显。因此,我们需要在民主与标准的关系中对民主制度进行探讨。在讨论过程中,我将尝试使用苏格拉底式的辩证法,进一步阐明自己对真假自由主义者所做的区分。

第七章　民主与标准

从任何一种量化指标来看,美国取得的成就都给人留下了深刻的印象。我们拥有世界上百分之九十的发动机并控制了百分之七十五的石油;我们生产了全世界百分之六十的钢、百分之七十的铜和百分之八十的电话与打字机。这些以及其他证明我们物质发达程度的统计数字,可能会让古希腊人担心受到报应,却在许多美国人心中激发起了几乎是诗意的自得情绪。他们不仅量化评估当前的成就,而且只要有可能,他们预估未来更是如此。他们和亨利·福特先生的感觉一样,既然我们拥有一千五百万辆汽车,那么再没有比把这个数字扩大到三千万更大的雄心壮志了。我们现在年产钢铁一千五百万吨,根据施瓦布先生(Mr. Schwab)的说法,这和二十年后可能达到的年产量比起来,只是小菜　碟。简而言之,这是一个已经史无前例地沉迷于物质的时代,它不过是为下一个更加关注物质、更加从属于机器的时代铺平了道路,而我们被告知,这就是进步。在一个对生活具有均衡眼光的人看来,这也许更是一种发展到极致的商业傲慢。

美国盛行这种量化的生活观远不是出于纯粹的政治原因。这种观念在很大程度上是科学发现和开辟一个新大陆合力作用的结果。借助科学,现在有可能用一百年的时间完成就连乐观的托马斯·杰斐逊①都会认为需要一千年才能完成的工作。中国人有个说法,叫作"无容身之地",我们这个国家却由于有无限的"容身之地"而遭到了特有的精神扭曲。对于我们和其他人而言都存在着一种主要的危险:在我们早就没有边疆之后,我们仍具有开拓疆土的心理(a frontier psychology)。开拓疆土的心理是扩张式的,而扩张(如我力图说明的那样)至少在政治表现方面始终具有帝国主义性质。

如果说美国取得的成就在数量上令人印象深刻,那么在质量上就不那么令人满意了。一名外国批评者问道:如果一个国家中最受欢迎的演说者是威廉·詹宁斯·布赖恩②,最受青睐的演员是查理·卓别林(Charlie Chaplin),拥有最多读者的小说家是哈罗德·贝尔·莱特(Harold Bell Wright),最著名的布道者是比利·桑迪③,最有代表性的报人是威廉姆·兰道夫·赫斯特④,那么人们必定会如何看待这个国家呢?即便对方大加溢美之词,之后显然一定会认为这个国家缺乏标准。此外,美国不仅苦于缺乏标准,而且往往苦于标准的混淆甚或颠倒。关于标准颠倒,我们可以以垒砖人为例来说明:他每天能垒两千块砖,现在工会规定他每天只能垒五百块砖。同样,当

---

① 托马斯·杰斐逊(Thomas Jefferson,1743—1826),美国第三任总统,民主党创始人,《独立宣言》的主要起草者。
② 威廉·詹宁斯·布赖恩(William Jennings Bryan,1860—1925),美国国会议员,曾任国务卿,主张和平外交,因在一战期间严守中立遭到反对而辞职。
③ 比利·桑迪(Billy Sunday, or William Ashley Sunday,1862—1935),美国基督教布道家,主张取缔酒类销售,促使禁酒成为美国国策。
④ 威廉姆·兰道夫·赫斯特(William Randolph Hearst,1863—1951),美国报业巨头,因其强调煽情和人情故事影响了全美的大众媒体。

我们对亨利·福特先生作为组织者和总机械师的才能怀有深刻印象而认真聆听他对金钱的看法,或者我们仅仅因为爱迪生先生在某些领域表现出发明的天才就把他视为教育权威,这时标准的混淆就发生了。这让人们想起了那个法国屠夫的故事:这名屠夫需要法律援助,但在咨询了许多律师之后,他最终选了最肥胖的那个。

标准问题虽然不完全等同于民主问题,但是在很多地方都触及民主问题,因此不仅是某一个国家独有的问题。确实,欧洲人喜欢把不受标准指导的人的那种粗鄙、混乱的印象主义视为美国特色。《星期六评论》中说:"美国是一个心智失衡的国度,一个充满地方政策和疯狂的乌托邦设想的国度。"然而,美国之外的许多国家也都实行某种民主制度,对标准的尊重因此而被减弱了。在这些国家中,或多或少都能看到随之而来的粗俗与轻浮,例如新西兰,如果我们相信布赖斯勋爵(Lord Bryce)的话。如果说美国人在不加区别(lack of distinction)这个方面非常出色,那是因为我们彻底摆脱了过去的影响。歌德有句广为人知的名言——"平庸是束缚我们所有人的东西"(*Was uns alle bändigt, das Gemeine*),向我们警示了平庸所具有的阻滞效果;至于他对平庸成因的解释,知道的人相对少一些——"享受造就了平庸"(*Geniessen macht gemein*)。由于每个人都渴望幸福,因此他是通过工作还是通过享受来看待幸福显然不是什么小问题。如果他是在我试图定义的那种伦理的意义上工作,他会出于对某种标准的尊重而羁勒、规束其性情自我。简而言之,他的性情自我几乎不折不扣地经历了某种皈依过程。事实上，人的整个生命可以用偏离和皈依这两个词来概括。我们当中的大部分人是沿着这两条主要道路中的哪一条来寻求《独立宣言》中追求的那种幸福的呢？这句话①的作者托马斯·杰斐逊这样说自己："我是一个伊壁鸠鲁主义者。"②不可否认，越来越多的美国青年至少在这个方面是出色的杰斐逊主义者。"美好时光"也许是最能清楚地反映他们生活哲学的一个词。人们可以设想他们中有许多人看到天空中写着这几个闪闪发光的大字。正如《笨拙》(Punch)周刊所说，美利坚合众国不是一个国家，而是一场郊游野餐。如果在生活中剔除以某种标准为参照的皈依因素，那么剩下的就是不负责任地追求刺激了。现代运动的实用主义和勤勉的一面在此变成了一场游戏。商业思想把它油腻的巨掌加于一切事物之上（包括不负责任地追求刺激）；因此，不论民主制度在理论上是怎样的，在实践中，人们有时会忍不住把它定义为标准化的、商业化的情节剧。我们发现这一定义除了适用于电影工业之外，还适用于我们国家生活中的许多方面。这种不参考任何永恒的人类经验模式、将自身沉浸在当下印象中的倾向，在我们的报刊中显得更加突出。据说古希腊城邦中的居民虽然不是傻瓜，但他们做的事情正是傻瓜们会做的事情。现在看一眼我们的报摊，我们很难不这样反思：尽管我们不是傻瓜，但我们看的正是傻瓜会看的东西。特别是我们的日报，沉迷于最幼稚的耸人听闻的信息。马修·阿诺德曾在1883年自波士顿来信说："美国人是一个优秀的民族，但是他们的

---

① 即"我们认为这些真理是不言而喻的：人人生而平等，造物主赋予他们若干不可剥夺的权利，其中包括生命权、自由权和追求幸福的权利"。

② 《作品集》(Works)，福特主编，第10卷，第143页。——作者原注

新闻业在我看来是一种可怕的病症。"当年的病症还不像现在这么可怕,因为那时候还没有出现特大标题和滑稽的副刊。一个美国人懒洋洋地躺着阅读星期天的报纸,这也许是迄今为止世上能够看到的数量战胜质量的一个最完美的象征了。每天都有整座整座的森林被捣成纸浆来满足我们的琐屑与轻浮。

的确,人们会带着某种情绪质问:这一大堆标准化的平庸事物,是否便是席卷西方数代人的那场运动的全部结果?特别是在美国,我们是否以民主为名制造了迄今为止全世界最琐碎无聊的人群?诚然,有人会坚持说:尽管我们可能由于民主潮流而丧失了差别,但是作为补偿,许多普通人至少会在杰斐逊主义的意义上变得"幸福"。但是,如果我们根据历史来判断,随着标准衰落、体现这些标准的领导者消失,随之而来的不是什么平等的乐园,而是低劣的领袖类型。拜伦把民主制度定义为"无赖们的贵族统治",这个定义在我们这个国家的某些发展趋势已经提醒了我们上述可能性。就在我们大声疾呼要让民主制度在这个世界变得安全的同时,纽约的市民们拒绝重新选举一名诚实的人做他们的市长,倒是让坦慕尼协会①的一名傀儡占据了这个位置,随后产生了一场"犯罪浪潮",他们又通过更多的票数把这个傀儡送了回去。工业革命往往会产生庞大的、似乎越来越不注意伦理标准的城市人群。就拿美国的城市来说吧,由于众多种族各异、文化背景不同的外

---

① 坦慕尼协会(Tammany),1789年成立于纽约,本为慈善团体,后发展为民主党实力派组织,留下种种劣迹而成为腐败政治的同义词。

国人的存在①,该如何获得一定程度的道德凝聚力？这一问题变得更加复杂。此外,我们的人口不但大约有一半是城市人口,而且很难说像大多数国家那样拥有农业人口或自耕农。实际上,居住在乡村的美国人在心理上变得越来越城市化了。整个形势十分反常,即便从纯粹生物学的角度来看也令人疑虑顿生。作为一名生物观察者,威廉·麦独孤②教授曾经这样说:"当我望着美利坚民族怀着不可战胜的乐观情绪沿着毁灭的道路快乐地繁衍时,我仿佛在静观人类历史上一场最大的悲剧。"

　　诚然,有人向我们保证,加入我们人口中的异质因素只会像交响乐中的不同乐器一样构成更加丰富的和声,但是人们会这样回答他:不错,但条件是这些因素像交响乐那样得到恰当的指挥,否则结果也许是前所未有的嘈杂噪声。领袖问题主要不是一个生物学问题,而是一个道德问题。从忠于健全的标准、以身作则激励他人正当行事的人,到仅仅代表智计与力量的法则,从而成为我试图定义的帝国主义者,领导人的品质可以有很大差别。如果民主制度仅仅意味着为了某种建立在自然权利理论基础上的公意而取消质量原则和选择原则,那么这种做法可能只是一种面对深渊的晕眩。如我在论述卢梭对法国大革命的影响时试图指出的,事实上这将导致一种颠倒的贵族制而不是平等。到了这个时候,人们也许不是在得到恰当领导的

---

① 例如,纽约市百分之四十一的居民实际上是在外国出生的移民;如果把他们在外国出生的父母也算上,纽约市移民人口的比例将达到百分之八十。

② 威廉·麦独孤(William McDougall,1871—1938),美国心理学家,他的本能理论对社会心理学的发展尤为重要。

民主制和希望以多数人的意见来取代标准与领导,或者说沉浸于量化印象主义(quantitative impressionism)的民主制之间进行选择,而是在得到恰当领导的民主制与没落的帝国主义之间进行选择了。从而,人们应该为了民主制度本身的利益,力求用正确的人的原则(the doctrine of the right man)来取代人的权利原则(the doctrine of the rights of man)。

传统标准和建立在假想人权基础上的平等主义民主制度之间的对立,事实上意味着两种领导制度之间的对立,这在我们的政治史上产生了重要的影响。1829年,当安德鲁·杰克逊①的虎狼之师侵入华盛顿之时,"质"这个词的较为古老的涵义第一次受到了决定性的挫败。上述民主制度②中隐藏的帝国主义因素在杰克逊这句名言中表露无遗:"战利品属于胜利者。"在这种民主制度的理论中,杰克逊自然和托马斯·杰斐逊有诸多相似之处。的确,如果我们回到建国之初,我们会发现美国从一开始就代表了两种政制观念,而这两种观念源于对自由,归根结底是对人性的不同看法。《独立宣言》中提出的观点假定人类具有某些抽象的权利,因此它和法国大革命的"理想主义"关系甚深;另一方面,启发我们宪法的观点与柏克的观点有许多相似之处。如果说前一类政治哲学家和杰斐逊有关,那么华盛顿就是后一类政治哲学家当中最杰出的代表。杰斐逊式的自由主义者信仰自然人的善,因此往往忽视个人或一个国家对于否决权的需要。以华盛

---

① 安德鲁·杰克逊(Andrew Jackson,1767—1845),美国第七任总统,第二次反英战争的将军。

② 即平等主义民主制度。

顿为代表的那一类自由主义者对自然人的态度则相对收敛一些。他们认为，正如人类具有一种制衡普通自我的更高自我，一个国家也应该在制度中恰当体现出更高自我或恒常自我，从而可以限制它在任何特定时刻表现为大众意志的普通自我。我所说的这种对立，自然是立宪民主和直接民主之间的对立。有些人认为大众意志应当胜出，但只能是在那些不再仅是冲动的、暂时性的东西得到提纯之后，另外有些人则认为这种意志应当直接地、不受限制地发挥作用，这二者之间存在着原则上的根本对立。因此，美国的民主实验从一开始就含混不清，并且在华盛顿式自由与杰斐逊式自由之间的论战得出结果之前，这种含混会一直存在下去。华盛顿式的自由主义者始终十分关注自由之联合主义的一面（the unionist aspect of liberty）。韦伯斯特（Webster）有句话概括了上述核心关切：自由与联合，整一而不可分。另一方面，杰斐逊式的自由则像一切依靠抽象权利的自由那样破坏伦理的联合。杰斐逊本人不但主张人的权利，也主张国家的权利。①此后卡尔洪②以严格的逻辑进一步发展了国家权利学说，而废奴主义者则针锋相对地贯彻执行了人权学说。结果极端主义者与脾气暴躁的人构成了两大对立阵营，于是联合问题未能在伦理路径上得到解决而不得不诉诸武力。

当一个人领会了联合主义自由和杰斐逊式自由之间冲突的全部意

---

① 例如他起草了《肯塔基决议案》（Kentucky Resolutions），1799 年 11 月。——作者原注

② 卡尔洪（John Caldwell Calhoun，1782—1850），美国共和党领袖，曾任副总统，维护奴隶制，主张各州有权拒绝接受国会的法令。

义,就掌握了打开美国历史的钥匙。事实上,这两种概念之间的冲突在个人身上并不总是那么界限分明。在杰斐逊本人身上就存在许多和我对他的说法矛盾的地方。然而,批判的一个主要工作就是辨析就内核而言彼此不同的事物,尽管它们的外缘有重合之处。例如,我们对杰斐逊和约翰·马歇尔①这位华盛顿之后最杰出的联合主义者同样崇敬,这证明我们对建国元勋并不缺乏敬爱,但是我们缺乏批判性的分辨能力。杰斐逊和马歇尔完全明白他们代表了不可调和的东西②,我们也应该了解这一点,这是非常重要的。约翰·昆西·亚当斯③在他的日记中写道:"马歇尔把合众国黏合在了一起,而杰斐逊那种狡诈的、空想的民主总是倾向于消解它。"

通过对联合问题的关注,林肯成了华盛顿和马歇尔的真正继承人。如果我们无视林肯本人在这个问题上的明确宣示,把他塑造成伟大的解放者而不是伟大的联合主义者,这样做无非是在制造一个林肯神话,正如我们已经制造了一个华盛顿神话。④ 有时人们会说,好的民主党人只需要像林肯一样就行了,但我们首先必须知道林肯是怎样的。这不仅是属于批评家的任务,而且鉴于林肯神话的存在,这个任务比一般

---

① 约翰·马歇尔(John Marshall,1755—1835),美国政治家,曾出任国务卿与最高法院首席法官,通常被认为是美国最高法院有史以来最有影响力的大法官之一。
② 当然,杰斐逊与亚历山大·汉密尔顿之间也存在着相似的对立。奥利弗(F. S. Oliver)的《汉密尔顿传》(Life of Hamilton)对这一对立的本质表现出了清晰的洞见,值得称道。——作者原注
③ 约翰·昆西·亚当斯(John Quincy Adams,1767—1848),美国第二任总统,《独立宣言》起草人之一。
④ 威姆斯"牧师"("Parson" Weems)的《华盛顿传》(The Life of Washington,1800)对于这一神话的产生独具影响。——作者原注

预想的还要困难。人们看待林肯容易感情用事,因为他本就具有鲜明的情感主义气质。不过,虽然林肯的民主和杰斐逊的民主①,甚至是惠特曼的民主在边缘部分都有所重合,我们还是应当强调其核心部分的差异。例如,如果我们想认识虔敬的谦卑和浪漫的自我中心主义之间的差别,只需要对比阅读林肯的第二次就任演说和《自我之歌》(Song of Myself)②就可以了。尽管边缘部分有所重合,我们还应当小心不要混淆林肯的民主和罗斯福的民主。我们在罗斯福思想的核心部分感受到的是一种帝国主义人格的强烈冲动。相反,我们在林肯思想的核心地带感受到的是明断克制的因素,以及与之密切相关的对法院在维护自由制度时所扮演角色的深刻理解。一个研究过真实的林肯的人,很难想象他会支持撤销法院的判决。

一般说来,杰斐逊式的自由主义者比华盛顿一脉的自由主义者表现得远更博爱,但在人类的温情和友善方面却通常比不上联合主义者。华盛顿、马歇尔和林肯在最好的时候把实践上的明达与内心的温厚和无私融合在了一起。另一方面,杰斐逊虽然也许是美国最成功的政客,但他在处理具体的突发事件时并没有表现得格外明达;而且,如果阅读他的《杂记》(Anas)并思考其创作背景,我们很难不得出这样的结论:他的人格的中心特征不是温厚与无私,而是报复心理。

每一个研究历史的人都知道,能够享有我给予联邦党人领袖的那种美誉的政治家是极其罕见的。宪政自由首先要归功于他们,那是一

---

① 林肯其实曾被指控贬损杰斐逊而做过自我辩护。参见《作品集》(Works),尼考莱、黑伊(Nicolay & Hay)编,第6卷,第60页。——作者原注

② 即惠特曼的代表作。

切民族所能领受的最大福祉。然而我们有失去这种福祉的危险,《第十八条修正案》①就是一个明显的证据:它意味着我们不但失去了我们自己的宪法所依赖的原则,而且失去了一切与法律制定相对的宪法所必须依赖的原则。

现在我们偏离了宪政自由,原因即在于传统标准的不断萎缩以及自然主义哲学的兴起,而这种哲学不是用情感主义就是用实用主义的方式来处理人类特有的问题。特别是我们民族自身气质发生的重大变化最终归结于这一事实:基督教新教,特别是以清教形式出现的基督教,一直在给人道主义让路。这一点值得强调,因为那些支持禁酒和其他类似"改革"的人一直被指责为"清教徒"。然而,真正的清教思想是一种关于内在生命的宗教。我们的联邦党人领袖,如华盛顿、马歇尔、林肯,虽然不是狭义上的正统教徒,但仍然是传统意义上的宗教信徒。如他们所见,善恶之间的斗争仍旧不是主要发生在社会领域,而是发生于个人内心。他们有意识地依赖更高意志或神圣意志,这必然会在他们的自由观中反映出来。与此相对,杰斐逊把他的自由与"自然"而非上帝联系在一起。众所周知,他赞美了美洲印第安人的"自由"。② 他主张尽可能地消除政府的作用,但并不赞同柏克的看法,即随着外部制约的废弛,必须严格按照比例加强内在制约。当邪恶确实发生的时候,杰斐逊主义者不可能求助于内在制约的原则,他也不愿意承认暴力是代替这种克制的唯一方法,于是他被迫走向了看上去有违自己原则的

---

① 此即1919年1月16日通过的禁酒令,后被宪法第二十一条修正案取消,于1933年12月5日生效。
② 见《作品集》,福特主编,第3卷,第195页。——作者原注

悖论:求助于立法。不管怎样,有一点必须廓清:我们现在试图用社会制约取代内在制约,这是杰斐逊主义的做法而不是清教主义的做法。我们(美国人)本是真正的清教徒的后裔,就此而言,我们应该可以接受斯图亚特·薛尔曼①教授所说的美国人的观点与德国人的观点之间的对立:"德国人的理想是外部制约和'内在自由',即政府照看他的行为,而他照看自己的自由。美国人的理想是外部自由与内在制约,即个人照看自己的行为,而政府照看他的自由。因此,在德国,由政府来宣布禁令(Verboten)并由警察强制执行;在美国,禁令由公众舆论宣布并由个人的良心强制执行。这样看来,我们国家的集中原则即清教主义是对我国的扩张原则即民主制度的必要制约。我是在德国人和德裔美国批判者所赋予的意义上使用'清教主义'一词的,此即'对扩张的自然冲动的内在制约'。"②

薛尔曼教授提出的对立在过去是真实的,现在仍然有其真实性——至少对战时宣传的意图来说是足够真实的。但我们现在的主要动向是怎样的呢?我们显然偏离了薛尔曼教授所说的清教徒的观点③,而正在走向他所说的德国人的观点。"对扩张的自然冲动的内在

---

① 斯图亚特·薛尔曼(Stuart Sherman,1881—1926),美国文学批评家,白璧德的学生,20世纪20年代美国新人文主义运动的领导人之一。

② 见《美国和联盟的理想》(*American and Allied Ideals*),《战争情报丛编》(*War Information Series*),第12卷,第9页。——作者原注

③ 即便在最正统的清教徒后裔那里,清教意识近来也在发生奇怪的变化。亨利·亚当斯(Henry Adams)在对圣母的赞美诗中插进了对发电机的赞美诗,其中的整个构思与中世纪的基督教没有什么关系,和清教主义思想更是毫无瓜葛,然而它却和19世纪的思潮联系密切,即认为罔顾正义的同情正好可以用来矫正人们不顾节度法则追求的那种力量。——作者原注

制约"正是杰斐逊的哲学中欠缺的内容。杰斐逊主义者不得不处理关于邪恶的问题,但不是有机地通过内在生命,而是以机械的方式进行。他像耶稣会士一样从法律降到了法律文牍主义(legalism)的层面。有人估算过,如果在德国有一个禁止标志,在我们国家就有一打之多,只不过我们树起禁止标志后就视而不见了。于是,禁令由政府宣布,但大多被个体意识所摈弃,接下来便由警察(极不完善地)强制执行。我们正在通过一大堆法律①,这就是我们越来越无法可依的诸多证据之一。

清教徒的观点和人道主义立法者的观点无疑有着边缘性的重合。清教徒从一开始就喜欢四处插手,一个人只要研究过加尔文在日内瓦的所作所为就可以证实这一点。但即便是这样,人们也可能会问:那些促使我们忍受禁酒主义者干涉举动的关键论据,或许不是清教主义的,而是实用主义的?亨利·福特先生说:"现代工业和机动车进来了,酒就必须出去。"真相也许是,我们得准备好向"效率"这个摩洛神②献上任何牺牲,显然也包括我们的联邦宪法。

最近对清教徒发起攻势的人喜欢把自己看成是"知识分子"。但

---

① 据估计,自1909年至1913年,美国国会及各州立法机构通过了六万一千零一十四条法规。其中某些法律——例如指定洗手指的碗和旅店床单长度的法律,使人想起了古代城邦在最糟糕的情形下所迷恋的那些繁缛规定。参见古朗日,《古代城邦》,第266页:"国家施行暴政一直到最细微的事物上;在洛克里,禁止男人喝纯葡萄酒;在罗马、米利都和马赛,禁止女人这样做。每个城邦都通过立法确定其风俗习惯,这是很平常的事;斯巴达的法律规定女人的头巾式样,而雅典的法律则禁止她们在外出旅行中携带三件以上的袍子。在罗德岛,法律禁止刮胡子;在拜占庭,家中有一把剃刀会被处以罚金。相反,在斯巴达,法律要求人们自己刮胡子。"——作者原注
② 摩洛神(Moloch),古代腓尼基等地所崇奉的神灵,信徒焚化儿童向其献祭,后引申为引致巨大牺牲的可怕事物。

是,如果说知性的首要作用是做出精确的区分,那么他们显然配不上这一称号。他们在处理对象的时候陷入了双重混乱。就其将捍卫人性中的克制原则视为清教主义而言,他们不过是在以"知识分子"为名抨击由来已久的智慧及其在东西方的真正代表。另一方面,把清教徒的名号送给今天正在抽干我们精神活力的人道主义立法者,这对他们来说乃是过分的、不配获得的恭维。以西奥多·德莱塞①先生对清教徒的抨击为例,他对美国提出了一个古怪的论断:"没有任何国家具有这样一种奇特的、狂热的、要让十诫发挥作用的决心。"我们以大约每年一万人的速度相互杀戮(其中仅有少数死刑判决),②总体上显得比其他"文明"国家更具有犯罪倾向。③ 看来,我们正在努力让人道主义而不是十诫发挥作用——但人道主义并未发挥作用。如果说我们的法院惩办犯罪如此不力,一个主要的原因就是法院没有获得大众舆论的支持,因为构成大众的主要是这样一些人——他们用对失败者的同情取代了所有其他美德,或者是这样一些人——他们认为罪犯是其环境的产物,因而在道德上是没有责任的。在这里,就像在别处一样,使生命变得机

---

① 西奥多·德莱塞(Theodore Dreiser,1871—1945),美国小说家,主要作品有《嘉莉妹妹》《美国的悲剧》《欲望》三部曲,1945年加入美国共产党。

② 美国1885年有一千八百零八名杀人犯,其中一百零八名被处决;1910年有八千九百七十五名杀人犯,其中一百零四名被处决。——作者原注

③ 1918年,芝加哥的抢劫案是伦敦的二十二倍,是英国或威尔士的十四倍……在圣路易斯和底特律这样的城市,每年抢劫和意在抢劫的斗殴数字经常是整个大不列颠的相同案件报案数字的三到五倍。利物浦大约是克利夫兰的一又三分之一倍,而在1919年克利夫兰是利物浦的三十一倍。见雷蒙德·福斯迪克(Raymond B. Fosdick),《美国的犯罪和警察》(*Crime in America and the Police*),1920年,第18页。福斯迪克先生将我们司法制度的不完善归咎于我们的律法主义和我们的情感主义,见第48页。——作者原注

械化的人和那些煽情的人走到一起来了。

对道德责任的信仰,必然以相信根据标准进行内在工作的可能性为基础。如我力图表明的那样,实用主义者主要强调的是外在的工作。这样做的结果是(这和机器的增多同步发生)用标准化(standardization)取代了标准(standards)。我们的商业老手所追求的那种效率迫使许多人失去了明确的人性特征,而仅成了一台庞大机器上的一枚齿轮。按照目前的速度,用不了多久,即便是遥远乡镇里的食品商都会连确定一磅奶油价格的主动权也没有了。

然而,和当前所谓的"理想"比起来,标准化对标准造成的威胁还不是那么严重。一个人以理想为名破坏标准,并不是受到商业动机的驱使,相反是对下层人和被压迫者的最纯粹的同情激发了这一行为。我们必须有勇气对这种人道主义激情仔细加以考察。我们最好从"美国不过是机会的一个别名"这句广为人知的名言开始。做什么事情的"机会"呢?加入争抢金钱和物质成果的战团,直到亿万富翁作为一个信奉"一切人生来平等"的国度①的代表产物而出现?据拿破仑的说法,法国大革命也不过是机会的一个别名("向有才能的人敞开的竞技场")。美国的一些商业超人显然以极其拿破仑化的方式利用了他们的机会。不管怎样,机会只有以某种真正的标准为参照才有意义。情感主义者并没有通过抗议不正当的优越性(superiority)而建立起这样的标准,倒是倾向于不加选择地同情那些在经济利益竞赛中落后的人。甚至当他们的看法不是那么物质主义的时候,也会规避正义问题。他

----

① 指美国。

们不会问一个人之所以失败,是不是因为他有过机会而未能利用这个机会,或者说,被他们视为社会秩序牺牲品的那个人是不是他自身的不端行为①或者至少是他自己的懒惰和无所用心的牺牲品,因此他面临着种种惩罚,而这些惩罚要比道德法则的惩罚和善多了。

其实,"提升者"(the "uplifter")的观点之所以流行,是因为它助长了精神上的自我满足,它使一个人得以自视为"上"并视他人为"下"。所谓自我满足的人是上帝鼻孔里的一道"特殊烟雾",乔纳森·爱德兹的这个说法蕴含着心理学的(如果不是神学的)真实性。一个人需要仰望而非俯视那些高居其普通自我之上、让他感到自己精神卑下的标准。一个这样仰望的人值得人们仰望并就此足以担任领导者。人们会补充说,长远地看,这种领导制度也许会成为制衡帝国主义超人的唯一有效方法。

无论有多少献身社会的工作及其假定的利益,都难以取代精神对标准的内在服从。人道主义者在这里似乎陷入了一个怪圈:如果离开内在生命而为自己的同胞服务,他们就变成了好管闲事的人;如果成为主要为他人利益考虑的榜样,他们就变成了自命不凡的家伙。如果缺乏谦卑,一切都无济于事。正如柏克看到的,谦卑是应该在世间胜出的正义以及宗教美德的最终根源。我一直在强调,柏克认为与他所说的

---

① "桑丘喊道:'这是一伙苦役犯,正要去做苦工。'堂吉诃德回答说:'不管怎么样,这些人,由于他们是被带走的,通过暴力而不是出于自愿。……现在是行使我的职责的时候了,铲除暴虐,救助受苦的人。'桑丘说:'老爷,您要考虑到正义,也就是国王本人,并没有对这些人有什么暴行或冤枉,而是通过惩罚他们的罪行来惩处他们。'"《堂吉诃德》(*Don Quixote*),第1部,第22章。——作者原注

标准和领导权联系在一起的传统秩序已被严重破坏,因此现代的问题便在于获得忠于标准的领导人。迄今为止,与传统信仰决裂的人在处理上述领袖问题时(尽管他们承认需要这种领袖)表现得格外无能。特别为具有实证精神感到自豪的人一直在为自然科学的拥护者寻求领导权。例如,奥古斯特·孔德①不仅把科学人士视为现代的真正祭司,实际上也贬抑了个人的道德努力。在这里我几乎无须重复我在别处说过的话:单纯的科学"进步"的全部后果就是产生出卓有成效的自大狂。自然科学在自身领域内表现得非常出色,但是一旦被抬高到自身领域之外,科学就成了人类迄今犹在膜拜的最丑恶的偶像。如果说真正的科学的本质在于不带任何教条主义的先入之见忠实地看待一切自身呈现的事实,那么我们有理由追问:忘记了自然科学属于——用丁尼生②的话说——"第二位"而不是"第一位"的人,是否真正是科学的?在科学和实用主义之间是否没有必要建立泾渭分明的区别?例如亚里士多德是一位真正的科学人士,然而他并不是一个实用主义者。③另一方面,弗朗西斯·培根是整个实用主义运动的倡导者,但是人们却会怀疑他是不是一名卓越的科学人士。除了他未曾取得重大科学发现这一事实,人们还会质疑培根方法的有效性。经常有人提起,他未能正确对待作为健全科学方法一部分的演绎法。一个更加严重的缺陷是:他

---

① 奥古斯特·孔德(Auguste Comte,1798—1857),法国哲学家,实证主义和社会学创始人,主要著作有《实证哲学教程》《实证政治体系》等。
② 丁尼生(Alfred Tennyson,1809—1892),英国桂冠诗人,作品有《夏洛蒂小姐》《尤利西斯》及组诗《悼念》等。
③ 《政治学》,1338b:"总是追求有用的东西是不会成为自由和高尚的灵魂的。"——作者原注

未能认识到想象的作用,或者说,他未能认识到科学发现过程中超常才能的作用。①

有人说,我们需要的是科学知识分子的贵族统治或任何一种知性的贵族统治(aristocracy of intellect),对此我们不能表示同意。这实际上刺激了知识欲,并用傲慢取代了谦卑的位置。更让人难以接受的是艺术家的贵族统治:正如"艺术"这个词近来逐渐为人所理解的那样,它意味着试图在感官欲的基础上进行选择的审美家的贵族统治。同样,尼采主义者试图在一味扩张权力欲(libido dominandi)的基础上找到贵族的、选择的原则,这在实践中将引发骇人的暴力并最终导致文明的消亡。在过去一个世纪里,试图按照人心中的这三种主要欲望建立一系列价值标准的种种努力经常带有一种神秘色彩。人类喜欢认为他的恣肆幻想——无论这种幻想是什么——有上帝作为同盟。确实,当一个人回顾现代思潮中的各种神秘主义思想,如塞里尔先生的著作中所列举的那些思想,人们就会想起波舒哀这句话:"真正的神秘主义是如此稀少,若有若无,而伪神秘主义又如此常见和充满危险,我们无论多么坚定地反对它都不过分。"

如果说人们经常在审美家、超人和科学知识分子对领导权的要求中发现伪神秘主义的因素,那么这种因素在那些以民主为名断然拒绝领导的人那里则更加明显。如我们所见,惠特曼因此不愿羁勒其"自

---

① 像培根那样,不仅假设自然是可以穷尽的,而且可以通过一些实际上很平庸的专家的持续累积观察来穷尽自然,这在核心部分就错了。参见《新工具》(Novum Organum),第1卷,第112条:"我发现科学的方法是为了尽量衡平人们的智力,几乎不给个人的卓越留有余地。"——作者原注

发的自我",他希望其他人都一样放纵自己的"特性",简而言之,成为一个完全的浪漫主义意义上的"天才"。这种无法无天的自由据说将带来平等和博爱。如果人们告诉这类民主人士,他们的方案违背了常识与真实的经验,那么他们往往会逃向神秘的"远见"寻求庇护。结果人们需要高度的神秘主义来设想自己顺着性情到处飞散而能够走到一起。惠特曼并不承认我们需要那种谦卑地仰望某种标准、同时自身也值得大众仰望的领导人。他所考虑的唯一领导显然是那种逢迎大众的骄傲心理、歌颂神圣的普通人(the divine average)①、理想的民主诗人的领导。他以一种极端的方式,再现了以爱的名义取代对放纵情感进行生命制约的做法。他认为,骄傲与自我张扬如果用"爱"来调和就不会伤害联盟原则。②他说:"合众国虽然总是聚集着清谈家,但它始终是自信的、坚强的。"然而,以往的记载并不让人确信可以在一个充满"清谈家"的社会中维系伦理的一体性。不管怎样,人们将在真正的领导人——"这个喧闹国度中仍然强健的人"——而不是在"神圣的普通人"当中找到抵消清谈家影响的人。在此,我们面临着另外一种由于涉及第一原则而无法调和或妥协的对立,即精英信条和神圣普通人的信条之间的对立。如果一个人现实地看待人性,他会随处发现值得尊

---

① 《民主的远景》(Democratic Vistas):"美国人需要一种诗歌……(它)在大篷车上,面对任何艰险都高扬人类对自身之神圣骄傲(新宗教的根本基础)的旗帜。人民聆听普通人性深自谦抑、遭受羞辱、承认优越者的诗歌已经够久了。但是美国不会去听这种诗歌。我们的歌唱是勃发的、膨胀的和自我尊重的,而美国将快乐地倾听。"——作者原注

② "……美国的灵魂具有相等的两半,一半是爱,另一半是膨胀或骄傲。"——作者原注

重的人,有时还会发现值得敬仰的人。另一方面,任何一个对大众的神圣性具有信仰的人势必——如果我们信任历史记载的话——产生幻灭而最终陷入绝望。现在我们正在走向这个国家①的幻灭阶段。根据《大街》(Main Street)作者的说法,普通人并不是神圣的,而是琐屑的。根据《勺江选集》(The Spoon River Anthology)作者的说法,他们断然是可憎的。几乎无法否认的是,当代美国为讽刺提供了发泄口。许多人正在逐渐转向物质主义,与此同时却经常幻想自己是光芒四射的理想主义者。但是,讽刺要有价值,就必须具有建设性。与琐屑相对的是卓越,而人们只有根据标准才能断定什么是卓越的。在具有标准的背景下来阅读《大街》肯定是有裨益的,但标准正是我们所说的现实主义者们缺乏的东西,他们本身就是他们试图定义的那种弊病的组成部分。

赞成民主的理想主义者往往因为他们对平民大众的无限信任而轻视标准和领袖问题。诉诸平民大众在多大程度上是正当的,又在多大程度上仅仅是在煽动民意呢?"有的人(somebody)比任何人(anybody)都知道得多,这就是每个人(everybody)",这个说法当中显然包含着真理。只是我们必须让每个人都有足够的时间来筛选证据,而且还要加上一句:即便如此,也不是每个人都知道得很多。柏克告诉布里斯托(Bristol)的选民:他不是在逢迎他们现在的看法,而是在表述双方在今后五年内必定会有的看法。甚至当大众以冷静的判断战胜变化不定的印象之后,真正领导人的作用也不容低估。1795年美国大众渴望给予法国雅各宾派兄弟般的礼赞就是这样一种情形。伟大而英明的华盛顿

---

① 指美国。

反对与之建立几乎一定会带来灾难性后果的联盟,可是由于这个原因,他被《曙光》(Aurora)之类的刊物(这是我们现代"民意刊物"的先驱)冠以大量(如他本人抱怨的那样)一般对于小偷来说都嫌过分的名号。不久之后,华盛顿和他的同道就被发现是正确的,而那些似乎在为平民大众代言的人是错误的。一个社会如果缺乏少数明智的人,那么即便此后能够冷静反思,也很难让人产生多大的信心。例如,海地的政治家便很难就今后五年内的问题诉诸民意。然而,赞成民主的理想主义者所谓诉诸平民大众,不一定意味着诉诸民众的冷静反思,他的意思其实是将多数人的意愿立刻付诸实施。就像那首滑稽歌曲中的人一样,人们应该"在想要的时候要他想要的一切"。许多年来,我们美国人无疑正在转向这种极端民主制度,这一点从日益成为风尚的公民立法提案权、公民表决、公民取消权(无论是针对法官还是司法部门的决议)以及大众提名候选人、直接选举参议员等举措中就可以看得很清楚。由于觉得人民应当直接采取各种措施,某些州竟然出现了三十英尺长的选票!然而,认为智慧在任何特定时刻都属于大众的这种想法是破灭得最彻底的一个谬见。如果耶路撒冷的平民大众借助最先进的选票箱投票表达自己的意愿,没有任何证据表明,他们会选择耶稣而不是巴拉巴①。鉴于判处苏格拉底的审判团的人数,我们可以确信他是"伟大而庄严的公民表决"的牺牲品。另一方面,平民大众却对尼禄表现出特别的喜爱。有人会反驳说,平民大众受到了教育并且获得了启蒙。与

---

① 巴拉巴(Barabbas),《新约》中记载的一名犹太囚徒,大众要求赦免此人而处死耶稣。

选择性征兵制度配套实行的智力测试表明,我们美国男性选民的平均智力年龄是十四岁。① 确实,测试智力者自身的智力不是没有疑问的。赫斯特集团(The Hearst)的出版物拥有两千五百万读者,这一事实或许更具说服力地表明了美国人心智水平的低下。

歌德说过:"没有什么比多数人更可恶的了。它包括少数强有力的领导人,一定数量的帮闲无赖和低声下气的弱者,以及一大群跟着艰难跋涉、丝毫不知道自己想法的人。"如果这个分析多少是正确的,那么极端的民主常常只是名义上的多数人的统治。的确,没有什么运动比所谓民主运动更清楚地表明,高度组织的、坚定不移的少数人意志如何有可能压倒迟钝的、无组织的大众的意志。即便大众不愿意跟在少数后面"艰难跋涉",要想反抗也越来越难了。自然科学是站在少数人的暴政一边的。普通市民不可能在火炉旁放一把机关枪或在后院停放一部坦克车。最新类型的革命理想主义者,尽管他们主要关心的仍然是为人民带来福利,但平心而论,他们并不希望通过多数人来获得这些福利,而是通过组织起来的少数人的直接行为来实现。他觉得自己有正当理由强行(如果需要的话,可以动用武力)让人民接受他的药方。

这种类型的激进分子正在转向精英信条(the doctrine of the saving remnant),并且以自己的方式认识到一切事物最终都取决于领导人的品质。然而他对这种品质的看法与传统的看法存在着奇怪的差异。人

---

① 测试图表见《国家科学院备忘录》(*Memoirs of the National Academy of Sciences*),第15卷。——作者原注

们必须承认,无论传统上接受何种领导理论,现实中的领导从来没有臻于完美。如约翰·塞尔登①所说,人们很少怀疑"多么少的一点愚蠢统治着这个世界"。此外,自从特洛伊战争时代以来就凌驾于社会顶端的愚蠢一直在大众中得到忠实的反映("无论国王多么疯狂……"②)。审视以往历史的人有时不禁会默认德莱顿的悲观判断:"没有也不会有任何政制能阻止投机者和蠢人爬到最高位置。只是人换了,但政治中的机诈、宗教中的虚伪、自私自利和管理不善亘古不变。在一切时代,大量的鲜血和金钱只带来了新的面孔,而良心依旧。"不过我们应该注意到以往的恶劣领导和今天革命时代的恶劣领导之间的区别。过去的领导人之所以糟糕,是因为他们频频触犯自己主张的原则;而今天则是当罗伯斯庇尔这样的领导人开始实行他们的原则时,关心文明能否幸存的人有理由为此震悚觳觫。

　　德莱顿的转变③似乎表明人们真正需要的不是良心依旧的新面孔,而是良心本身的变化。革命理想主义者如罗伯斯庇尔等人希望实现的正是这种变化。他意欲将社会良心取代旧式贵族政权领导人的朽败良心。如我们所见,这种良心所激发的大众意志完美无瑕,因而不仅可以安全地取代王室的意志,甚至可以取代神的意志。我曾试图指出,一个只想成为"普遍意志"或"神圣普通人"的工具,时而被认为本质上

---

① 约翰·塞尔登(John Selden,1584—1654),英国法学家、文物学家、东方学家,曾任下院议员,著有《闲谈录》。
② 原文系拉丁文:"Quidquid delirant reges—"。全文是"Quidquid delirant reges plectuntur Achivi",此系贺拉斯的名言,意为"无论国王多么疯狂,遭殃的都是希腊人"。
③ 德莱顿生于清教徒家庭,王政复辟晚期五十五岁时改宗天主教。

是理性的时而又被认为本质上是博爱的领导人,实际上会成为帝国主义的领导人。在这里,不妨特别就我们在国际关系方面很可能出现的后果进一步分析这种民主理想主义。过去一段时间的倾向是:不是在理论上作为理性的体现,而是实证地作为意志的体现来看待国际法。①如果说国际法反映了国与国之间关系的任何改善,那么必须指出,用大众意志取代神圣意志实际上倾向于促进人们甚至是不同国家人民的伦理联合(ethical union)。如果我们用现实主义的态度来分析大众的意志,我们会发现它意味着一大群日益摆脱传统标准、沉湎于我所谓"不负责任地追求刺激"的人的意志。我们知道,这些刺激来自耸人听闻的报纸和国际事务,常常让人手足无措地突然从绥靖主义转向侵略主义。任何能够回忆起我们和西班牙发生冲突前那个时期的人,都会充分意识到这类新闻在引发战争中扮演的角色。让我们再一次拷问自己:美国和日本发生冲突的可能性,是否会因为日本变得更加民主,或者说用"大众意志"取代了若干"较老成的政治家"的意志而降低? 任何一个人如果知道耸人听闻的日本报刊是如何煽动起国人对美国的猜疑的,都有理由对这个问题表示怀疑。

现实主义的观察者不得不给出这样的结论:很可能一个民主国家对自己的感觉是理想主义的,但在实践中却是帝国主义的。的确,理想主义和帝国主义具有颇为直接的对应关系。例如,具有惠特曼意义上

---

① J. 德·鲁特(J. de Louter)沿着历史追溯了以下两种人的对立:前者将国际法基于被视为"普遍理性"的"自然法"(*jus naturale*),后者倾向于将之视为意志的表达(expression of will, *jus voluntarium*)。见《实证公共国际法》(*Le Droit international public positif*),第1部,1920年版,第77及以下诸页。——作者原注

的博爱意味着无限扩张,而在这个世界上,无限扩张与和平是无法并存的。惠特曼想象美国不停向外扩张,直到合并加拿大和墨西哥,成为大西洋和太平洋的主宰——这个方案几乎肯定会让我们与整个世界为敌。如果不根据美国人的自我感觉而是根据实际所为,人们必定会得出结论:根据我们到目前为止的表现,我们一贯是向外扩张的、帝国主义的民族。① 也许有人会说:我们只是扩张到了天然的国界;可是我们已经来到了菲律宾,而且显然有卷入亚洲事务的危险。日本,一个拥有五千七百万人口(每年递增六十万人)的国家,位于面积还没有加利福尼亚大的一组岛屿上,其中只有百分之十七的面积适于耕种,至少有一个似是而非的借口去扩张它的天然疆界。而我们,拥有几乎无限的并且大多未经开发的资源,却要在现有条件下冒着可怕的战争风险不断东扩,以便有可能从中获取任何东西,这将成为十足的精神躁动和无节制的重商主义的极端例子。我们国家历史中的各个主要事件都必然具有高度的理想主义色彩,这是美国心理的一个组成部分。例如,几年前我们由于对墨西哥的主权横加干涉而处于爆发冲突的边缘,威尔逊总统马上把当初的斗争描述为关于"服务"的战争。西塞罗说过,罗马通过援助盟国而控制了全世界;有一天我们同样可以说,美国由于理想主义的连续爆发而从一个联邦共和国变成了高度集权的、官僚主义的帝国。我们乐于承认所有其他国家都是为自己打算的,但是说到自己,我们却认为美国只是遵循最无私的动机行事的。我们迄今还没有像革命

---

① 珀尔斯(H. H. Powers)在《各国间的美国》(America Among Nations)一书中描述了这种前后一贯的帝国主义。——作者原注

时期的法国那样,把自己塑造为各国中的基督,但是在上一场战争中,我们至少觉得自己是国家中的加勒哈德爵士①。如果说美国人以理想主义者自居,而外国人却把他视为金钱的追逐者,那至少部分是因为美国人根据他的感觉来判断自己,而外国人则根据他的行为来判断他。

  这当然不是真实情况的全部。在我们的理想主义传统之外,还有一种建立在道德现实主义之上的联邦主义传统。华盛顿说:"这是建立在普遍人类经验基础上的一条准则,即对于一个国家,我们只可在其自身利益范围内予以信任;任何一名总统、政治家或政客都不得冒险偏离这一准则。"一切现实观察都证实了华盛顿的观点。受到他的精神启发的人相信,我们应当全民做好准备,然后应当关注我们自己的事务。另一方面,我们的理想主义者倾向于不做准备,然后展开普遍干涉(general meddling)。还有引人注目的第三种态度,它实际上与罗斯福有关。罗斯福的追随者们想做好准备,但是我们无法指望他们像追随华盛顿的人那样关注自己的事务。当然,人道主义者会让我们干涉外国事务,这是其全球服务方案的一部分。不幸的是,进行这一方案而不被卷入一个世界帝国的方案比他们设想得还要困难。情感帝国主义(sentimental imperialism)这个术语可用于古罗马历史上的某些事件。②我们自称进行世界大战的某些动机很有趣地让人想起弗拉米尼努

---

  ① 加勒哈德爵士(Sir Galahad),亚瑟王传奇中的圣洁骑士,象征品德纯洁高尚、追求崇高理想的人。
  ② 见坦尼·弗兰克(Tenney Frank)的《罗马帝国主义》(Roman Imperialism),特别是第8章"情感主义的政治"。——作者原注

斯①一类人物自称赴援希腊时提出的动机。距弗拉米尼努斯一百多年后,西塞罗在被三人执政派来的使节刺杀②的前几个月写到,他本人一度认为罗马代表了全球服务而不是全球帝国,但是他完全幻灭了。他继而谴责尤利乌斯·恺撒这位帝国主义领袖的典范,认为他为了作恶而作恶,是魔鬼的人间化身。但是恺撒至少还能看到罗马的精神气质正在发生变化,即罗马人由于宗教约束(斯多葛式的"服务"并不足以替代它)的解体正在迅速变得不再适应共和制度。

的确,有些人喜欢超出这种具体的比较,而在没落时期的罗马和现代美国之间建立大体平行的关系。这种平行比较总是不完备的,运用之时必须格外注意。首先,我们需要较为精确地界说我们所谓的"颓废"是什么意思。对于"以往美好时代"抱有幻觉的人经常含糊不清地使用这个词。③李维的感叹——"如今你在什么人身上能发现过去属于整个民族的那种谦和、正直和高尚精神呢?"——确实有些田园诗的味道。然而,如果将共和时期与帝国时期的罗马进行比较,人们就会感觉到真正的衰落了。在皮洛士的谋士齐纳斯④看来,元老院是半神人(demigods)的集会,到了提比略时代,已经成为一群唯唯诺诺、趋炎附势的人的集会。贺拉斯声称他那个时代的罗马在持续不断地堕落,这

---

① 弗拉米尼努斯(Titus Quinctius Flamininus,前229?—前174),古罗马政治家、统帅,曾征服山南高卢,后在第二次布匿战争中战败身亡。
② 时为公元前43年。
③ 如那位田园哲人所说:"事物不像从前那样了——事实上它们从来不曾是那样。"——作者原注
④ 齐纳斯(Cineas,?—?),古希腊演说家、政治家,曾劝皮洛士二世放弃进攻罗马,后被派往罗马谈判和平条件,未被元老院通过。

不过是道出了严峻的实情。① 在贺拉斯和其他敏锐的观察者看来,最能表明这种堕落的症状就是家庭纽带的松散。

　　在美国,我们是否正目睹着一场类似的道德消解?如果是的话,它已经发展到了哪一步?一名外国批评者声称,我们已经达到了荒谬的"黑利阿加巴卢斯②阶段"。与此同时,不可否认的是,关于"自由"的自然主义观念非同寻常地破坏了以往的两大联合因素——教会与家庭。家庭约束的衰落是相当晚近的事情,能回忆起当年清教家庭中常见情形的人还尚在人世。③ 从旧日的束缚中解放出来的过程并不总是滑向单纯的物质主义,当前意义上的唯心主义常常代替了传统宗教的地位。的确,清教徒的后裔钟情于重商主义,特别是在南北战争以来,不过这是经过了人道主义运动调和之后的重商主义。如我所指出的那样,人道主义者并没有像真正的清教徒那样努力在个人心中对付恶,于是他最终不得不求助于外部调控。根源未得到克制的自私冲动,往往在人际关系与阶级关系方面压倒无效的利他主义。物质主义的特殊印记,即将财产视为目的本身而不是达到目的的手段,越来越清晰可见了。保守主义者现在关心的是为了财产本身来保护财产,而不是像柏克那样,保护财产是因为它对个人自由来说几乎是不可或缺的支撑,是一种真正精神性的东西。至于那些进步分子,他对财产的关注和他设

---

　　① 见《歌集》(Carminum),第3卷,第6首:"与我们的父母相比——细想我们的堕落!/可是天哪,我们的孩子比我们更糟!"——作者原注

　　② 黑利阿加巴卢斯(Heliogabalus/Elagabalus,204?—222),古罗马皇帝,荒淫暴虐,强迫罗马人信奉太阳神,后被国人所杀。

　　③ 帕尔默(G. H. Palmer)教授根据他本人的回忆撰写了一篇文章论"清教家庭",见《大西洋月刊》(Atlantic Monthly),1921年11月号。——作者原注

想的公正分配无异于一种病态的偏执。如果我们照此而行,按部就班的政党统治(party government)将变得越来越困难,终将受到阶级斗争的威胁(如果我们现在还没有受到这一威胁的话)。每一位历史研究者都会意识到民主国家的这种特殊症状意味着什么。人们可以把我们现在的全部倾向归结为一句话:我们正在从人道律法主义(humanitarian legalism)的狂欢走向没落的帝国主义。

我们伟大的联合主义传统是一种重要的制衡因素。然而,我们不应当低估维护这一传统的困难。"国家应当拥有对普通自我来说具有否决权的永恒或更高自我",这一观念最终依托于个体的类似的二元论。我们看到,这个提法在东方和某些被自然主义运动削弱的基督教信念密切相关。现在我们又回到了目前论证过程中频频遇到的问题,即如何获得传统信念的现代对应物,特别是为维护自由的生命制约或向心因素找到新的基础。根据儒贝尔的说法,法国革命者需要的并不是宗教的自由,而是非宗教的自由。法国的现代主义者会尖锐地反驳说:你想让我们放弃革命的自由而成为耶稣会士。同样地,如果我们向美国的现代主义者指出,他们用以取代传统约束的理想是空洞无物的,他们立刻会指责你希望重新回到清教主义。然而,严格地讲,我们不需要重新回到任何东西。我本人的部分方法是让孔子成为亚里士多德的后盾,让佛陀成为基督的后盾。不过,即便是这些伟大的老师,最多也只能帮助我们发现那些早已存在于我们自身之中的东西。① 由此来看,他们几乎是不可或缺的。

---

① 见帕斯卡(Pascal),《沉思录》(Pensées),64:"并不是在蒙田身上而是在我自己身上,我才发现了我在他那里看到的一切。"——作者原注

因此，让我们从去除心灵中不真实的可能选择开始吧。如果美国人对顽固的重商主义感到不满，这并不一定意味着我们需要回到清教主义，或者按照"新共和国"的方式变成"自由主义者"，同样地，我们也无须在门肯①先生的指引下进化为二流的尼采主义者。如果我们要对现状有所把握，我们的确需要培养深沉的道德与严肃的思想。然后我们会看到，与现代派立场相比，传统学说的力量在于相对诚实地面对恶的事实。我们将会发现，我们需要以某种批判的、实验的方式重新正视人性中理想主义者一直努力消除的元恶。这种正视不应只是引导我们从自然主义的乐观主义滑向自然主义的悲观主义：没有什么比犯这种错误更容易，也没有什么比这更徒劳无益的了。两种态度差不多都是宿命论，并因此损害了道德责任。这些事实表明人类在道德上负有责任，然而他却总是试图逃避这一责任。简而言之，他并未受到任何一种意义上的命运的折磨，而是受到精神懒散的折磨。这么说也许是正确的：怠惰是魔鬼的别名。历史地考察基督或佛陀的教诲是如何一步步被扭曲，直至人类使之几乎完全顺应了自身的怠懒，没有什么比这更让人感到惊异的了。几个世纪之前，日本有一个名为"难行道"（the Way of Hardships）的佛教教派，此后很快又出现了一个名为"易行道"的教派，②

---

① 门肯（Henry Louis Mencken，1880—1956），美国作家、批评家、新闻记者，创办并主编《美国信使》杂志，抨击美国社会生活中文化匮乏、愚蠢、伪善的现象。

② 净土宗将佛陀说的法门分为二道，即难行道和易行道：别的宗依戒定慧修六度万行，需经三大阿僧祇劫，为难行道；修净土法门一生至诚念佛，临命终时仗承阿弥陀佛的愿力往生安养净土，永不退转，为易行道，见龙树，《十住毗婆沙论》卷五"易行品"。日本净土宗七祖法然上人（1133—1212）亦以"自力圣道"与"他力净土"说明难行道与易行道之不同。

后者马上赢得了大众的欢迎并有取代"难行道"之势。但是日本的"难行道"本身与原始佛教相比已经是易行之道了。的确,人们可以十分清晰地追溯佛教学说如何从佛教创始人提出的严苛的、几乎是高不可攀的标准逐渐降低到转经筒的水平。前不久的新闻宣布,作为一项终极性的改革,西藏的某些转经筒将采用电动操作。希望通过转动立法机器的曲轴拯救社会或以"社会-宗教工程师"自居的人或许自称是基督徒,但他很可能像某些东方"易行道"的信徒远离佛教的真精神一样远离耶稣的真精神。

如我指出的那样,人类精神怠惰的实质是他不想仰望标准并以这些标准约束自身。他更想按照他的强势欲望自由地加以扩张。他急切地攫取任何显得对这种欲望有利、因此倾向于(如俗话所说)让他自我感觉良好的东西。我们得知,迪斯雷利发现和维多利亚女王相处的最佳途径就是吹捧她,而且不要担心吹捧得过分,相反要"大张旗鼓"。早就有人指出,民众(demos)像任何一位君主那样渴望逢迎,而我们不得不承认卢梭在提出他的人民主权理论时不遗余力地提供了这种逢迎。总的来说,卢梭的"恶不在于人类自身,而在于社会制度"这一观念受到了巨大欢迎,但这并不因为它是正确的,而是因为它让人感到愉快。

我说的这些话很可能招致"犬儒主义"的指控。不过,我们需要培养一种健康的"犬儒主义",作为避免不健康的犬儒主义即幻灭的情感主义者的犬儒主义的唯一方法。我所说的"健康的犬儒主义",指的是亚里士多德的看法,即"大多数人一有机会就会作恶";或是波舒哀的看法,他表达了一种温和的基督教观点:"人心大不善,总是想作恶。"只要犬儒主义者不认为自己是从外部、从某个高高在上的位置打量人类,犬儒主义就没有任何害处。在我定义的这个意义上,犬儒主义其实与宗教的谦卑有许多共同点。

因此,不要怕被指责为犬儒主义,继续我们的现实主义分析吧。如果不是从一开始就自我逢迎,人类并不会轻易向逢迎低头;反过来,他的自我逢迎又和他的道德怠惰密切相关。我说过,整个生命可以用"偏离"和"皈依"两个词来概括。但是人类并不想皈依,换句话说,把他的自然意志调整为某种更高意志,这意味着付出道德努力。在这个意义上,他始终是一个浪子(trifler)。但是,尽管他希望偏离,同时又不愿意承认自己正在错过皈依的成果。他意欲结果,因为它们显然很诱人,然而他并不意欲手段,因为它们是困难的、规训性的。简而言之,他怀着不可调和的欲望,因此热切地听从那些怂恿他认为无须付出指定代价即可获得好处的人所说的话。

对人类的逢迎主要可以分为两种方式。首先,在具有权威和公认标准的时代,人类被导向用某种应付差事的巧妙艺术取代精神规训的现实存在。布瓦洛描述的那位时髦贵妇就是一个极端的例子,她(在自己精神导师的帮助下)自信可以在去往天堂的路上享尽地狱中的一切欢乐。不过,我们现在关注的并不是建立在夸张地尊崇外在权威基础上的逢迎方式,而是在个人主义时代大行其道的那种方式。据波舒哀的说法,耶稣会士放在罪人胳膊肘下面的软垫,和罪人独处时放在自己胳膊肘下面的软垫相比,根本算不了什么。在像当前这样的时代里,每个人都是自己的耶稣会士。①卢梭对人性的吹捧,证明这格外适合这个个人主义时代的需求。通过对感情的诡辩,他以一种新颖的、引人入胜的方式满足了人类——特别是在道德价值领域——希望两头兼得的永恒欲望。有助于撮合矛盾欲望的自我吹捧从没有像在这场运动中那样得到大力弘扬。当我们想到有一大群人希望通过回归自然结合和平与博爱时,就只能得出这样的结论:惊人的、可怜的容易受到欺骗的特性,乃是人性的一个显著特征。

  在一个个人主义的解放时代里,充分、自由地发挥批判精神是矫正上述特性的主要方法。在这个时代,一个人越具有批判精神,就越有可能获得标准并避免空洞的幻想。批判意味着区别,自然法则的研究者和人类法则的研究者都需要具备高度的区别能力,但我们应当注意他们之间的重要不同。科学人士的区别能力主要用于物理现象,而人文主义者的区别能力则主要用于语词。据说苏格拉底讲过:"真正的教养起步于对一般术语的仔细考察。"②苏格拉底本人在这方面取得了极大的成就,直到今天都称得上是致力于批判的人当中的大师。我说过,文明的希望不在神圣的普通人身上,而是在精英人物身上。在当前这个彻头彻尾的批判时代,精英人物显然必须具有高度的苏格拉底精神。

  政治理论与实践领域尤其需要人文主义类型的区别能力。有人问孔子:如果他掌握了治理国家的权力,首先会做什么?孔子回答说:他

---

① 比较孔子:"已矣乎,吾未见能见其过而内自讼者也。"——作者原注
② 见爱比克泰德(Epictetus),《谈话录》(Dissert),第1章,第17节。——作者原注

首先会定义术语,使语词与事物相符。① 如果说我们今天的革命者遭到了空前严重的幻灭,十有八九是因为他们赋予语词以想象却未保证这些语词与事物相符,结果他们感觉自己在走向应许之地(the promised land),实际上却是在空想的大海里游弋。黑兹利特②对法国革命的幻灭颇为典型地反映了无数其他"理想主义者"的心态:"梦想的结果是醒后空无一物的绝望。"他说:"法国革命是哲学和经验之间发生的唯一一场较量;从理论的恍惚中醒来重新获得现实感之后,我们再听到真理、理性、德性、自由这样的语词,就像娶到浪女或泼妇的愤世嫉俗者听到爱人们的山盟海誓一样无动于衷或不屑一顾。"

卢梭主义者们为自己抨击分析理性(这是苏格拉底辩证法的必要工具)给出的理由是它破坏了一致性。然而,他们贬低分析理性也许更多是因为厌恶付出努力,而不是因为热爱一致性。他们也许(像卢梭本人那样)试图赋予怠惰以哲学工作的尊荣。③ 如果说富于想象地关注自然秩序的事实是一件费力的事情,那么关注那些使人能够正确使用术语的人类秩序的事实就更费力了。林肯说过,一名诚实的劳动者每天挖煤挣七十美分,而一个总统每天挖掘抽象的观念能挣七十美元,这是多么可怕的不公!卡尔·马克思的信徒将会严肃地运用这个

---

① 见《论语·子路第十三》。子路曰:"卫君待子而为政,子将奚先?"子曰:"必也正名乎!"子路曰:"有是哉,子之迂也!奚其正?"子曰:"野哉,由也!君子于其所不知,盖阙如也。名不正,则言不顺;言不顺,则事不成;事不成,则礼乐不兴;礼乐不兴,则刑罚不中;刑罚不中,则民无所措手足。故君子名之必可言也,言之必可行也。君子于其言,无所苟而已矣。"

② 黑兹利特(William Hazlitt,1778—1830),英国作家、评论家。

③ 比较儒贝尔对卢梭著作的评论:"在此怠惰摆出了哲学工作的姿态。"——作者原注

林肯其实是反讽地提出的论据。如果总统是在诚实地工作,如果他是在正当地挖掘抽象观念而不是装模作样,那么他就表现出了最大的论争精神。近年来,有时这种总统对国家来说其价值远远超过每天七十美元。人们必须大胆提问:伍德罗·威尔逊担任总统时大肆宣扬的理想主义抽象观念能否满足苏格拉底和孔子的要求——它们与事物相符吗?已故的沃尔特·佩奇[①]先生曾有非同寻常的观察机会,而他的结论是,威尔逊先生"不是一个领导人,而是一个顽固的制造词语的人(phrase-maker)"。有一条朴素的格言:花言巧语,于事无补;但花言巧语却似乎能把一个人送进白宫。我们应该记得,威尔逊本人不但曾经是大学校长,而且他的主要政策几乎得到了所有大学校长的热切支持。如果说佩奇先生对威尔逊先生的评价是正确的,那么可以得出这样的结论:我们美国精英(大学校长自应属于精英阶层)的批判精神还不够。如我从一开始所说的那样,如果民主制度和其他制度一样,长远来看必须根据领导人的品质来判定,进而如果在现有条件下我们必须沿着苏格拉底的路线而不是传统路线获取标准及领导权,那么问题就变得颇为严重了。马修·阿诺德说过:"坚定不移地表现出冷静的、明智的批判力,这是美国人最迫切需要的东西。"这正是他们需要获得而从未得到的东西。

假如我们有一位苏格拉底式的精英,那么他最关注的事情之一将是赋予那些最终控制大众想象的口号标语以文明的内涵(a civilized

---

[①] 沃尔特·佩奇(Walter Page,1855—1918),美国新闻记者、作家、外交官,在第一次世界大战中力主美国参战。

content)。诡辩家和煽动家在含混的、不精确的定义所形成的环境中最为得势。另一方面,通过苏格拉底式批判者的帮助,民众或许有机会甄别哪些是他们的朋友,哪些是逢迎他们的人——这是他们到目前为止尤其难以做到的事情。让我们想想那些颇为成功地伪装成人民之友的人吧:从雅典的克里昂①到马拉②,从马拉到威廉姆·兰道夫·赫斯特。的确,如果不是因为这些"朋友",人民有时候看起来做得相当好。煽动家宣称人可以像驴一样被轻轻地牵着耳朵而不是鼻子向前走,这个说法常常证明是正确的。以往的记载表明,大众频频为文字幻景所打动,比如"国家这艘航船正笔直地驶向黄金国",但实际上它正在背风岸沿线漂荡,大众听到海浪的声音之后才感觉到了危险。

很明显,我们对民主制度这一专门问题研究得还不够;相反,我们有把儿童的批判理解力和巨人的力量结合在一起的危险。不久之前,好几百万美国人打算把威廉·詹宁斯·布赖恩奉为"无与伦比的领导人"。另外几百万美国人显然准备把类似的敬意献给亨利·福特——尽管他的"和平之船"让他大大地丢人现眼。如果我们有足够多的苏格拉底式的批判者,这些领导人的追随者也许最终会隐隐意识到某种尖锐、脆弱和危险的东西,他们也许会被迫自省沉迷其中的那些理想是否真的有意义,它们除了用华丽的言辞掩盖把手伸到另一个公民口袋里的欲望之外到底还有什么。众所周知,魔鬼如果不是可以伪装成光

---

① 克里昂(Cleon,？—前422),伯罗奔尼撒战争期间的雅典将军,是雅典政治中第一个商业阶级代表,在修昔底德和阿里斯托芬笔下是好战者的形象。
② 马拉(Jean-Paul Marat,1743—1793),法国大革命时期民主派革命家,雅各宾党领袖,后被刺杀。

明天使,他还是一个相对无害的人哩。简单来说,赤裸裸的物质主义并没有伪装的圣洁可怕。混淆区别尤其助长了这种伪装的圣洁,而玩弄一般术语又助长了混淆区别。因此,如果要判定一个人视为理想主义的东西到底是精神的虚幻膨胀,还是具有人类经验事实的支持,那么辩证地审视这些用语乃是必不可少的。

我已经对"理想主义"(这个词差不多已经成了"人道主义"的同义词)一词运用了苏格拉底的方法。例如,我指出功利主义者如何败坏了"舒适"一词,而情感主义者如何败坏了"德性"一词。理想主义者也许会反驳说,我本人曾经承认苏格拉底对事物的规划忽略了拯救所必需的某些因素,为了这些因素,我们需要从苏格拉底转向基督,然后理想主义者会进一步将基督的福音等同于他本人关于同情和服务的福音。毫无疑问,人道主义式的理想主义的大部分声誉,甚至是主要声誉,都有赖于它以上述方式把自己和基督教联系起来的这一事实。不过,我试图表明,在严格的心理学的基础上,人道主义服务——无论以实用主义还是情感主义的形式——不涉及内在生命的真理,因此它不可能源于基督。的确,从内在生命的伟大导师到"向上提升"的大师,这一转变在严正的基督徒(如果还有这样的基督徒的话)看来,一定像是耶稣第二次被钉上了十字架。通过用人类之爱取代上帝之爱,人道主义者陷入了恶性循环:人类并不可爱,除非他自身具有上帝之爱的对等物。另外有一点很重要:人类不但应当去爱而且应当畏惧正当的事物。最近有人在巴黎提出了"为什么医务人员正在篡夺先前属于神职人员的影响"的问题。对此显而易见的回答是:人类从前生活在对上帝的畏惧中，而现在他们生活在对微生物的畏惧中。我们很难看到人们如何能沿着人道主义的路线获得"畏惧主是智慧的开始"这一真理的对等物。

对付人道主义运动的最好办法，或许就是以耶稣的某些说法为起点，同时以苏格拉底的辩证法加以护持来阐发其中的真义。当务之急也许不是为了耶稣而拒斥苏格拉底，①而是用苏格拉底来支持耶稣。

如果我们希望说明耶稣那种神启的、富于想象力的健全意识与人道主义之间的差异，那么耶稣有三句话或许格外切题：1."恺撒的归恺撒，上帝的归上帝"；2."你要根据他们所结的果来认识他们"；3."人应当把他的房子建在磐石上"。

我已经约略谈及有人违犯了其中第一条格言，这种情况之所以产生，是因为人道主义者打算不惜以正义为代价消灭战争，与之密切相关的还有一个企图，即将和平之王(the prince of peace)改变为和平主义之王(a prince of pacifism)。美国人经常担心罗马天主教会利用民主机制来达到自己的目的，在某些大部分选民为天主教徒的美国地区，这类担心——例如担心天主教控制学校——也许不是完全没有根据。然而，近来恰恰是新教徒而非天主教徒感到有必要提醒教友：天上的王国在我们心中而不是在华盛顿。新教教会似乎正越来越转向社会服务，这意味着他们逐渐用各种不同的事业和运动、改革和斗争取代了内在生命的真理。如果威廉·詹宁斯·布赖恩早出生五十年，他很可能会

---

① 帕皮尼(Papini)在其《基督传》(Life of Christ)中不仅专门批判了苏格拉底，而且其全部论点的基础即是放弃批判精神。——作者原注

成为一名虔诚的奋兴派教徒(revivalist)。奋兴派多少还是一种关于内在生命的宗教,然而威廉·詹宁斯·布赖恩进行自由铸造银币(free silver)的运动、反对把人民钉在黄金十字架上的抗议,不但包含了混同上帝之物与恺撒之物的异常煽情的因素,也许还会导致远非虔诚的、有可能破坏公共诚信的政治行为。

我们应当坦诚面对这个问题:表现为种种形式的好战精神是否真的符合基督教精神?传教精神,从人到人的纯粹精神感召,无疑是符合基督教精神的。另一方面,所谓好战精神,我指的是那种企图通过世俗机制集体地达到精神目标的做法,从长远的视角看,这应该是让法国人格外产生兴趣的一个问题,因为法国与其他国家相比更是一个好战的国度。有人说过,法国领导的中世纪宗教战争表明欧洲已经开始从真正的基督教发生了蜕变。无论如何,这一时期的基督教与最初几百年间的基督教之间存在着巨大的差异。据说底比斯军团(the Theban Legion)愿意为不越出世俗领域的皇帝奋勇作战,但他们宁可一个个束手就义也不肯把他作为神加以礼拜,这个多少有些传奇色彩的故事足以准确反映早期基督徒的观点。标志着十字军第一次进入耶路撒冷(1099年7月15日)的血腥大屠杀,足以说明他们心中没有这种精神秩序与世俗秩序之分。① 十字军与底比斯军团战十,二者谁更接近基

---

① "神圣化战争本能比阻遏这种本能更容易。……(十字军)可以整日杀戮,一直到血流至脚踝,然后在暮色中喜极而泣地跪向耶稣圣陵的祭坛——他难道不是由于主的榨酒机才变红的吗?想到十字军东征使人们可以在这个世界奋勇作战而到达彼岸,可以通过享乐收获苦行的果实,人们马上就可以理解十字军东征为什么风靡当时了。"见恩斯特·巴克(Ernest Barker),"十字军东征"条(Article on "Crusades"),《不列颠百科全书》(Encyclopedia Britannica)第11版。——作者原注

督教创始人的精神,这个问题几乎没有必要再追问了。由于混淆了上帝之物和恺撒之物,十字军有用权力意志取代处于真正基督教核心的和平意志的危险。① 如我在研究法国革命的卢梭主义特征时所示,权力意志的萌芽在人道主义运动者那里表现得更为明显。革命的公式——"自由、平等、博爱",本身只是一种虚张声势的口号。② 无疑,这些语词可以就其本身或是在相互关系中得到明晰定义而具有真正宗教性的意义。由于按照卢梭的方式来理解,即认为它们概括了所谓回归"自然"的结果,从而它们激发起了一种最有毒害的帝国主义。法国人自己正在变得越来越怀疑他们这场革命的"理想主义"一面(不用说,法国革命还有其他方面)。他们的气质正变得越来越现实。③ 他们的最大问题是(对我们也一样):对这种理想主义感到幻灭后,他们不应当成为仅仅是马基雅维利式的现实主义者。

不管怎样,法国已经不能被视为一个好战国家了。在国内政策和外交政策中,美国比其他任何国家都表现出更多的好战气质,这正在成为它的危险特权(the dangerous privilege)。然而,如果说人们可以正当质疑法国人一度如此热衷的宗教战争(Gesta Dei per Francos),那么他们可以远更正当地质疑我们那些"提升者"的所作所为(Gesta

---

① 帝国主义的动机压倒了宗教动机,这在第四次十字军东征(1202—1204)中尤其明显。——作者原注

② 菲茨杰姆斯·斯蒂芬(Fitzjames Stephan)在《自由、平等、博爱》(*Liberty, Equality, Fraternity*)一书中对此公式进行了严格分析,书中还包括对密尔《论自由》(*On Liberty*)一书的驳斥。——作者原注

③ 甚至在大战之前,各派观察家就注意到了这一倾向,如伯德里(J. E. C. Bodley)的《法国理想主义的没落》(*The Decay of Idealism in France*, 1912)一文所示。——作者原注

*humanitatis per Americanos*①）。我们的自由逐渐被剥夺殆尽，理由是，这对社会利益来说是必要的牺牲。如果我们认真关注那些渴望为我们服务的人的心理，我们会发现他们更渴望控制我们。例如，在典型的人道主义运动组织——反沙龙联盟（the Anti-Saloon League）领导人的利他主义表白中，我们发现的是不断增强的权力意志乃至恐怖主义的萌芽。再来想想伍德罗·威尔逊先生，他比近来所有美国人都更致力于把我们的理想主义扩张到国界之外。在追求自己的全球服务方案时，他逐渐无视宪法对其权威的制约，几乎是自发地争取无限制的权力。如果我们拒绝认真对待他的人道主义运动，我们就会被警告不要"让世界心碎"。如果说强硬的旧世界曾经拥有过威尔逊所说的"心"，那么它的心早就碎了。真实的情况是，这种抽象而煽情的语言展示了一种与真正的政治家截然相反的气质。他在捍卫自己的"理想"即国际联盟时表现得不屈不挠、毫不妥协，而国际联盟作为在国家层面对权力冲动的匡正，让我们疑心它只是人道主义幻想的产物。与此同时，他又太容易向工会（亚当森法案）的权力冲动做出让步，这种强势本能对自由制度充满了威胁，真正的政治家宁肯当场死掉也不愿向它屈服。人们可以对比威尔逊先生看待这个问题的方式与克利夫兰②——他毫无疑问处于我们伟大的传统之中，但也许是这传统中的最后一位总统——看

---

① 此为白璧德根据 *Gesta Dei per Francos*（此系第一次十字军东征经典法文解说的题名，意为"由法国人完成的上帝伟绩"）所造的仿词 *Gesta humanitatis per Americanos*，意为"由美国人完成的人道主义伟绩"。

② 克利夫兰（Stephen Grover Cleveland, 1837—1908），美国第 22 任和第 24 任总统，共和党政治主导时代当选总统的两位民主党人之一。

待自由铸造银币问题的方式而有所获益。

威尔逊先生和其他理想主义者尤其混淆了上帝之物和恺撒之物,这需要用我提到的耶稣的第二句话("你要根据他们所结的果来认识他们")加以矫正。理想主义者们显然通不过成果的验证,于是他们现在,特别是在战后①越来越用好意(good intentions)来安慰自己。不过,愤世嫉俗者也许会抱怨说,这些人已经至少两次用他们的好意铺设了通往地狱的道路。我们不能说好意足够应付一个研究烈性炸药的化学家,我们也同样不能说它足以应付人类。在某些情形下,人性自身也许会变成一种最猛烈的炸药。首先,任何处在具有政治责任位置上的人都不会让"理想"妨碍他敏锐地检阅事实。十分明显,战前我们在罗伯茨勋爵(Lord Roberts)这样的帝国主义者那里,而非阿斯奎斯②、格雷③这样的自由主义者那里发现了这一真正的远见。并不是说人们拿来和"理想主义者"对治的现实主义只能是帝国主义类型的,它也可以是彻底的道德现实主义。道德现实主义者不会让自己在理想的名义下被轻易打发到乌有之乡。他不会关注这类理想主义者用来装扮自己的美丽词句,也不会注意街角旋风的尖利呼哨。于是,理想主义者谴责他"严厉"。不管怎样,他的严厉都不同于马基雅维利式现实主义者的严厉。如果说道德现实主义者对理想主义者来说显得严厉,这是因为他拒绝

---

① 指第一次世界大战。
② 阿斯奎斯(Herbert Henry Asquith,1852—1928),英国自由党领袖,1908年至1916年担任英国首相。
③ 当指爱德华·格雷(Edward Grey,1st Viscount Grey of Fallodon,1862—1933),英国自由派政治家,外交大臣,是第一次世界大战时制定英国外交政策的主要力量,信奉"新自由主义"。

以同情、社会正义或其他理由为名把善恶之间的斗争从个人转向社会。如果我们把道德斗争重新带回到个人那里,我们立刻就会想起关于内在生命真理的种种论断。现在可以正当提出的问题并不是某种事业、运动或改革是否正在解体,而是整体上取代内在生命的人道主义斗争是否正在解体。如果不是因为具有与之截然不同的人生观的残余习惯(这甚至见于人道主义者自身),人道主义的失败也许会更加明显。一个社会的精神气质并不是在一天内消失的,即便支撑它的确定信念遭到了破坏。精神气质的缓慢衰亡加大了根据成果判断特定学说的困难。这些成果往往出现得很慢。例如,任何人都没有像艾略特[①]校长——他本人是清教训练出的一个少见美好产物——那样成功地为人道主义观念瓦解了美国的教育传统。[②] 他的巨大影响很大程度上源于这一事实:很多人对高贵的、令人肃然起敬的人格迅速作出回应,但几乎没有人能左右观念的最终走向。假如能依靠选举制度产生艾略特校长一类的人物,那么人们也许可以对这种制度更具信心。

尽管传统习惯在传统信仰消失后得以幸存,但这不是随意发生的。就整个西方来说,不仅清教精神而且基督教精神都逐渐走向式微,从而以实验方式证明人道主义的合理性会变得越来越困难。这一运动自培

[①] 艾略特(Charles William Eliot,1834—1926),哈佛大学校长,对哈佛大学的成长与发展产生了至为深远的影响。其于任职四十年(1869—1909)间进行了一系列改革,使哈佛从一所小学院发展成了一所世界闻名的现代意义上的大学。

[②] 如果有人想了解艾略特校长的思想与清教徒的思想差距有多么大,他可以同时阅读乔纳森·爱德华兹的布道文《一种神圣而神秘的光》(A divine and supernatural Light)——其多少属于典型的清教主义,以及(艾略特校长的)《美国对文明的五个贡献》(Five American Contributions to Civilization)。——作者原注

根时代以来就倡导成果，在涉及人类的力量、物质享受和功用的所有方面，它确实比较富于成果。然而它还声称提供了精神性的成果，如和平与博爱，不过由于它在这里的失败显而易见，以至于让人疑心它根本是靠不住的。

我所引述的耶稣的第三句话，即关于在磐石上建基的重要性的那句话，在此就派上了用场。风暴已经到来，我们的现代之屋是否稳如磐石却很难说。人们的印象毋宁说是在不稳定的地基上矗立着一座巨大而耀眼的上层建筑。

如我们看到的那样，整个新型伦理学大厦所立足的基础是这样一个假设：意义重大的善恶斗争不在个人而在于社会。如果我们想再一次稳固地建起这座大厦，我们也许需要重新获得某种"洞穴中的内战"的观念。人们如果承认这种"战争"，就会同时承认精神工作的必要性——如果他们要提供精神成果的话。如果他们否认这种战争，就会把这种工作转向外部世界，或代之以既不要求内在工作也不要求外在工作的同情。根据西塞罗的看法，防止可敬的东西(*honestum*)与有用的东西(*utile*)分离是伦理学的一个基本问题。他说，如果这些语词不是变得复杂化了，我们将发现"可敬"和"有用"是一回事。但是这种复杂化作为强调外部工作而不是内部工作（对此我在本书中已有大量论述）的结果已经发生了。于是成果(the fruitful)和效用(the useful)变成了一回事，并最终在狭隘的、教条的意义上与功利混为一谈。由于我们片面追求效用，使自身卷入了无数彼此勾连的机器，整个问题便呈现出了在西塞罗时代所不具有的严重性。

无论如何,如果要为精神生活重新建构一个坚实的基础,我们还得了解"工作"一词的真义。如果不是因为之前"自然"一词的意义变得复杂化,"工作"一词的意义就不可能变得复杂化。任何试图像苏格拉底那样捍卫人文真理或宗教真理的人都应该首先关注这个词。有时人们不禁想,如果对"自然"这个词进行足够犀利的辩证分析,那么诡辩者一开始就会败下阵来。从古希腊人说"区分光荣与可耻缺乏自然根据,而只是一种传统惯例",到勒南说"自然不关心贞节",他们都在这个词上玩弄手法。这种玩弄手法一直是不健全的个人主义的主要根源。18世纪以来流行的、作为浪漫主义运动基础的"自然-人为"的对立尤其无法成立。如柏克所说:"艺术是人之自然。"我曾经提到狄德罗取消了精神法则和肢体法则之间的"人为"对立,并且说过对这种诡辩的恰当回答是:不是逃向神学寻求庇护,而是坚持把这种对立视为一种"意识的直接材料",如果我们要从事精神性的工作并想取得成果,我们就应当以这种方式实验性地获得我们所需要的基础。狄德罗的那种混淆是十分严重的,从而仅是界定"自然"一词就会证明苏格拉底一脉的辩证斗争(类似情形从未见于世界历史)的正当性。当斗争结束时,战场上将覆满已经消亡的和将要消亡的声誉,当代许多领袖人物无疑都陷入了自然主义的谬误。

人们对工作的界定有赖于对自然的界定,而对自由的界定又有赖于对工作的界定。人们可以自由地选择工作而不是无所事事。只有当自由不是只根据一个人的工作程度而是根据他的工作质量得到恰当界定后,圆满地界定"正义"(根据每个人所做的工作来对待每一个人)才会成为可能。同样,人们将发现正义的定义涉及世俗秩序中的和平的定义:人们只有在自身是公正的时候才能与他人和平相处。至于宗教意义上的和平,它是不可定义的。用《圣经》中的话说,它超出了人类的理解能力。

首先,如果人们想获得一种健全的意志哲学,就绝不能混淆精神怠惰与精神活跃之间的区别。这一点应当格外引起美国人的关注。自从古希腊时代以来,欧洲人在特定的历史时刻往往表现为知识分子。另一方面,种种迹象表明,如果说美国人不管怎样也有自己的哲学,那也只是一种关于意志的哲学。我们已然被称为"行动的民族"了。在这种情况下,我们是在纯粹人文主义的意义上还是仅仅在罗斯福主义的意义上付出努力,这对我们国家和世界其他国家来说都是颇为重要的事情。

不错,人们也许会认为,在这样一个世界,罗斯福式的帝国主义者是比杰斐逊或威尔逊式的"理想主义者"更加安全的引路人。但是没有任何理由说人们必须两害取其一。对付威尔逊式理想主义最有效的方法,即是用苏格拉底式的辩证法来分析其深层的自然权利理论。这一理论依赖"自然"和我刚才说到的"人为"之间似是而非的对立,促进了对于真正的精神二元论及其涉及的工作特质的全面或部分压制。随着内在生命逐渐式微,主张怠惰的或者无政府主义的自由成为可能。真正的自由不是按照个人喜好行事的自由,而是让自己适应某种意义上的律法。阿纳托尔·法朗士说:"瓜尼亚尔(Coigniard)修道院长不会签名同意人权宣言中的任何一句话,因为它在人类与大猩猩之间造成了太多不公正的歧视。"对人权宣言的真正反驳与法朗士先生的反驳正好相反：它没有在人类和大猩猩之间建起足够大的间距。我们只有在强调真正的自由是伦理努力的回报时才能保持这一间距；如果人们将自由表述为"自然"的赠礼，这一间距就会趋于消失。

不错，有人会坚持说：尽管自然权利理论是虚假的，但它可以作为"有用的虚构"被证明是有道理的，它常常是抨击现存社会秩序中不公平现象的武器。然而，人们会怀疑这种虚构的效用，因为它提出的与现存社会秩序所相对的并不是一种更好的秩序，而是无政府主义。怪不得任何特定时空下的既定秩序（支持"权利"的人会把它作为习以为常的、人为的东西而取消）和真正的、完美的秩序相比只是一个阴影罢了；但是即便如此，它也不能为了某个"理想"而被轻易抛弃，如果批判地加以审视，这个理想也许只是悬崖边的一道幻景罢了。伟大的人文主义者索福克勒斯所说的那种"未成文的天界律法"[①]，在它和成文法的关系中去加以感受，乃是一种更加严格的责任，而不是一种权利。

自然权利学说削弱责任感并因此破坏真正自由的倾向，可以联系它对普通法的影响（这流行于英语国家）一起进行研究。这种法律精神的最佳状态即是健全的道德现实主义精神。在"权利"派的影响下，常常和严格的法律冲突的衡平法（equity）多少被等同于人们假定的

---

① 《安提戈涅》中的这一段（450诗行及以下）需要与《俄狄浦斯》这一段（863诗行及以下）联系起来看："……产生于最高天的律法，上天是它唯一的父亲，既非必死之人所生，也不应湮灭无闻。其中有神的力量，强大而永不衰老。"——作者原注

"自然"法。① 这种等同鼓励了一种不健康的个人主义。治疗不健康的个人主义的恰当药剂是健康的个人主义,即起步于责任而不是权利的个人主义。对个人放纵的真正回答是另一种权利学说,即关于社会权利的学说,有时人们像对待先前那种人权学说一样形而上地构想这种学说。这一法律思想学派的代表人物往往将衡平法视为社会效用的原则。已经出现了这样的法官:他们为了自己认为对社会暂时有用的事物而要求制定严格的法律条文,结果陷入了名副其实的立法与司法的职能混乱。不幸的是,现实的观察者发现那些在任何特定时刻代表社会、被认为充满服务意志的人(他们不过是传统约束荡然无存的人道主义运动者),正在利他主义的掩护下发展出一种权力意志。以社会效用为借口,他们准备剥夺个人最后一星半点自由,最终使其臣服于暴虐的外在制约。今天的美国人无比清醒地认识到,没有任何人比传播"服务"福音的人更肆无忌惮地抨击个人自由的了。他们在推行自己的"提升"方案时,不但会将无限权力赋予作为个人对立面的社会,并且认为自己拥有其中的大部分权力而培养出一种性情,简单说就是暴君的性情。

的确,我们似乎正在以一种不同的方式经历早期基督徒所面临的

---

① 见若斯科·庞德(Roscoe Pound),《普通法的精神》(*The Spirit of the Common Law*),1921年版,第4章"人权"("The Rights of Man")。庞德教授赞同我所说的第二种倾向,即向他称之为"正义的社会化"发展的倾向。他的观点与德国人耶林(译者按:耶林指鲁道夫·冯·耶林[Rudolph von Jhering,1818—1892],德国法学家,新功利主义法学派创始人,著有《为权利而斗争》等)的观点密切相关,而耶林本人可以说就是一位集体主义的边沁。——作者原注

紧迫情形。当人们开始正当地主张真正的自由,当他们甚至以生命为代价反抗物质主义国家的可怕侵蚀时,这一时刻就会重新到来,如果现在还没有到来的话。① 集体主义理想经常以夸张的形式受到放任做法(laisser faire)之根本谬误的危害,因此它主要是对这种做法的一种抗议。对于责任的本性及其要求付出的那种特殊的努力,它并没有显示出足够的意识。由于浅薄地对待工作观念,它面临着用社会正义的幻象取代真正之正义的危险。集体主义者所抨击的某些不平等现象无疑是放任做法所推动的不道德竞争的结果。然而,冒着牺牲那种可贵的平等形式,即先于法律的平等的危险来寻求社会或经济平等这样的奇思怪想,显然不是医治这些不平等现象的办法。

时下追求的平等与真正的自由是不相容的;自由关乎参照标准而进行的内在工作,换句话说,即人类普通意志对更高意志的正当服从。简而言之,平等和谦卑之间存在着不可避免的冲突。历史地看,谦卑多少是以理智为代价而获得的。我本人一直努力表明,通过批判的方法,并且在这个意义上让苏格拉底服务于基督,捍卫谦卑和广义的内在生

---

① "个人与家庭,各种联系与依赖是如此具有物质性,以至于最高权力为了自身目的而渐渐消耗。奴隶在主人手中的情形,也就是公民在社团中的情形。最神圣的责任在公众利益面前消失了。乘客是为了轮船而存在的。由于无视私人利益,同时为了人们的道德利益和道德改进,古希腊人和古罗马人都摧毁了国家昌盛所依赖的关键因素,并且都由于家庭的衰落和国民人口的减少而消亡。他们在其观念中而不是制度中幸存了下来,而通过他们的观念,特别是在治国术方面,他们成了'盛装殓葬的、在棺椁中仍然统治着我们的精神的已死君王'。的确,几乎所有破坏政治社会的错误——功利主义,混淆暴政与权威,混淆无法无天与自由——都可以追溯到他们那里。"见阿克顿勋爵,《自由的历史及其他》(History of Freedom and Other Essays),第17页。——作者原注

命真理是可能的。如果人们想弥合自希腊-罗马时代以来,在西方以不同形式出现的脑和心①之间的纷争,方法问题无论如何都是最重要的。理智最终从属于意志,但是人们要和传统标准决裂:理智是必不可少的,而且决裂的程度与理智水平直接相应。这样一来,就需要从现实的角度检验想象力取得的那种一致性并由此获得新的标准,正是参照这一标准,更高意志可以对冲动和扩张欲望行使否决权。当意志、理智和想象相互形成恰当的关系时,人们最终来到了情感问题;卢梭主义者由于错误地渴望直接性(immediacy)而将这个问题放在了首要的位置。具有标准实际上意味着选择与拒斥,而这又意味着人们必须以(用以前的话说)某一伦理核心来约束自己的感觉或感情。这种约束要想产生效果,使一个人可以正确地有所好恶,它就必须成为一种习惯,并且几乎是从童年就开始养成的习惯。人们不可能坐等一个孩子达到所谓的理性年龄,或者说等到他可以做出自己的选择,因为在此期间他也许已经成了不良习惯的牺牲品。这是有可能禁闭正在成长的男孩的真正监狱。因此如亚里士多德所说,习惯必须先于理性。在这里,某些和习惯观念紧密相关的观念需要受到关注。一个群体的精神气质事实上来自习惯(这和它们词源的关系是一样的)。如果一个群体要将某些习惯传给年轻一代,通常必须就"哪些习惯是可取的"达成一致,习惯必须在该词的本来意义上成为习俗(convention)。这是真自由主义者和伪自由主义者的一个主要区别。有人说我们的现代主义者只有一种常规,那就是不得再有任何常规。因此完全情绪化的个人和保存文明是

---

① 指理智与情感。

不相容的。在大多数人身上文明化了的东西正是在他们身上习以为常的部分。确实,遵守常规很难不沦为单纯的因循守旧(conventionalism),现代主义者就混淆了二者;但是一切有价值的事物本就是困难的。

必须承认,把常规和对个人自由的适当尊敬结合起来需要最细微的调适。两种极端做法都是不可取的:一个极端是,常规过于刻板、琐细而无从发挥个人的主动性。如果西方的看法是正确的,则这种形式主义的极端现象见于古代中国,亦见于卢梭抨击的旧时代法国。处于另一极端的则是按照卢梭鼓动的方式自发行事的人,以及由于破除常规而破除了标准、一味沉浸在自身多变印象中的人。如果我们必须要做的事情只是用一套稳健的普遍原则来反对这种无政府主义的"自由",那么标准的问题就变得简单了。但就实际行动而言,生活往往分解为一系列特殊的突发事件,而弥合这些突发事件(或者说具体事件)与普遍原则之间的断裂并不总是那么容易的。西方人至少从亚里士多德时代开始,东方人至少从孔子时代开始,就认识到在运用普遍原则时应当遵循节度法则。能以这种方式成功地居中调和的人似乎(用帕斯卡的话讲)身兼相反的美德,并占有二者之间的全部空间。例如勇敢是好的,这是一条普遍原则,但是如果在具体情境中不用审慎来调和它,勇敢就会变成鲁莽。如波舒哀所说:"好的准则推向极端就会毁灭一切。"(*Les bonnes maximes outrées perdent tout.*)但是,谁来决定好的准则如何是适当应用,如何又是极端应用呢?诡辩者或律法主义者不但会放下普遍原则,而且会试图穷尽性地处理在应用普遍原则时有可能发生的所有个案,由此尽可能地剥夺个人的自主权。不过,用柏格森的术语来说,生活是"新奇事物的不断涌现",从而个案是无法穷尽的。诡辩性的案例汇编或与之类似的东西,说到底只是个人鲜活的直觉——用以裁定恒常原则与新生情况之间恰当平衡——拙劣的代用品。因此,人们在坚持常规的必要性的同时,应当努力灵活地、富于想象力地,或者不妨说与时俱进地把握这一常规。如果没有某种常规,就很难发现以往经验如何能对当下发生影响。反对常规的人认为,无论是他还是他的时代都是独一无二的,因此过去的一切经验都变得无效了。无疑,自然科学的飞速发展助长了许多人的这种幻觉。

　　东方和西方都积累了大量的经验,那些力图维持标准、与无政府印象主义作斗争的人,不仅在普遍原则上,而且在运用这些原则所产生的主要案例中,都有可能走到一起来。这个常规要想发生效应,就必须像我指出的那样,通过习惯的形式传递给年轻人。这等于是说,一个群体的文明,说到底即是它能够采取的政府体制,而与这个群体一致认可的教育类型紧密相关(教育中也应当包括儿童在家庭中接受的规训)。亚里士多德认为:"除非以宪法的精神用习惯和教育来训练年轻人,否则最好的法律也无济于事。"①亚里士多德抱怨说,这个伟大的原则在他的时代不断受到侵犯。那么,在我们的时代观察到这种情况了吗?不管怎样,把亚里士多德的格言运用到和美国政制有关的教育领域将是很有趣的。假如我们要维护的是联邦的、立宪的民主制度,那么我们是否正在训练一群精神气质上与这种政制深相契合的领导人呢?早先的美国大学足够忠实地反映了它那个时代的常规。鉴于当时大学的目

---

① 《政治学》,1310a。参见同书,1337a。——作者原注

的主要在于培养神职领导,课程中的经典因素即恰当地从属于宗教因素。如果给予必需的拓展并使之适应变化的情况,早先的教育常规本可以得到更有生机的阐释。"新式教育"(我谈的自然是主要趋势)很难说是以这种方式从早先教育类型中发展出来的。相反,它显示出了与我们传统精神气质的彻底决裂。至少就意图而言,旧式教育是在培训智慧与性格,而对于新式教育,艾略特校长曾用一句话来概括:培训是为了服务与权力。现在越来越多的人对这种服务观念表示赞成。然而,尽管服务以某种方式为我们提供了一种常规,但它既没有在人文主义的意义上,也没有在宗教意义上为我们提供标准。如果它的确(像我努力说明的那样)包含着一种很难在严格的心理学基础上予以证明的假设:人们可以扩张地、在其普通自我的层面上走到一起,那么就这个词当前的意义而言,它倒是倾向于破坏标准的。旧式教育的基础是这样一种信念:人需要根据某种伦理核心接受规训。针对一类以人文或宗教规训为目的的确定课程,感情用事的人道主义者提出个人有自由发展自身兴趣或性情倾向的权利。提出这种假定的权利,损害了标准或者说共同尺度,而标准所激发的努力与竞争精神也差不多一起消失了。"课程"含有"一起赛跑"的意思。在新式教育制度下,学生往往各自懒散行事而不是一起赛跑。兴趣从课堂转向了运动场,那里有某种标准以及人性参照这种标准所希求的东西——真实的胜利或失败。情感主义者也给功利主义者带来了好处,功利主义者同样建立了一套标准,人们可以按照这套标准相互竞争,获得成功或遭受失败。由此,具有确定目标的事物往往压倒了那些相对缺乏目标的事物,如选修制度下的艺术学院。我们无法承认不时听到的那些议论，即由于旧式教育制度具有确定的目标，因此它和我们教育中心近来发展惊人的商业管理学院一样是职业性的。旧式教育的目标是培养领导人，它认识到领导人的基础并不是商业或工业的效率，而是智慧。那些用效率的迷信取代旧式自由训练的人，自然会大讲特讲为国家服务或为全人类服务一类的话。然而我提出的贯穿全书的问题是：像人道主义服务这种纯粹扩张性的东西，是否能为不道德的权力追求提供足够的制衡，以及恰当的制衡是否首先在个人心中并最终在国家之中通过培养生命制约的原则而获得。

我曾经说过，一个人对待克制原则的态度将决定他对自由的界定，倾向于人性本善神话的杰斐逊主义者不但睥睨传统约束，而且睥睨干涉纯粹扩张自由的一切事物。在一定程度上，杰斐逊本人看到了他的基本立场在教育中产生的影响。例如，他是选修制度的真正先驱之一。① 杰斐逊式自由试图取代的那种教育建立了一种标准，这种标准将假定的个体权利限制为一种自我表达，同时限制了以效率为目的的专业才能的同系繁殖（inbreeding）；简单地说，它既不是情感主义的也不是功利主义的。这样限制性地作用于单纯个人性情的旧式教育标准，以及制衡人的普通意志或冲动意志，在宪法、参议院、最高法院等制

---

① 见赫伯特·亚当斯（Herbert B. Adams），《托马斯·杰斐逊和弗吉尼亚大学》(*Thomas Jefferson and the University of Virginia*)，1888年版，特别是第9章"弗吉尼亚大学与哈佛学院"(The University of Virginia and Harvard College)。参见杰斐逊1823年7月16日致乔治·提科诺（George Ticknor）的信。表面上看，杰斐逊对古典研究很友善，但他的深层哲学倾向(他的百科全书式的兼容并包、对专业化的鼓励都是其征相)是不利于古典研究的。——作者原注

度中得以体现的旧式政治标准之间,存在着真实的联系。由我所说的话可以得出,新式教育并不符合亚里士多德的要求:它与我们的政治体制缺乏密切的呼应关系。如果否决权从我们的教育中消失,那么我们就没有理由预料它会在国家中长久存在。领导者的精神将不再是统领一个立宪民主国家所应有的精神。

先前我们最优秀的政治家针对时刻变化的大众冲动提出了一种标准,并确保它在制度中得到恰当体现,但是他们并没有把自己的标准与任何绝对理论联系起来,在这一点上显示出了他们的睿智。我们必须小心翼翼地把产生标准的原因(cause)和导致绝对的原因区分开来。标准事关观察与常识,而绝对只是形而上学的幻想。在政治思想中,这种幻想带来了各种关于无限主权的理论。从结果来看,所有这些理论(根据约翰·亚当斯的说法)都"同样武断、残忍、血腥,在各个方面都具有恶魔的性质"。它们在任何情况下都似乎难以同对个人自由的适当尊重取得一致。① 幸好我们的宪法中没有出现"主权"这个词。制定这部宪法的人倾向于在这里或那里分别授予若干有限权力,但是从不允许授予绝对权力。他们认为最好的政制方案是相互制衡的体制。然而,他们并不认为他们授予的各种局部权力处于同一层面。他们意识到,真止的自由需要一种等级制度和服从,一个国家必须具有某种核心的东西,发生冲突时可以向其提出最后申诉。确实,有人抱怨他们在关于联合的条文中留有某些含混之处,最终不得不在战场上加以澄清。可是如果他们表述得更加明确,就不大可能建立起一个联邦了。他们

---

① 参见附录二。——作者原注

当时面临着这样一个艰难的任务：面对世人所知道的最具离心力的理论，即鼓励人们将自身权利置于责任之前的理论，争取让政府体制中的向心因素得到承认。

约翰·马歇尔值得特别赞扬，因为他清楚地看到，当时正在建立的政府体制中的最终控制中心——如果说控制意味着具有一个道德基础而不是暴力的别名——必须属于司法系统，特别是最高法院。他认为最高法院最重要的功能便是解释宪法的功能，它必须比其他任何机构都更多地体现出国家的更高自我或恒常自我。有了健全的、独立的司法系统，首先是有了健全的、独立的最高法院，自由和民主才有可能共存。许多人意识到个人自由和私有财产的安全（这和个人自由几乎不可分割）与最高法院的命运紧密相连。不过，对于我们最高法院面临的那种性质的威胁，他们的观念经常是含混的。我们都熟悉龚帕斯之流反对法院的叫嚣，我们也都知道从激进的新闻界能期望得到什么。例如，在堪萨斯吉拉德（Girard）出版的一家社会主义期刊发行了五百万份特刊攻击联邦司法制度，对此我们并不感到惊讶。比这种公开的敌意更严重的威胁也许是"来自内心的厌倦"。这个说法似乎适用于我们法学院中的教授，他们为了"社会正义"而离弃了法律的传统标准。不妨提醒一下这些"前瞻的"教授们：社会正义在实践中意味着阶级正义，阶级正义意味着阶级斗争，而阶级斗争，根据过去和现在的一切经验来看，意味着地狱。

如果我们以最高度的现实精神思考政制问题，就可以更清楚地看到"社会正义"的不足之处及其损害个人的道德责任、遮蔽对标准和领导权之需要的倾向。这样看来，政府就是权力。这个权力是道德的还是不道德的，换言之，它是否从属于真正的正义，最终必然取决于行使这一权力的人所展示的意志品质。实际上，起作用的并不是抽象的正义，而是正义的人。正义的人是这样一种人，他的各种能力(包括智力)在更高意志的支配下关系协调地运作着。在此我们又回到了精英问题。力求内在均衡并在外部显示出正义的人一直很少。亚里士多德曾说，"大多数人宁可胡乱活着也不愿清醒地生活"；这句话说得没错，至少在更细微的精神意义上是正确的。尽管人们赞同亚里士多德的看法，即大多数人的道德是不健全的，但是这并不意味着道德国家(the ethical State)是不可能的。人性对正确的榜样是敏感的，这是最令人鼓舞的人性特点。的确，只要榜样足够正确，它的导向作用就难以限量。道德国家是可能的，只要其中举足轻重的少数人充满道德活力，并由此能够同时坚持正义而具有表率性。这些少数的人往往也会解决一致性的问题。据亚里士多德所说，不正义者的灵魂被各种分裂力量所撕扯。① 相反，正义的人是这样一种人：他在适当思考的基础上做出道德选择(这时他主要的动力是对自身幸福的重视)，从而抑制了自身低劣天性中难以管束的冲动，并达到了某种程度的自身一致。与此同时，他会发现自己正在与其他坚持进行类似自我征服工作的人一起走向共同核心。如果在柏拉图的意义上关注自身事务而变得正义的人掌握了国家，那么这个国家将是一个正义的国家；它会帮助其他国家，但方法不是在商业或"理想主义"的基础上干涉别国事务，而是为其树立一个好

---

① 《尼各马科伦理学》(*Eth. Nic.*)，1166b。——作者原注

的榜样。这种国家有望与其他也在道德上加以克制的国家达成理解的基础。如果一个国家的领导是不道德的,那么希望与之合作将是不切实际的。因此,政治思想的价值和它处理领袖问题的能力直接对应。一切事物最后必然诉诸的单位不是国家、人性或任何其他抽象物,而是有品格的人。与人类这一最终的现实存在相比,其他任何东西都只是雾中之影。①

从我说的话中可以推出,无论是在个人、在不同的人还是在国家或国际的层面上,道德一致都是可能的。达到道德一致的途径既不是扩张的情感,也不是任何形式的机制或组织(就其当前意义而言),而仅在于内在的生活。有些人尽管拥有教育机会,精神上却始终处于无政府状态,还有些人至少会留下一些道德规束的痕迹,而另外少数人(如果我们用以往经验加以判断)会表现得有能力到达更艰巨的征服自我的阶段,从而适于担任领导职务。尽管我们的传统教育有种种缺陷,但还是产生了这种道德类型的领导人,而倾向于取代传统教育的功利主义-情感主义教育,如我力图说明的那样,由于缺乏内在生活的基本要素,从而不可能产生宗教的或人文主义的领导人。的确,今天绝大多数美国人觉得自己只要一说"服务"就足以驳倒我所说的一切。然而人们会怀疑,"服务"的福音之所以大受欢迎是因为它逢迎了不思悔改的人性。认为只要渴望为人类做些事情就可以抛弃对标准的敬畏、尊重

---

① 参见孔子:"有德之人过着简单真理与诚笃的生活,一个人就可以给世界带来和平与秩序""人在,善政就会发达,人不在,善政就会没落而消亡。"——作者原注(译者按:"君子笃恭而天下平""文武之政,布在方策。其人存,则其政举;其人亡,则其政息"二则,前者非孔子语,分别见《中庸》第33章、第20章。)

和精神的内在服从,这个想法真令人感到愉快。本杰明·富兰克林(Benjamin Franklin)坦白地向我们保证说:"对上帝的最高礼敬就是为人类服务。"如果说我们可以通过实际经验证明这种服务不足以束缚人心中赤裸裸的欲望(自富兰克林时代以来在这方面已经积累了一定数量的证据),那么我们必须得出结论:美国式的精明和现实的最高代表①在我上面引述的话中显得不够精明和现实。不管怎样,不是在美国就是在别的地方,"服务"的福音将要接受全面彻底的考验。我们正在迅速变成一个人道主义运动者的国度。当今律法主义的统治就是这种运动最显著的后果。可是,法律的日渐繁多不但没有阻遏反而加快了放纵的脚步,这实在太明显了。如果我们不去培养一种比那些"提升者"和"前瞻者"更加健全的远见,这个国家的自由制度很可能不会享有长久的历史,并且会在整体上名誉扫地。当然,第一步要认识到:与立宪式自由相对的选择不是律法家的千年至福王国,而是无政府状态的胜利和随之产生的暴力的凯旋。随着伪自由主义的发展,我们人口中的主导因素总有一天会由于越来越不耐烦选票箱和代议制政府、宪法的限制和司法的操控,而对"直接行动"表现出越来越强烈的渴望。这对帝国主义领导人来说是一个大好时机。任何一种类型的帝国主义领导人的胜利都是一场灾难,特别是对于一个领受过法律下的自由恩泽的国家(比如我们自己的国家),然而即便是在这里也存在着某种选择。或许会有这样的情形产生:我们将为美国拥有墨索里尼式的人物而感到庆幸,因为我们可能需要他来避免俄国某领导人式的人物。

————————

① 即富兰克林。

这种危急情形无法逆料,不过,如果我们比现在还要远离我们的联邦传统所依赖的原则,这样的情形很可能就会发生。维护这一传统与维护标准是不可分离地结合在一起的。"每个人都应该有机会"的民主观点是好的,只要它意味着每个人都有机会达到高的标准。另一方面,如果机会的民主延伸变成了降低标准的借口,民主和文明便无法共存。假如我们的教育,特别是高等教育能更充分地对待标准问题,人们对建国以来的真假自由主义之争的结果也许会有更多的信心。然而如我所示,现在的趋势是为了"理想"抛弃标准,而时下理解的理想不承认(纵然承认也远不尽人意)人类需要按照与物理法则迥然有别的自身法则来规训自己。假如人们确信约翰·杜威(John Dewey)教授的观点,即成长中的儿童将自发显示出服务的意愿,①人们也许会更加心平气和地看待这种理想主义的发展。然而,如果我们把这自发性视为浪漫主义的神话,则不得不给出这样的结论:我们一直在纵容杜威教授一类的人物对我们的教育发挥影响,这种影响总体上等于一场民族灾难。随着这类理想主义的发展,从真正自由主义的培训的角度来看,我们的高等教育尤其有成为庞大机器空转轰鸣的危险。最后,为了我们的自由制度实验,我们需要少谈服务,多谈文化和文明(且说这些话是为了表示自己略知其中真义)的教育领袖。

  除非我已经阐明标准和领导权问题并非美国独有的问题,否则写作本书没有任何意义。只有以更大的背景为参照系——整个西方人文

---

  ① 见其《教育中的道德原则》(*Moral Principles in Education*),第22页:"儿童天生有一种给予、行动、服务的自然欲望。"(重点号为我所加)——作者原注

主义和宗教传统标准对自然主义的缓慢退让——才能理解美国的状况。我已经从主要方面定义了这场伴随着挣脱过去的束缚而产生的运动：它是培根主义的、卢梭主义的、马基雅维利主义的；换言之，它是功利主义的、情感主义的、帝国主义的。然而，个人主义者应当更好地运用他的自由；他变得越不传统，就越应该力争积极地、批判地获得标准。如我试图表明的那样，这种努力将产生这样一场运动：它也许最好定义为苏格拉底式的、亚里士多德式的和基督教式的运动，它在不同阶段分别强调了定义、习惯和谦卑。由于未能给出传统标准的对应物，西方实际上一直在人道理想主义和马基雅维利式现实主义之间剧烈摇摆。人道理想主义在这个国家仍然根深蒂固，特别是在学术界，人们年复一年日益自信地（我们几乎要说日益自鸣得意地）抱有这种想法。另一方面，欧洲人经历了根本性的幻灭。他们越来越难以相信理想主义者找到了任何有效制衡权力冲动的东西。培根说："我们深为感谢马基雅维利等人，他们写的是人之所为，而不是人应当何为。"人之所为与人应当何为之间的差距，在人道主义的统治下，比在中世纪基督教统治下更加进一步加大。

然而马基雅维利的解决方案本身是不可能实现的。如果西方不超越这种类型的现实主义，它就会重新激活一切愚蠢的行为，再次沦为异端而自速其亡。不仅如此，由于科学的"进步"，几乎是不可思议的恐怖事件很可能成为自然主义消解文明（我们正在受到这样的威胁）晚期阶段的标志。有权力而无智慧、物质机制持续增长但精神的无政府状态愈演愈烈，这些险象已然显露无遗，除非认真寻求医治的办法，否则我们可以得出这样的结论:被认为是人类固有的自我保全的本能,其实乃是一个神话。毫无疑问,第一步应该将科学人士和他的毒气瓶①、烈性炸药放在从属于人的适当位置上,这样做并不带有任何蒙昧主义的成分。可以看到,自然科学倾向于将整个人性置于某个单一法则之下,这就是现代某些最危险的谬论邪说的深层基础——社会主义者梦想的"科学"政治学就是一例。拉姆齐·麦克唐纳②先生说:"这样一来,整个社会,它的机构、制度、活动,不但在其记述及历史方面,而且在其实验方面都受到自然法则的支配,从而行政与司法成了和实验室里的化学家一样从事的艺术。"③这种对"事物法则"的过分吹捧令科学人士自视甚高而深感惬意。但是为了科学本身的利益,他们应该把上述观点作为伪科学全部摈弃:科学需要文明的支持,而现在反对文明的主力,也许除了情感上的放纵就是伪科学了。

麦克唐纳先生及其同道几乎总是把自己视为"理想主义者"。这有助于提醒我们,现在使用的"理想主义"和"现实主义"两个词不论表面上如何矛盾,至少有一点是相同的:它们都根植于一种自然主义哲学。一个人在多大程度上超越这种哲学,便会在多大程度上不再是人道主义理想家或马基雅维利式现实主义者。他会认识到某种性质的意志,这种意志把人类和自然区别开来,但它来自直接感知而非外在权

---

① 有些知情者宣布最近发明了一种毒气,比战争期间使用的毒气还要致命一千倍。——作者原注

② 拉姆齐·麦克唐纳(James Ramsay MacDonald, 1866—1937),英国政治家,参与创立工党,是第一位成为英国首相的工党党员。

③ 《社会主义运动》(The Socialist Movement),第90页。——作者原注

威,就此而言它仍是自然的。我曾经指出:功利主义者和情感主义者由于忽视了意志的这个特性,诡辩地界定自由并大受鼓励,因为这种自由逢迎了精神的怠惰——这也许是可以直接观察到的最根本的人性特点——而产生了吸引力。任何人一旦在自己或他人身上察觉到这一特点(它几乎有无数分支),甚至进一步看到其中的某些分支,他就不会像"理想主义者"那样对人类的元恶视而不见了。各种真正的精神学说,特别是真正的基督教都会强调:要丢开精神怠惰,执行更高意志。基督徒历来把他的自由及其对更高意志的信仰和神恩联系在一起。"主的精神在哪里,哪里就有自由。"我自己一直在努力认识这个必然真理,但不是通过神恩,而是通过工作,不是宗教层面的工作,而是人文层面的工作。我并没有傲慢到否定确认更高意志的其他方法的有效性,或是认为用想象力来理解这一意志的传统方式陈旧过时而将其弃置不论。这一点无论如何提醒读者也不过分:我在试图帮助澄清一个具体的问题,即健全的个人主义和不健全的个人主义之间的区分。我的论证面向的主要对象应该是这样一些人:他们在批判得不够充分的基础上与传统形式决裂,结果面临着完全丧失更高意志之真理的危险;他们仅仅是这个时代的现代主义者,而在这个时代,成为彻底的、完全的现代人(thoroughgoing and complete moderns)才是最高的需要。

附录一　关于意志的理论

我有些犹豫地做了一些附注来讨论一个问题中更为专门的方面,因为对待这个问题的恰当方式本应是用一本书的篇幅去讨论。整个意志问题和二元论问题密不可分。我认为真正的二元论是人类自身两种意志的对立,其中一种被感觉为生命冲动,另一种被感觉为生命制约。问题的关键似乎是理智相对于更高意志的恰当位置。一方面,很难有理性而不走向唯理性主义;另一方面,很难有信仰而不走向轻信。在基督教中,这个难题随着保罗将精神的法则与肢体的法则对立起来而产生;如果精神的法则意味着有效地进行控制,那么根据基督教义,它需要上帝或多或少的配合。于是,如果一个人希望了解基督教对人类意志的看法,最好的方法往往是确定他如何看待神的意志。

奥利金①是最早宣称神的意志高于神的心灵的人之一。不过最重要的基督教意志论者是圣奥古斯丁。他主张人和神的意志在心理上、神学上都是第一位的。他使用过的一个论证影响了后代的意志论者如

---

① 奥利金(Origen,185? —254?),古希腊基督教教父,是早期基督教神学、辩经学和禁欲主义中最具影响力的人物之一,著作涉及神学的多个分支,包括文本批评、圣经注释和圣经解释学,如《基督教原理》等。

邓斯·司各脱①,即他认为意志首先显现于注意或集中的行为中;这样它就先于理智,因为它甄选事实的领域或感知的顺序,理智致力于此并对之产生认识。②

在亚里士多德的影响下,自12世纪后半叶以降,出现了回归古希腊理智主义、反转奥古斯丁意志立场的倾向。例如圣托马斯·阿奎那不仅认为人类理智具有比人类意志更高的尊严,③而且认为神的意志从属于神的智慧。毋庸赘言,圣托马斯远不是一个纯粹的理性主义者:人类的理智虽然高于人的意志,但它被神的意志无限超越。

无疑,人们从一开始就感到,根据启示宣称的上帝意志的工作——特别是与更加极端的神恩说联系起来看——向来是人类理性的绊脚石。事实上,经院哲学的中心工作可以说是调和理性与这种意义上的信仰。④ 这一伟大奋斗完成于圣托马斯,在他的体系中,理性和信仰似乎达成了和谐一致。他宣称神学的真理虽然超乎理性之上,但是并不与理性相违背。

---

① 威廉·卡尔(Wilhelm Kahl)的作品《奥古斯丁、邓斯·司各脱和笛卡尔的意志至上学说》(*Die Lehre vom Primat des Willens bei Augustinus, Duns Scotus und Descartes*)能为这个问题提供有益的参考。——作者原注

② 参见他在《论三位一体》(*De Trinitate*)中对意志所做的这种及其他细微的心理观察。——作者原注

③ 维柯斯蒂德(P. H. Wicksteed)在《教条与哲学的对抗》(*Reactions between Dogma and Philosophy*)中搜集了圣托马斯的一些言论来说明理智和意志的关系,见第582—620页。——作者原注

④ 关于经院哲学时期信仰和理性的斗争,参见基尔森(E. Gilson)的《中世纪哲学》(*La Philosophie au moyen âge*)(总的来说是科学知识分子的观点)以及德·乌夫(de Wulf)先生的《中世纪哲学史》(*History of Medieval Philosophy*)(本书持天主教的观点)。——作者原注

晚期经院哲学的突出特点是理性和信仰再次趋向分离而显得水火不容。唯实论者邓斯·司各脱发展了在人类和上帝中"意志高于理智"(*Voluntas est superior intellectu*)的论题。① 唯名论者威廉·奥卡姆更加不容妥协地提出上帝的意志是绝对的和专断的。并非某事物是公正的,因此上帝意欲它,而是上帝意欲某事物,因此它是公正的。神学无望在理性中得到支持,它必须根据启示和教会的权威而被接受。

经院哲学的这个最后阶段启发了不同的运动,这些运动乍一看几无共同之处——例如路德主义和詹森主义、培根哲学和笛卡尔哲学。詹森主义者和路德主义者通过对神恩的极端阐释并牺牲理性来颂扬上帝的意志。另一方面,笛卡尔和培根关注(尽管以不同的方式)理性在自然秩序中的可能作用。他们继续或多或少地真诚敬奉被认为与不可思议的神学奥秘密不可分的宗教。鉴于笛卡尔的现代哲学之父的地位,明确他的意志概念显得尤为重要。我们需要严格区分他的人类意志概念和上帝意志概念。他认为上帝的意志是绝对的、专断的,就此而言他让我们想起了邓斯·司各脱。② 然而,他所感兴趣的是为现象的自然制定一种机械法则,在这个意义上,他的根本性情不是基督教意志论者的性情。他对上帝意志的态度可以从两方面来解释:第一,这是因

---

① 根据基尔森先生的说法,"邓斯·司各脱要求基督教上帝的权利并本能地保护它们免受希腊思想的侵袭"。见前书第2章,第83—84页。鉴于阿拉伯思想对邓斯·司各脱的影响,人们也许会进一步认为他论述意志问题时是以亚洲心理对抗欧洲心理。——作者原注

② 但是基尔森先生不同意卡尔(Kahl)认为笛卡尔的上帝意志近于邓斯·司各脱的上帝意志的观点。参见他的著作《笛卡尔关于自由和神学的理论》(*La Doctrine cartésienne de la liberté et la théologie*),第128—149页。——作者原注

为他的极端谨慎(姑且不说胆怯),他对伽利略的命运记忆犹新,因此几乎是病态地害怕和神学家发生争执。第二,据基尔森说,他为了自己的机械论假设而亟欲消除目的因。①

根据笛卡尔本人的看法,他的"我思故我在"是指我们应当从意识的直接材料②开始。③ 实际上他将更高意志打发到了上帝那里,并赋予心灵或理性在这些材料中的首要地位。接着他又在被看作两大实体的心-物之间建立起了严格的二元区分。至于人类的意志,在笛卡尔看来,它本身是无限的,就此而言,它令人想起上帝的意志。然而进一步深入研究,意志的这种无限自由仅仅只是犯过错的自由,只有被理性决定的意志才能避免错误。④ 他以这种方式使正当意志依赖正当理性,这一倾向以及他的实用伦理学⑤令我们想起了斯多葛派的哲人。

毋庸赘言,笛卡尔所说的"理性"指的是逻辑的、数学的理性。决定意志的、可以遵循而不出现差错的观念只有明白、清晰的观念。以数学方式构想真理以及人类秩序与自然秩序的现实,这是笛卡尔体系中最明显的一个倾向。同一倾向的另一个极端例子是斯宾诺莎(Spinoza)赋予其"伦理学"以几何学的形式。笛卡尔把上帝变成了"清晰的"观

---

① 见前书第3章,另见第210页。——作者原注
② 原文为data,一译"予料"(其动词词根为dare意谓"给/ give",其名词datum意谓"所予物/something given"),即给定的原始材料。
③ 《哲学原理》(Principes de la philosophie),第1卷,第9页。——作者原注
④ 《形而上学的沉思》(Méditations métaphysiques),第4篇,《论真伪》(Du vrai et du faux)。——作者原注
⑤ 特别见其《致伊丽莎白公主的信》(Lettres à la princesse Elizabeth)。——作者原注

念,并使用几乎是几何学的方式来证明上帝。① 他以这种方式驳斥人类的普遍经验,而依赖人类普遍经验的内在生命真理在逻辑或其他任何意义上都变得模糊不清,从而这些真理反倒成了飘忽不定的直觉。

第一个提出直觉以反对笛卡尔抽象推理的人也许是帕斯卡。用帕斯卡本人的区分来讲,真理的完整秩序只能通过敏感的精神(*l'esprit de finesse*)而非几何学精神(*l'esprit de géométrie*)来获得。针对笛卡尔的理性上帝,他提出了心中可感的上帝。"心"实际上指的是"神恩",而帕斯卡又将神恩与正在迅速变得不可能的神学联系在一起。事实上,未能从神学中解析出更高意志的真理并实验性地将之作为"意识的直接给定物",这是从中世纪到现代整个转变过程中引人注目的一点。由于詹森主义者和耶稣会士之间、天主教徒与新教徒以及新教内部不同教派之间无休止的争吵,这些真理和一大堆几乎难以置信的神学诡辩搅在了一起。伏尔泰是这些神学诡辩的最后回答。尤其重要的是他在《哲学辞典》中撰写的《神恩》一文,其中第三节总结说:"啊!堕落前预定论的(*supralapsaires*)、堕落后预定论的(*infralapsaires*)、不请自来的、自命不凡的、充满干劲的詹森主义信徒和莫利那信徒们(*molinistes*),你们最后都变成人吧!不要再用那些荒唐可恶的愚蠢做法烦扰这个世界了!"

随着笛卡尔实际上用"理性"取代了人类身上真正超越性的东西,

---

① 《论方法》(*Discours de la Méthode*):"因此,至少同样明显的是,上帝有或存在,他是如此完美的存在,以至于任何几何证明都无法达到这种程度。"——作者原注

即更高意志,真正的二元论得到调和而打开了通向一元论的道路。理性主义泛神论的倾向在斯宾诺莎身上体现得格外明显,他在许多方面显示出笛卡尔的影响。斯宾诺莎倾向于通过否认心灵对物质具有任何优势来消除笛卡尔的心物二元论。① 人在自然中并不像是一个帝国在另一个帝国中那样,而是整体中的一个部分。无疑,人类必须让他的意志适应神的意志,但是上帝却被宣布是与"自然"同一的。实现这种同一化之后,无论做出多少次级区分——例如就宇宙进程本身建立起"造物自然"(natura naturans)和"被造自然"(natura naturata)的二元论——都不可能维护健全的意志学说,从而避免泛神论的混乱。斯宾诺莎让人类意志看齐的那个上帝或"自然"与明显是笛卡尔意义上的理性密切相关;这样,按照上帝或自然调整一个人的意志,就等于按照理性调整他的意志。对斯宾诺莎来说,理性和意志实在是同一回事。② 在这里,正如在别处一样,斯宾诺莎可能比任何其他现代第一流的哲学家都更为完整地复兴了斯多葛派哲人的立场。

远不止斯宾诺莎一个人,笛卡尔的信徒③也都会为了普遍的机械主义来压制心灵和物质的二元对立。笛卡尔本人在动物身上只看到自

---

① 见《伦理学》(*Ethics*),第 2 部分,命题 7 附注。——作者原注

② 《伦理学》,第 2 部分,命题 49 引论:"意志与理性是同一的"(*Voluntas et intellectus unum et idem sunt*)。《伦理学》,第 3 部分,命题 9 附注中出现了一种不同的意志观:意志在这里等同于冲动,这也许是(像有人猜想的那样)受到了霍布斯的影响。——作者原注

③ 我讨论的是主要影响。某些笛卡尔主义者如格林克斯(Geulincx)联系所谓"偶因论"(Occasionalism)发展出一种人类依赖上帝意志的意识,这令人想到中世纪的谦卑。——作者原注

动运动;以同一方式看待人类证明是无法抗拒的诱惑。① 还有一种与之平行的倾向:英国经验论者和功利主义者否认心灵是超验的,声称"理智中没有任何东西不先在于感觉中"。与此同时,他们未能看到人类身上超越自然秩序的意志特性,从而强烈倾向于自然主义决定论。霍布斯和休谟尤其彻底地否定了意志的自由。② 从笛卡尔到休谟的哲学主流似乎舍弃综合而抬高了分析,并且随时准备好为了机械性而牺牲自发性。对于这个世界,特别是休谟眼中的世界,人们可以跟着靡菲斯特③讲:"可惜失败了!只落得精神上的束缚!"在试图重建一致性和哲学自由的人当中,伊曼纽尔·康德是最重要的一个。在意志问题上,他主张人在"本体"领域即"物自体"领域是完全自由的;另一方面,他又承认人作为其他现象中的一种现象,与休谟声称的一样完全是被决定了的。于是产生了一个问题:在现实生活的突发情境中,这种纯粹"本体的"自由有何价值。赫胥黎就康德的意志概念发表评论说:"形而上学家总是可悲地缺乏幽默感,否则他们肯定会放弃推进那些命题:一旦被剥去藏身其间的辞藻,在不敬神的人看来,就是赤身露体不知羞

---

① 拉梅特里(La Mettrie),作为笛卡尔主义者波尔哈夫(Boerhaave)的信徒,于1747年出版了《人-机器》(L'Homme-Machine,译者按:商务印书馆出版的中译本名为《人是机器》)。——作者原注

② 参见约瑟夫·瑞克比教士(Reverend Joseph Rickaby),《自由意志和四位英国哲学家:霍布斯、洛克、休谟与密尔》(Free Will and Four English Philosopher [Hobbes, Locke, Hume and Mill])。瑞克比教士当然是一个传统主义者,但是他的讲话(例如在第205页)即使从严格的心理学角度来看显然也是精辟睿智的。——作者原注

③ 靡菲斯特(Mephistopheles),歌德《浮士德》中的魔鬼的名字,他自称是"否定的精神"。

耻的纯粹谎言。"①职业形而上学家经常暴露出比缺乏幽默感还要严重的不足,那就是缺乏常识。例如,与约翰逊博士相比,赫胥黎本人对意志的态度就显示出了这种不足。

康德在《实践理性批判》中阐发的"绝对命令"似乎特别受到常识的反对。绝对命令被设想为某种不以经验为基础的先验事物。它并不是对于一种基于宇宙进程(其中包括人的自然之我),并有限制、有选择地作用于这个宇宙进程的意志的生动直觉。它更多是一种僵硬的形而上学抽象物,并不考虑个人的幸福②或者个人需要适应的特殊境况。③ 此外,如我指出的那样(本书第 226 页④),它是一种行为的意志而不是克制行为的意志。因此人们可以提出这样一个问题:是否可以依赖"绝对命令"有效地抑制自然人向外扩张的"欲望"(例如支配欲)?作为宇宙理性的一种表现,绝对命令让人想起斯多葛派哲人所说的某种理性-意志。然而,斯多葛哲人视为自身指导原则的理性($τό\ ἡγεμονικόν$)被认为等同于现实,而《纯粹理性批判》的结论(就理

---

① 见赫胥黎(Huxley),《休谟》(Hume)第 10 章(最后一章)。——作者原注

② 席勒曾经在《论哲学家》(Die Philosophen)一诗中从这个角度出发讽刺地谈论绝对命令。见《席勒集》(Werke),戈代克(Goedeke)编,第 5 卷,第 35 页及以下。在别的地方,针对他看来具有"德拉古式"严苛的康德理性,席勒提出了"优美灵魂"(上书第 10 卷,第 101 页)。康德本人一开始倾向于将伦理建立在感情的基础上,然而大约在 1770 年,他批驳了沙夫茨伯里及其信徒的观点,理由是他们犯了伊壁鸠鲁主义的错误。——作者原注

③ 耶可比(Jacobi)说下面这番话时便想到了绝对命令的这个方面:"没错,我就是那个无神论者和没有上帝的人,我会像垂死的苔丝蒂蒙娜(《奥赛罗》一剧的女主人公)那样撒谎,像皮拉德斯(Pylades)那样假装成俄瑞斯特斯去说谎、欺骗,像提摩利昂(Timoleon)那样杀人……"——作者原注

④ 均见本书边码。

性和现实的关系而言)主要是怀疑主义的。于是康德要我们作出某些重要的断言,它们本身未必真实,却是实践理性的设定。以这种方式,他为费英格①的"似乎哲学"(Philosophie des Als Ob)打下了基础。根据费英格的说法,你并不因为某物是真实的而意欲它,你仅仅是因为它是"有用的虚构"而煞有介事地行动着。②"似乎哲学"又一次接近了实用主义者的观点。实用主义者并不认为真实是某种已经存在的东西:他在行进过程中制造自己的真实,换言之,他认为在他的普通自我看来有用或可爱的东西就是真实的。这样他往往既取消了高等的客观标准,也取消了参照这个标准限制扩张欲望的道德意志。

康德哲学提供了某些哲学,例如休谟哲学中所缺乏的自由和综合因素,但这是以一种抽象的、理性主义的方式提供的。它并未满足对直接性的渴望。感受到这种渴望的人试图将伦理建筑在感情的基础上来满足它。康德的《实践理性批判》提出终极现实或"物自体"和意志有着密切的关系。叔本华实际上进一步将现实和意志等同了起来。只是他提出的意志和绝对命令甚为不同。③ 这是一种宇宙意志,它被设想为生存意志,同时也被认为是恶的根源。叔本华并没有提出一种更高意志来克制甚至弃绝这种宇宙动力(cosmic nisus);假如他这样做了,

---

① 费英格(Hans Vaihinger,1852—1933),19世纪的德国哲学家,著名的康德学者,在实用主义方向发展了康德主义,著有《似乎哲学》。
② 参看本书第225页,亦见《卢梭与浪漫主义》第370页注,我讨论了费英格的哲学与想象问题的关系。——作者原注
③ 关于叔本华对绝对命令的批判,见其《道德基础》(Grundlage der moral)前九章。然而在叔本华看来,赫胥黎嘲笑的自由与必然性的和解以及"先验感性论"却是康德最杰出的成就。——作者原注

他也许可以成就一种真正的二元论。相反,他明确断言自己所理解的意志应当仅仅包括人和兽共有的东西。① 他希望借助仁爱的伦理学说,特别是(如我们在书中第 73 页看到的)卢梭的自然同情论,从中找到一种等同于真正的二元论的东西。与此同时,叔本华往往在现实的自然中发现无情的争斗而不是同情,从而成了达尔文的先驱。尼采继承了叔本华的道路,将意志置于第一位,但是他否认了自然同情,并断言人类的基本意志是权力意志。这样,他一方面和霍布斯、马基雅维利构成联系,另一方面和进化论者构成联系。

我们应该注意到,那些将道德建筑在本能或冲动的基础上来满足自身对直接性的渴望的人,无论他们把由此产生的"意志"视为友爱意志还是权力意志,都一致否认抑制因素是首要的或必不可少的;他们把干预"意志"自由扩张的一切事物都视为人为的或约定俗成的东西而加以取消。不仅如此,试图重建本能的一致性和自发性常常导致另一种二元论——"心"(人的冲动与情感自我)与"脑"(人的分析理智)之间的二元对立,这种二元论毁灭了一致性,并引导人(用华兹华斯的话讲)"在死寂、无生气的离散中"观看事物。

进化论者"齿爪血红"的自然取代了卢梭的田园牧歌式的自然,与之相应,维护仁爱的伦理学说的困难也不断增大。这些困难可以在赫胥黎对意志问题的论述中得到说明。在《进化与伦理学》(罗马尼斯讲座,1893 年)中,他发挥了这样一个论点:文明与宇宙进程彼此尖锐对

---

① 《新补》(*Neue Paralipomena*)。富耶(Fouillée)称叔本华赋予意志以最高地位是继承了笛卡尔的理论,这种说法似乎大有问题,见《笛卡尔》(*Descartes*),第 198 页。就笛卡尔真心强调上帝意志而言,此为基督教唯意志论的残余。——作者原注

立,一个人应当为了社会利益而努力超越这一进程。他在讲座最后雄辩地呼吁大家沿着反宇宙的路线奋力斗争。与此同时,赫胥黎否认人类具有超越宇宙进程并与之背道而驰的意志。他毫无保留地采用了休谟的决定论。① 他宣称:"物理的、理智的、道德的人和最卑微的野草一样纯属宇宙进程的一部分。"②如果是这样,要避免尼采式的结论,我们似乎必须像卢梭和情感主义者那样主张自然本身之中存在着某种仁爱原则。相反,赫胥黎无比坚定地宣布自然是无情的。③ 人们看到我所引用的这类论述时,很难不得出穆尔④先生的结论:赫胥黎就其主要倾向而言,是一个自然主义诡辩家。⑤

近来像柏格森、詹姆斯和克罗齐这些哲学家,在对待意志问题上很难说和以往那些用支持亚理性的一致性与自发性来逃避机械论的人有什么本质不同。柏格森鼓吹多少需要完全摆脱分析理智的"直觉",理由是它会建立"整块宇宙"(block universe);同时他为了生命冲动而摈弃了克制的意志。不过如我所说的那样(本书第 17 页),不同于他的许多浪漫主义先驱,柏格森把生命冲动与权力意志而非博爱意志联系了起来。皮科利(Piccoli)先生指出,克罗齐对意志的看法和柏格森大致相同。⑥ 然而,克罗齐并没有直言不讳地表现出帝国主义思想。尽

---

① 见《休谟》,第 10 章。——作者原注
② 《赫胥黎集》(*Works*),埃弗斯里(Eversley)编,第 9 卷,第 11 页。——作者原注
③ 《赫胥黎集》,爱普顿(Appleton)编,第 9 卷,第 200 页。——作者原注
④ 穆尔(Paul Elmer More,1864—1937),美国批评家、散文家和记者,曾在哈佛学习,与白璧德私交甚密,是新人文主义观念的忠实拥护者。
⑤ 《谢尔本集》(*Shelburne Essays*),第 8 章,第 193 页及以下。——作者原注
⑥ 《贝奈戴托·克罗齐》(*Benedetto Croce*),第 198 页。——作者原注

管詹姆斯觉得自己和柏格森的想法深相一致,但是他更贴近较早的浪漫主义心理学。想想他的《论人类的某种盲目性》一文吧。在他看来,人在参照人类共有的人性法则而努力奋斗时并不最具有人性;相反,只有在百无聊赖、无须负责时的胡思乱想中他们才最是自己①——他们至少应该努力同情地互相进入每个人的浪漫梦想。总之,如果我们像詹姆斯、柏格森那样,试图通过宇宙进程中新奇事物的"涌现"来证明自由和自发性,②那么要想发现人们之间真正的伦理交流的基础就变得分外棘手,我们很难看出千差万别的人如何能走到一起。此外,自然本身或许会主动产生人类理智无法预见也无法明确表达的生命差异,但是处在"创造性"进化中的人并不是主动的;从真正的人类角度看,人既是被动的也是无目的的。通俗地概括这整个哲学潮流,就是人不知道自己到哪里去,只知道自己是在路上。不管怎样,人们可以确信一点:由于未能发明人类特有的意志特性,他们并不是在走向和平或友爱。

我曾经谈及当代两种学说,即心理分析和行为主义,认为它们(至少是其通俗解释)会破坏人性中的克制原则并就此瓦解文明。对于行为主义不妨再补充两句。人是与其他动物共处的一种动物,在这个意义上他受制于实验室方法。然而,当人们试着完全以这种方法为基础

---

① "生命中的假日是它最有意义的组成部分,因为它们笼罩在、至少应该笼罩在这种神奇地无须负责的咒语之下。"他的观点与席勒下述观点有关——"人在游戏时才完全是人",见《席勒集》,戈代克编,第 10 卷,第 327 页。——作者原注

② 关于詹姆斯试图以这种方式证明自由意志,参见《多元的宇宙》(A Pluralistic Universe),第 391 页注;亦见《哲学的一些问题》(Some Problems of Philosophy),第 145 页。——作者原注

来解释行为时,①当人们以必须"客观"为借口拒绝就一个人的行为和一只青蛙的行为进行质的区分时,结果就是走向疯狂的自然主义。行为主义者不但将机械论的生命观发展到否认某些"意识的直接材料"的程度,并且急于将一切事物简化为刺激-物理反应,从而在很大程度上消除了意识本身。如果像约翰逊博士所说的那样,一切经验都见证了意志的自由,我们必然会得出这样的结论:极端的行为主义者为了一种理论而背弃了某种高度实验性的东西。

总之,对于职业哲学家的意志理论所作的这一极不充分的回顾,似乎证实了我在本书正文中所作的考察。如果说以往对意志的看法导致了神学的噩梦,那么近代以来的看法则频频带来形而上学的困惑。从整体上看,各宗教教派就上帝意志及其运作方式的无休止的争论损害了内在生命的真理,然而人们未能成功地以肯定的、批判的方式提出某种这样的真理。

---

① 关于这种尝试,参见沃岑(J. B. Watson),《一个行为主义者眼中的心理学》(*Psychology from the Standpoint of a Behaviorist*, 1919)。关于对整个趋势的讨论,参见玛丽·凯尔金(Mary W. Calkins),《真正心理学的行为主义》(The Truly Psychological Hehaviorism),载《心理学评论》(*Psychological Review*),第28期,第1—18页。——作者原注

附录二 绝对主权

如我所说(本书第246页),我国联邦主义的自由主义者不相信绝对主义,而尊重标准和只有标准才能赋予国家的规训,因而接近以柏克为最佳代表的英国政治传统。有人认为,这位英国人对个人自由的关注大多只是他不喜欢整齐划一的幽默气质①(就其较早意义而言)的一种表现,从而以某种方式否定了标准。但这并不是真理的全部。英国最出色的政治家对处于真正基督教核心的自由形成了一些概念,而且比其他任何国家的政治家都更加成功地让这个概念在政治上产生了效果。

热爱个人自由的人倾向于把这看成是普通法在英国(正如在欧洲其他各国一样)从未向罗马法妥协让步的一种幸运情形。关于探讨罗马法对中世纪和现代社会的影响这样一个大问题,我无法胜任,就现在讨论的问题而言也不需要这样做。我只要指出这一点就够了:罗马法当中的自由概念即便在最好的情况下也远逊于基督教的自由概念,它反映了太多的斯多葛式理性主义,而且像所有希腊罗马政治哲学那样随时准备为了国家而相当过分地牺牲个人。在最糟糕的情形下,罗马

---

① 幽默气质(humorousness),原指性情乖张。

法根本不配叫罗马法，而应该叫拜占庭法。我们应当注意到，罗马法将"无限主权"(unlimited sovereignty, *plenitudo potestatis*)观念作为本源，可以看出这个观念对后来中世纪和现代早期的绝对主义者都产生了巨大影响。我们在《法学汇纂》①中看到，罗马人通过王权法(the *lex regia*)将无限制的权力交给了皇帝。② 在煽动家的怂恿下，罗马人拒绝限制自身，同时倾向于那种通过牺牲质量以及对标准的适当服从获得的平等。就现代民主国家仅仅追求量化平等而言，古罗马的命运就是其前车之鉴。这一刻迟早会发生：人们感到将权力集中于一人之手，便摆脱了不负责任的大众暴政。无论如何，这都是一个激进民主通常转向我称之为没落帝国主义的过程。

中世纪真正的主权概念和我联系王权法与罗马法所说的主权概念迥乎不同。对基督徒来说，主权并不像在罗马法中那样来自人民，而是来自上帝（主要被设想为意志而非理性）。神恩说的整个趋势是让这个意志表现为绝对的、不负责任的，即表现为一种超自然的好运(sort of supernatural *bon plaisir*)。我曾经谈到对神恩说的某些历史辩护；我们可以毫不夸张地认为它拯救了西方文明。所谓历史辩护(historical justification)，我并不是指这一学说被视为"有用的虚构"，而是指其中的拯救因素，即对更高意志的强调是它的真理。同时，我也提到了该学

---

① "汇纂"(the "Digest")，指6世纪东罗马皇帝查士丁尼下令编纂的法学摘录，共五十卷。

② 见该书第1卷，第4章第1节；亦见《查士丁尼法典》(*Institutes*)，第1卷，第2章6节。就其是一种特殊的经办方式而言，王权法显然是一种法律虚构。将权力集中在皇帝手中是一个逐步发生的过程。——作者原注

说对个人主义者构成的困难。接受"人是万物的尺度"这个说法——实际上一切个人主义者都必须以某种形式接受这个说法①——无论对于绝对意志还是绝对理性来说都是致命的。宗教意义上的绝对的、无限制的意志常常变成权力意志,即便如此行事的统治者声称自己只是神圣主权这种神恩的谦卑领受者也是如此。信仰上帝具有任意主权往往导致会帝国主义的后果,君权神授的历史和教皇的历史都可以说明这一点。

我在本书第一章试图追溯整个理性主义在过渡时期的转变,即从中世纪的绝对意志信仰到相同信仰的另一形式的转变,此即从上帝主权到人民主权的转变。一个通过任何意义上的意志来思考政治问题的人之所以高于他人,是因为他支持某种基本的、首要的东西,与之相比,理性最终只是第二位的和工具性的。从这个角度来看,黑格尔的"理性主义的绝对"是很有趣的。根据黑格尔的观点,经过各种不完全的历史显现之后,理念最后在普鲁士国家中找到了自身的完美体现。大多数人会同意这个说法:被视为使这个国家充满活力的绝对理性在实践中成了权力意志的仆人。

关于理性和意志的相反提法也可以结合国际法进行有趣的研究。现在整个问题都被怀疑是胡思乱想。如果这种怀疑能证明是合理的,其解释或是国际法把不属于理性的首要位置赋予了理性,或是国际法在处理意志问题时过于浮泛了。那些所谓的国际法实证派的代表人

---

① 我在《法国现代批评大师》最后一章探讨了这个说法可能具有的不同意义。——作者原注

物,倾向于将自己的工作局限在记录不同主权国家在彼此关系中意志的开展。如果这种记录居然配称为法律,那么它显然在任何特殊国际危机中都应该有别于单纯的暴力或某个国家及国家联盟的权力意志。在这一点上,我们感到国际法的命运与新兴的意志学说紧密相连,后者试图取代中世纪对于神意的依赖,并取代后来的唯理主义的统治地位。具有主权的人民可能会展示什么性质的意志?这一问题从属于下面这个问题,即卢梭的基本信条——"性善"论(dogma of natural goodness)的真伪问题。这个信条倾向于对内在制约和外在制约一律加以贬损。随着克制的消失,大众意志仅仅成为大众冲动的别名。我曾得出这样的结论:在达到这种自然主义扩张阶段的民族身上显现出来的不是友爱意志,而是权力意志。我们必须承认西方的人文和宗教传统中(特别是和绝对的、无限制的主权理论联系起来看)羼入了帝国主义因素。但是不管怎样,这些传统在一定程度上是真实的,并且对权力欲有所节制。真宗教的核心是和平意志(will to peace),真人文主义的核心是正义意志(will to justice);而激进民主与帝国主义——如果我分析无误的话——在本质上是一回事。

我曾联系主权理论谈及现代运动的另一方面(本书第296页以下)。① 功利主义者正在倾向于以越来越绝对的方式构想国家。他觉得国家权力在试图增进对社会有用的事物、最多人的最大利益时,应当不受任何限制。而我说过,功利主义者的根本谬误在于用快乐或单纯

---

① 约翰·奥斯丁(John Austin)的《确定的法学领域》(*Province of Jurisprudence Determined*,1832年,1861年第2版)是尝试将主权理论建立在效用和社会便利之上的最广为人知的例证,特别参见第6章。——作者原注

的外在工作来构想普遍的"最大利益"和幸福。社会必须反抗个人的无节制来保卫自己,但是如果不想把这种自身权威的必要主张推向令人难以忍受的极端,那么社会不仅需要思考外在的工作,也需要思考健全的个人主义的最终源泉——内在工作。这样做并不是变得抽象,相反是从社会学的理论化转向实证的心理学观察。

上面关于绝对主权的简单回顾似乎证实了作为本书书前引语的约翰·亚当斯的那段话。从王权法到功利主义-情感主义运动,这些理论与一系列神学和形而上学幻想联系在了一起,最终都意在颠覆个人的自由。

参考文献

我将本书正文中提到的比较重要的著作列入了这份参考文献；此外还有一些其他的著作，出于种种原因似乎与我所讨论的主题尤为相关，因此也列了进来。

Acton, Lord：
: *Letters of Lord Acton to Mary Gladstone.* 1904.
: *The History of Freedom and Other Essays.* 1907.

Althusius, J.：
: *Politica methodice digesta.* 1603.

Aristotle：
: *Nicomachean Ethics.* Tr. by D. P. Chase. 1847. (Reprint in Everyman's Library.)
: *Politics.* Tr. by B. Jowett. 1905.

Arnim, H. Von：
: *Diepolitischen Theorien des Altertums.* 1910.

Atger, F.：
: *Essai sur l'histoiredes doctrines du contrat social.* 1906.

Augustine, Saint：
 De Civitate Dei. Ed. E. Hoffman. 2 vols. 1898. Tr. by M. Dods. 1897.

Barker, E.：
 Political Thought in England from Herbert Spencer to the Present Day. 1915.
 Greek Political Theory. 1918.

Beveridge, A. J.：
 The Life of John Marshall. 4 vols. 1916.
  贝弗里奇先生很有意思地提出了马歇尔和杰斐逊之间不可调和的对立。然而，他应该在自己的作品中对这两者明确地加以区分：一个是统一派，而另一个是有帝国主义倾向的国家主义者。马歇尔还远远称不上是罗斯福的先驱。

Bossuet, J. B.：
 Politique tirée de l'écriture sainte. 1709.

Bourgeois, E.：
 Manuel historique de politique étrangère. 3 vols. 4ᵉ éd. 1909.

Burke, E.：
 Works. 8 vols. (Bohn Library.) 1854-61.
 Reflections on the Revolution in France. 1790.
 Letter to a Member of the National Assembly. 1791.

Bury, J. B.：
 The Idea of Progress. 1921.

Carlyle, R. W., and A. J.：
 A History of Mediaeval Political Theory. 4 vols. 1903-22.

Chateaubriand, F. R. de:
    Essai historique, politique et moral sur lesRevolutions. 1797.
    Mémoires d'Outre-Tombe (1848). Ed. E. Biré. 6 vols. 1898-1901.

Confucius:
    The Sayings of Confucius (*Analects*). Tr. by L. Giles. 1907.
    The Conduct of Life. Tr. by Ku Hung Ming. 1906.
        此即通常冠名为《中庸》(*The Doctrine of the Mean*)的儒家论著。如果我们接受辜鸿铭先生对这两个汉字的解释的话，构成标题的两个汉字的字面意思还可以理解成"普遍规范"或"中心"。

Cumberland, R.:
    De Legibus naturae. 1672.

Dante Alighieri:
    De Monarchia. About 1310. Ed. Moore. 1904. Tr. by P. H. Wicksteed in Temple Classics.

Dedieu, J.:
    Montesquieu et la tradition politique anglaise en France, 1909.

Diels, H.:
    Die Fragmente der Vorsokratiker. 2 vols. (in 3). 2d ed. 1906-10.

Dunning, W. A.:
    A History of Political Theories. 3 vols. 1902-20.

Ferguson, W. F.:
    Greek Imperialism. 1913.

Fester, R.：
Rousseau und die deutsche Geschichtsphilosophie. 1890.

Figgis, J. N.：
Studies of Political Thought from Gerson to Grotius. 1907. 2d ed. 1916.
　对欧洲从神权政治向大型地域民族国家过渡这一重要时期所作的精彩讨论。

The Divine Right of Kings. 1914.

Filmer, R.：
Patriarcha; or The Natural Power of Kings. 1680. (Reprinted together with Locke's *Treatises of Government* in Morley's Universal Library.)

Frank, T.：
Roman Imperialism. 1914.

Fustel de Coulanges, N. D.：
La Cité antique. 1864. 16th ed. 1898. Tr. by W. Small. 1874.
　展示道德风气与政治形态之间的关系而不(显得)过于体系化是很困难的。《古代城邦》就因为这一点受到了极大的批评。然而贝蒙特(C. Bémont)对古朗日这本著作所作的"已经过时"的论断也过于极端了；相反，这本书在很多重要的方面都是一部权威性的杰作。

Gierke, O.：
Political Theories of the Middle Age. Tr. and Ed. by F. W. Maitland. 1900.
Johannes Althusius. 1880. 3d ed. 1913.
　关于自然权利和社会契约等主题的宝贵的资料汇编。然而，基尔克可能夸大了阿尔图休斯对卢梭的影响，因为卢梭仅仅提到过他一次。

Gomperz, T.：
 Griechische Denker. 2d ed. 3 vols. 1903-09. Tr. by L. Magnus and G. G. Berry. 1901-12.

Gooch, G. P.：
 Germany and the French Revolution. 1920.

Grotius, H.：
 De Jure belli etpacis. 1625. Tr. by Whewell. 3 vols. 1853.

Hearnshaw, F. J. C. (editor)：
 The Social and Political Ideas of Some Great Mediaeval Thinkers. 1923.
  在本书的一篇文章中，艾琳·鲍尔指出，为菲利普四世服务的律师皮埃尔·杜波依斯制定了一项欧洲和平计划，该计划在某些方面预示了苏利公爵的"大计"。菲利普的计划和苏利的一样，实际上会导致法国对欧洲的统治。

Hobbes, T.：
 Leviathan. 1651. Ed. W. G. Pogson Smith. 1909.

Hooker, R.：
 Ecclesiastical Polity. 1592. (Reprint in Everyman's Library.)

Hume, D.：
 A Treatise of Human Nature. 1739-40. (Reprint in Everyman's Library.)

Janet, P.：
 Histoire de la science politique. 2 vols. 1858. 4th ed. 1913.

Jefferson, T.：
 Works. 10 vols. Ed. P. L. Ford. 1892-99.

Laski, H. J.：
　Political Thought from Locke to Bentham. 1920.

Lecky, W. E. H.：
　Democracy and Liberty. 2 vols. 1896.

Locke, J.：
　Two Treatises of Government. 1690. (Reprint in Morley's Universal Library.)

Louter, J. DE：
　Le Droit international positif. 1920.

MacDonald, J. R.：
　The Socialist Movement. 1911.

Machiavelli, N.：
　Del modo tenuto dalduca Valentino nell' ammazzare Vitellozzo Vitelli, etc. 1502.
　Il Principe. 1513.
　Vita di Castruccio Castricani. 1520.
　　这三部著作的译文见于 Everyman's Library 版同一卷。

Maine, Sir H. J. S.：
　Ancient Law. 1861. (Reprint in Everyman's Library.)
　　尤见于第4章，"The Modern History of the Law of Nature"。

Maistre, J. DE：
　Du Pape. 1819.
　Soirées de Saint-Pétersbourg. 1821.
　The "Premier entretien" contains the celebrated "Portrait du bourreau".

Mandeville, B.:
> *The Fable of the Bees*. 1714. (The Grumbling Hive, the verses that form the nucleus of this volume, appeared originally in 1705). 5th ed. 2 vols. 1728-29.

Marsilius of Padua:
> *Defensor Pacis*. 1324. Text in Goldast, *Monarchia S. Imperii Romani*.

Merriam, C. E.:
> *American Political Theories*. 1903. New ed. 1920.

Michel, H.:
> *L'Idée de l'état*. 1896.

Mill, J. S.:
> *On Liberty*. 1859. (Reprinted together with the essays on Utilitarianism and Representative Government in Everyman's Library.)

Montesquieu Charles De Secondat de la Brède, Baronde:
> *De l'Esprit des Lois*. 1748.

Oliver, F. S.:
> *Alexander Hamilton; an Essay on American Union*. 1907.

Pascal, B.:
> *Pensées et opuscules*. Ed. L. Brunschvicg. 1917.

Plato:
> *Works*. Tr. by B. Jowett. 5 vols. 3d ed. 1892.

Pound, R.:
> *The Spirit of the Common Law*. 1921.

An Introduction to the Philosophy of Law. 1922.

Powers, H. H.：

America among the Nations. 1917.

Renan, E.：

La Réformeintellectuelle et morale. 1871.

Ritchie, D. G.：

Natural Rights. 1894. 3d ed. 1916.

  里奇认为,自然权利是虚假的概念,会导致不健全的个人主义。他不是用健全的个人主义来反对这种不健全的个人主义,而是用社会的权宜之计,后者本身会凭借进化论而不断变化。本书附录包括了18世纪更重要的法国和美国的权利宣言,此为本书的一个有益之处。

Rousseau, J. J.：

Œuvres complétes. 13 vols.（Hachette.）

  尚缺好的完善的版本。

The Political Writings. 2 vols. Ed. C. E. Vaughan. 1915.

  沃恩的文本工作做得很好。然而,他在导言中阐述的一些想法——例如,卢梭在政治上是一个真正的柏拉图主义者——是经不起认真推敲的。

Saint-Pierre, Abbéde：

Projet pour rendre la paix perpétuelle en Europe. 1712-17.

Schopenhauer, A.：

Grundlage der Moral. 1840. Tr. by A. B. Bullock. 2d ed. 1915.

Seillière, E.：

L'Impérialisme démocratique. 1907.

Le Mal romantique. 1908.

Introduction à la philosophie de l'impérilisme. 1911.

Leperil mystique dans l'inspiration des démocraties modernes. 1918.

Balzac et la morale romantique. 1922.

Vers le socialisme rationnel. 1923.

  塞里尔先生打算将最后一本作为他全部观点的总结。在阐发他哲学观点的所有出版物当中，最好的是 R. Gillouin 的 *Une nouvelle philosophie de l'histoire moderne*（1921）。又见 *La Pensée d'Ernest Seillière*，此即当代法国学者的十二项研究。有人批评塞里尔先生对"帝国主义"一词作了不适当的扩展。更合理的批评针对的是他对"神秘主义"一词的使用。关于后一点，见 Henri Bremond：*Histoire littéraire du sentiment religieux en France*，vol. IV（1920），p. 566 n。

Shaftesbury, Anthony Ashley Cooper, Third Earl of：

  Characteristicks of Men, Manners, Opinions and Times, 1711. 2d ed. 1714. Ed. J. M. Robertson. 1900.

  The Life, unpublished Letters and Philosophical Regimen. Ed. B. Rand. 1900.

Smith, A.：

  The Theory of Moral Sentiments. 1761. 6th ed. with critical and biographical memoir by Dugald Stewart, 1790.（Reprint in Bohn's Library.）

  The Wealth of Nations. 1776.（Reprint in Everyman's Library.）

Spengler, O.：

  DerUntergang des Abendlandes. 2 vols. 1919-22.

Stephen, Fitzjames：

  Liberty, Equality, Fraternity. 2d ed. 1874.

Tagore, Rabindranath:
Nationalism. 1917.

Troltsch, E.:
Augustin, diechristliche Antike und die Mittelalter. 1915.

Viallate, A.:
L'Impérialisme économique et les relationsinternationals pendant le dernier demi-siècle (1870-1920). 1923.

Whitman, W.:
Leaves of Grass. 1855.
Democratic Vistas. 1871.

Zanta, L.:
La Renaissance dustoicisme au XVIe Siècle. 1914.

索　引

（索引页码为原书页码，即本书边码）

Acton, Lord 阿克顿勋爵 2,94,127,178,184,298n.

Adams, Henry 亨利・亚当斯 231n.,252n.

Adams, Herbert 赫伯特・亚当斯 305n.

Adams, John 约翰・亚当斯 306,335

Adams, John Quincy 约翰・昆西・亚当斯 248

Addison 艾迪生 13

Alexander 亚历山大 139

Anselm, Saint 安色勒姆 118n.

Aquinas, Saint Thomas 圣托马斯・阿奎那 2,30,164,320

Aristophanes 阿里斯托芬 148,149

Aristotle 亚里士多德 2,27,30,31,32,35n.,44,46,54,61,64,70,78,83,92,117,149,150,152n.,163,164,165,192,199,204,205,209,213,214,258,273,276,299,301,302,308,309,320

Arnold, Matthew 马修・阿诺德 160,243,281

Asoka 阿育王 159,160

Asquith 阿斯奎斯 289

Asquith, Mrs. 阿斯奎斯夫人 203

Attila 阿提拉 158

Augustine, Saint 圣奥古斯丁 2,21,30,31,176,319

Austin, John 约翰・奥斯丁 334n.

Bacon, Francis 弗朗西斯・培根 30,94,103,113,143,159,190,192,197,259,314,321

Bacon, Roger 罗杰・培根 113

Bagehot, W. 白哲特 106

Balzac, Honoré de 巴尔扎克 17n.,21n.

Barabbas 巴拉巴 264

Barker, Ernest 恩斯特・巴克 286n.

Bentham 边沁 224n.,296n.

Bergson, Henri 柏格森 17,18,162,189,183n.,224,229,301,328,329

Bernard, Saint 圣伯纳德 108n.,178n.

Bismarck 俾斯麦 41

Blair, Dr. 布莱尔博士 85 n.

Bodley, J. E. C. 伯德里 287n.

Boerhaave 波尔哈夫 324 n.

Boileau 布瓦洛 277
Bordes 博尔德 74 n.
Borgia, Cesare 恺撒·博尔吉亚 39
Bossuet 波舒哀 21,55,56,57,58,60,
　67,187,219,260,276,277,301
Bourgeois, E. 布尔乔亚 130n.
Boutroux, E. 布特鲁 131
Brownell, W. C. 布朗乃尔 167n.
Bryan, W. J. 威廉·詹宁斯·布赖
　恩 240,282,285
Bryce, Lord 布赖斯勋爵 241
Buddha 佛陀 32,33,36,67n.,158,
　160,161,162,163,168,169,170,
　173,184,194,195,199,202,209,
　214,222,273,275
Burke 柏克 22,69,96,97-116,126,
　128,141,157,166,178,199,202,
　207,221n.,246,251,258,262,272,
　293,331
Byron, Lord 拜伦 244

Caesar 恺撒 29,31,44,54,92,98,196,
　270,284,285,286,288
Calhoun, J. 卡尔洪 247
Caligula 卡利古拉 141
Calkins, Mary W. 玛丽·凯尔金
　330n.
Calvin 加尔文 54,74,188,189,
　190 n.,253
Carlyle 卡莱尔 7,131,137,138,140,
　209,211
Castricani, Castruccio 卡斯特鲁乔·
　卡斯特里卡尼 39

Chaplin, Charlie 查理·卓别林 240
Chateaubriand 夏多布里昂 126 n.,
　128,140,217,220
Chavannes, E. 沙畹 163 n.
Chesterton, G. K. 切斯特顿 125
Christ (Jesus) 基督 33,34,98,130,
　132,140,158,159,160,161,163,
　164,170,172,177,195,264,269,
　273,275,283,284,289,291,298
Chu Hsi 朱熹 164
Chuquet, A. 楚盖 130 n.
Cicero 西塞罗 2,19,47,149 n.,268,
　270,291,292
Cimon 客蒙 148 n.
Cineas 奇涅阿斯 271
Cleon 克里昂 281
Cleveland, Grover 克利夫兰 288
Cloots, Anacharsis 安那卡西斯·克洛
　斯男爵 124
Coleridge 柯勒律治 13,130n.,221
Comte, Auguste 孔德 258
Condorcet 孔多塞 132
Confucius 孔子 3,33,34,35,36,61,
　154,158,163,164,165,184,199,
　200,273,277 n.,279,301,310 n.
Cowdray, Lord 德莱爵士 153
Croce, B. 克罗齐 328
Cromwell 克伦威尔 113
Cumberland, R. 坎伯兰 47,216
Curzon, Lord 库尔松爵士 153

Dante 但丁 25,29,142,161,219
Danton 丹东 126

Darwin 达尔文 164,327
Daudet, Léon 雷翁·都德 228
Dedieu, J. 德迪乌 63 n.
Descartes 笛卡尔 62,68,224,226, 319 n.,321,322,323,324,327 n.
Dewey, John 约翰·杜威 312,313
Diderot 狄德罗 10,67,293
Diels, H. 迪勒 168 n.
Disraeli 迪斯雷利 103,106,215,275
Dreiser, Theodore 西奥多·德莱塞 254
Dryden 德莱顿 141,265,266
Duns Scotus 邓斯·司各脱 113,190, 319,320,321

Edison 爱迪生 241
Edwards, Jonathan 乔纳森·爱德华兹 89,141,189,257,290 n.
Eldon, Lord 埃尔登爵士 77
Eliot, Charies W. 艾略特 290,303
Emerson, R. W. 爱默生 167
Epictetus 爱比克泰德 50,216,278 n.
Erasmus 伊拉斯谟 25,180,189
Erastus 埃拉斯都 53
Euripides 欧里庇得斯 181

Fabricius 法布里修斯 74
Faguet, E. 法盖 64,108 n.,165
Fester, Richard 费斯特 79 n.
Fielding 菲尔丁 72
Filmer, R. 菲尔默 53,54,58
Flamininus 弗拉米尼努斯 270
Ford, Henry 亨利·福特 5,146,212, 239,241,253,282
Forke, Alfred 弗尔克 151 n.
Fosdick, Raymond B. 福斯迪克 255 n.
Fouillée, A. 富耶 327 n.
France, Anatole 阿纳托尔·法朗士 81,294,295
Francia, Dr. 弗朗西亚博士 211
Frank, Tenney 坦尼·弗兰克 270 n.
Franklin, Benjamin 本杰明·富兰克林 311
Frederick the Great 腓特烈大帝 41, 131,211
Fustel de Coulanges 古朗日 27,54, 253 n.

Galileo 伽利略 321
Galley, Mademoiselle 加蕾小姐 79
Genghis Khan 成吉思汗 158
George Ⅲ 乔治三世 77
Gervinus 格尔维努斯 135
Geulincx 格林克斯 324 n.
Gilson, E. 基尔森 320 n.,321
Gladstone, Mary 玛丽·格莱斯顿 2 n.
Goethe 歌德 130,138,145,211,241, 264
Gompers, Samuel 塞缪尔·龚帕斯 232,307
Gomperz 贡珀茨 51 n.
Gooch, G. P. 古什 130 n.
Graffenried, Mademoiselle 葛莱芬丽小姐 79
Grey, Viscount 格雷 289

Grotius 格老秀斯 45,52,71,122

Halifax 哈利法克斯 105
Hamilton, Alexander 亚历山大·汉密尔顿 248 n.
Hardy, Thomas 哈代 132,140
Hawkins, Sir John 约翰·霍金斯 72
Hay, John 黑伊 249 n.
Hazlitt, W. 黑兹利特 279
Hearnshaw, F. J. C. 赫恩肖 71 n.
Hearst, Wm. Randolph 威廉姆·兰道夫·赫斯特 240,264,281
Hegel 黑格尔 333
Heine, H. 海涅 121
Heliogabalus 黑利阿加巴卢斯 271
Henry IV (Holy Roman Emperor) 亨利四世(神圣罗马帝国) 28
Henry IV (of France) 亨利四世(法国) 121,122
Hesiod 赫西俄德 205
Hildebrand 希尔德布兰德 178 n.
Hobbes 霍布斯 22,41,42,43,44,45,46,47,48,59,72,74,87,90,94,100,121,122,232,324,327
Hooker, R 胡克 71
Horace 贺拉斯 271
Hugo, Victor 维克多·雨果 129,231
Hume, D. 休谟 51,85,165 n.,216,224,225,234,324,325 n.,326,328
Hutcheson, F. 哈钦森 48,51
Huxley 赫胥黎 325,326 n.,328

Jackson, Andrew 安德鲁·杰克逊 246

Jacobi 耶可比 325 n.
James, Wm. 詹姆斯 328,329
Jefferson, Thomas 杰斐逊 196,240,242,246,247,248,249,251,305
Jhering 耶林 296 n.
Johnson, Samuel 约翰逊 72,206,228,325,330
Joubert 儒贝尔 12,63,74,112,113,273,279 n.
Judas 犹大 190 n.
Juvenal 尤维纳利斯 18

Kahl, Wilhelm 威廉·卡尔 319 n.,321 n.
Kant, I. 康德 131,224,225,226,324,325,326
Krishna 克利须那神 80

La Mettrie 拉梅特里 324 n.
Lanson, G. 朗松 84,85,86
La Rochefoucauld 拉罗什富科 41,48
Laski, Harold J. 哈罗德·拉斯基 223,224
Lear, Edward 爱德华·利尔 80
Lecky 莱基 115
Legge, Dr. 理雅各博士 36
Leonidas 列奥尼达 108 n.
Lilly, W. S. 利里 83
Lincoln, A. 林肯 81,248,249,250,251,280
Livy 李维 236,271
Lloyd George, D. 劳合·乔治 1
Locke, J. 洛克 42,58,59,60,61,62,

63,71,74,102,103,191,224 n.,
324
Louis XIV 路易十四 56,57,124
Louis XV 路易十五 65
Louis, Saint 圣路易 56
Louter, J. de 德·鲁特 266 n.
Lowell, James B. 洛威尔 218,234
Lucretius 卢克莱修 217
Luther 路德 25,53,188,189
Lycurgus 莱克格斯 74,89

Macaulay 麦考莱 103
MacDonald, J. Ramsay 拉姆齐·麦克唐纳 315
McDougall, Wm. 威廉·麦独孤 245
Machiavelli 马基雅维利 22,37,38,
39,40,41,43,44,46,48,63,70,94,
119,134,135,137,314
Maistre, Joseph de 约瑟夫·德·迈斯特 67,68
Malesherbes 马勒泽布 79 n.
Mallet du Fan 马耶 108
Mandeville 曼德维尔 48,49,50,51,
52,65 n.,72,73
Manu 摩奴 32
Marat 马拉 281
Marcus Aurelius 马可·奥勒留 11,
46,50,167,216
Marie Antoinette 玛丽·安托瓦内特 104,124
Marshall, John 约翰·马歇尔 248,
250,251,307
Marsilius of Padua 帕多瓦的马西略 58

Marvell 马韦尔 113
Marx, Karl 卡尔·马克思 191,223,
280
Masson, P. M. 马松 95 n.
Mei-ti 墨子 151
Melancthon 梅兰西顿 190 n.
Mencius 孟子 151 n.,193
Mencken, H. L. 门肯 274
Mercier, Cardinal 梅西埃 28
Méricourt, Mlle. Théroigne de 戴洛瓦涅·德·梅丽古尔 126 n.
Michel Angelo 米开朗基罗 108 n.
Mill, J. S. 密尔 103,111,201,286 n.,
324 n.
Milnes, Monckton 蒙克顿·米尔尼斯 231
Milton 弥尔顿 80
Mirabeau, Marquis de 米拉波侯爵 86,152
Mohammed 穆罕默德 161
Montaigne 蒙田 274 n.
Montesquieu 孟德斯鸠 18,63,64,65,
66,87,219
More, P. E. 穆尔 328
Murry, J. Middleton 米德尔顿·默里 135 n.
Mussolini 墨索里尼 312

Napoleon 拿破仑 10,128,129,130,
132,139,140,141,256
Nero 尼禄 18,141,264
Newman, Cardinal 纽曼主教 156,182
Nicolay 尼考莱 49 n.

Nietzsche 尼采 228,327

Occam, William of 奥卡姆 113,321
Oliver, F. S. 奥利弗 248 n.
Origen 奥利金 319
Ovid 奥维德 172

Page, Walter H. 沃尔特·佩奇 280
Paine, Tom 潘恩 104
Paley 佩利 77
Palmer, George H. 帕尔默 272 n.
Papini 帕皮尼 284 n.
Pascal 帕斯卡 12,25,37,42,62,166,
 167,179,180,237,274 n.,301,322
Pater, Walter 沃尔特·佩特 107
Paul, Saint 圣保罗 159,160,173,
 190 n.
Pericles 伯里克利 36,148 n.
Philo Judeaus 斐洛·尤迪厄斯 171
Piccoli, R. 皮科利 328
Pindar 品达 168
Pius IX 教皇庇乌九世 144
Plato 柏拉图 11,12,30,31,32,33,
 51 n.,87,92,149,150,168,169,
 171,172,173,176,177,202,231
Pontius Pilate 庇拉多 172
Pope, A. 蒲柏 48,58
Pound, Roscoe 若斯科·庞德 296 n.
Powers, H. H. 珀尔斯 268 n.
Proal, L. 普若阿勒 77 n.
Proudhon 蒲鲁东 108 n.
Pyrrhus 皮洛士 139,271

Rambouillet, Marquise de 朗布依埃侯
 爵夫人 124
Raphael 拉斐尔 191
Rehberg 瑞赫博格 100 n.
Renan, E. 勒南 118,130 n.,292
Repington, Colonel 莱平顿上校 203
Richelieu 黎塞留 124,139
Rickaby, Joseph 约瑟夫·瑞克比
 324 n.
Rivarol 瓦罗尔 229
Roberts, Lord 罗伯茨勋爵 289
Robespierre 罗伯斯庇尔 89,95,125,
 126,127,217,266
Rockefeller, J. D. 洛克菲勒 212
Roosevelt, Theodore 罗斯福 249,269
Rousseau 卢梭 1,2,4,17,18,20,21,
 51 n.,52,58,59,69,70-96,97,99,
 100,101,102,103,107,108,109,
 115,117,118,119,121,122,123,
 125,127,132,167,178,183,192,
 195,215,216,217,218,219,222,
 228,229,232,237,245,276,277,
 279,287,300,327,328,334

Sainte-Beuve 圣伯甫 9,90
Saint-Evremond 圣埃夫勒蒙 139,187
Saint-Just 圣茹斯特 126
Saint-Pierre, Abbé de 圣皮埃尔神父
 67,121,122,131
Sanson 桑松 126 n.
Savigny 萨维尼 100 n.
Schiller 席勒 81,325 n.,329 n.
Schopenhauer 叔本华 73,227,326,327

Schwab 施瓦布 239

Ségur, Comte de 西谷伯爵 125

Seilliére, E. 塞里尔 17 n., 20, 21, 22, 260

Selden, John 约翰·塞尔登 265

Seneca 塞内加 50 n., 71 n.

Shaftesbury, Third Earl of 沙夫茨伯里 48, 49, 50, 51, 52, 72, 216, 325 n.

Shakespeare 莎士比亚 137, 147

Shelley, P. B. 雪莱 76, 77, 136, 137, 220, 222

Shelley, Mrs. 雪莱夫人 133

Sherman, Stuart P. 斯图亚特·薛尔曼 251, 252

Shun 舜 200

Smith, Adam 亚当·斯密 51, 191, 213

Smith, Vincent A. 史密斯 160 n.

Socrates 苏格拉底 32, 149, 165, 167, 172, 173, 179, 264, 278, 283, 284, 298

Solomon 所罗门 80

Sophocles 索福克勒斯 147, 295

Speed 斯彼得 81

Spengler, Oswald 斯宾格勒 20, 21

Spinoza 斯宾诺莎 322, 323, 324

Staël, Mme. de 斯达尔夫人 5, 96

Stephen, Fitzjames 菲茨杰姆斯·斯蒂芬 286 n.

Stephen, Leslie 莱斯利·斯蒂芬 209

Sully 苏利 121

Sunday, Rev. William A. 比利·桑迪 240

Swift, Jonathan 斯威夫特 137

Synesius 辛奈西斯 14

Tacitus 塔西佗 232

Tagore, Rabindranath 泰戈尔 161, 162

Taine, H. 泰纳 83, 100, 124, 127

Tamerlane 帖木儿 158

Taylor, Jeremy 杰里米·泰勒 137

Tennyson 丁尼生 81 n., 258

Tertullian 德尔图良 177 n.

Thompson, D. W. 汤普森 164 n.

Thrale 斯雷尔 206

Thucydides 修昔底德 38, 150

Tiberius 提比略 18, 271

Ticknor, George 乔治·提科诺 305 n.

Tyrrell 梯瑞尔 141

d'Urfé, H. 杜尔菲 124

Vaihinger 费英格 326

Vaughan, C. E. 沃恩 115, 119 n., 122 n.

Victoria, Queen 维多利亚女王 276

Villon 维永 28

Virgil 维吉尔 231

Vogüé, Vicomte M. de 沃盖 117

Voltaire 伏尔泰 48, 63, 68, 99. 323

Ward, Wilfrid 威尔弗里德·沃德 81 n.

Washington, George 乔治·华盛顿 246, 247, 248, 249, 250, 251, 263, 269, 270

Watson, J. B. 华生 330 n.

Way, A. S. 韦 181 n.
Webster, D. 韦伯斯特 247
Weems,"Parson" 威姆斯"牧师" 249 n.
Whitman, Walt 惠特曼 4,219,228, 249,260,267,268
Wicksteed, P. H. 维柯斯蒂德 320 n.
Wilson, Woodrow 伍德罗·威尔逊 196,268,280,288

Wordsworth, Wm. 华兹华斯 227,327
Wright, Harold Bell 哈罗德·贝尔·莱特 240
Wulf, M. de 德·乌夫 320 n.

Young, E. 爱德华·扬 15

Zanta, L. 赞塔 71 n.

译名对照表

Acton, Lord 阿克顿勋爵
Adams, Henry 亨利·亚当斯
Adams, Herbert B. 赫伯特·亚当斯
Adams, John Quincy 约翰·昆西·亚当斯
Addison, Joseph 艾迪生
Alexander 亚历山大
All-state 至国
Althusius, Johannes 阿尔图休斯
Altruism 利他主义
Anarchical impressionism 无政府主义的印象主义
Anarchy of the imagination 想象的无政府状态
Anarchy 无政府状态
Anas《杂记》
Ancien Régime《旧制度》
Annales de la Société Jean-Jacques Rousseau《卢梭学会年鉴》
Anselm 安色勒姆
Anti-Saloon League 反沙龙联盟
Antoinette, Marie 玛丽·安托瓦内特
Apologia《辩解文》
Apathy 漠然

Aquinas, Saint Thomas 圣托马斯·阿奎那
Arbitrary will 专断意志
Aristocracy of intellect 知性的贵族统治
Aristocracy 贵族制度
Aristocratic principle 贵族性原则
Aristophanes 阿里斯托芬
Aristotle 亚里士多德
Arnold, Matthew 马修·阿诺德
Asoka 阿育王
Asquith, Herbert Henry 阿斯奎斯
Ataraxy 泰定
Attila 阿提拉
Augustine, Saint 圣奥古斯丁
Aurelius, Marcus 马可·奥勒留
Aurora《曙光》
Austin, John 约翰·奥斯丁
Autarkeia 自立
Average divine 神圣的普通人

Bacon, Francis 弗朗西斯·培根
Bacon, Roger 罗杰·培根
Baconian 培根式的

Bagehot, Walter 白哲特
Balzac et la morale romantique《巴尔扎克与浪漫主义道德》
Barabbas 巴拉巴
Barker, Ernest 恩斯特·巴克
Beautiful souls 美好的灵魂
Benares 贝拿勒斯
Bentham 边沁
Bergson, Henri-Louis 柏格森
Berkeley, George 贝克莱
Bernard 伯纳德
Bhagavadgita《薄伽梵歌》
Bismarck, Otto von 俾斯麦
Blair 布莱尔
Bodley, J. E. C. 伯德里
Boerhaave 波尔哈夫
Boileau 布瓦洛
Bordes 博尔德
Borgia, Cesare 恺撒·博尔吉亚
Bossuet, Jacques-Bénigne 波舒哀
Bourgeois, E. 布尔乔亚
Boutroux, Émile 布特鲁
Brahmin Caste 婆罗门种性
Bristol 布里斯托
Brownell, W. C. 布朗乃尔
Bryan, William Jennings 威廉·詹宁斯·布赖恩
Bryce, Lord 布赖斯勋爵
Buddha 佛陀
Burke, Edmund 柏克
Byron, Lord 拜伦

Caesar 恺撒

Calhoun, John Caldwell 卡尔洪
Caligula 卡利古拉
Calkins, Mary W. 玛丽·凯尔金
Calvin 加尔文
Carlyle, Thomas 卡莱尔
Carminum《歌集》
Castricani, Castruccio 卡斯特鲁乔·卡斯特里卡尼
Categorical imperative 绝对命令
Catholic Church 天主教会
Centripetal element 向心元素
Certa etaeterna 不变与永恒之物
Chaplin, Charlie 查理·卓别林
Chateaubriand, François-René de 夏多布里昂
Chavannes 沙畹
Chesterton, Gilbert Keith 切斯特顿
Chu Hsi 朱熹
Chuquet, A. 楚盖
Cicero, Marcus Tullius 西塞罗
Cimon 客蒙
Cineas 奇涅阿斯
City of God / *civitas dei* 上帝之城
Civil religion 公民宗教
Civil war in the cave 洞穴中的内战
Civitas terrene 地上之城
Cleon 克里昂
Cleveland, Stephen Grover 克利夫兰
Cloots, Anacharsis 安那卡西斯·克洛斯男爵
Coigniard 瓜尼亚尔
Coleridge, Samuel Taylor 柯勒律治
Colonel Repington 莱平顿上校

Commercialism 重商主义
Common good 共同善
Common honesty 公共诚信
Comte de Ségur 西谷伯爵
Comte, Auguste 孔德
Conceit 幻想
Conciliar movement 议会运动
Condorcet, Marquis de 孔多塞
Confucius 孔子
Considerations on the Government of Poland《对波兰政府的思考》
Constitutional liberty 宪政自由
Cosmic urge 普遍冲动
Coulanges, Fustel de 古朗日
Cowdray, Lord 考德莱爵士
Creative imagination 创造性想象
Croce, Benedetto 贝奈戴托·克罗齐
Cromwell 克伦威尔
Cumberland, R. 坎伯兰
Curzon, Lord 库尔松爵士
Cyclops 库克罗普斯
Cynic 犬儒主义者

d'Urfe 杜尔菲
Dante 但丁
Danton 丹东
Dark Ages 黑暗时代
Daudet, Léon 雷翁·都德
De Jure belli etpacis《战争与和平法》
De Monarchia《论世界帝国》
Decorum 礼仪
Dedieu, J. 德迪乌
Deistic movement 自然神论运动

Democracy 民主制
Democratic fraternity 民主式的兄弟情谊
Demos 民众
Descartes 笛卡尔
Dewey, John 约翰·杜威
Dhammapada《法句经》
Diderot 狄德罗
Diels, H. 迪勒
Discipline 训练,规训
Disraeli 迪斯雷利
Divine average 神圣的普通人
Divine expansiveness 神性的扩张
Divine law 神法
Divine reason 神圣理性
Divine right of kings 君权神授
Divine will 神圣意志
Doctrine of grace 神恩说
Doctrine of papal infallibility 教皇无谬误论
Doctrine of the mean 中庸之道
Doctrine of the middle path "中道"说
Doctrine of the saving remnant 精英信条
Dr. Francia 弗朗西亚博士
Dreiser, Theodore 西奥多·德莱塞
Dryden, John 德莱顿
Duke of Sully 苏利公爵
Duns Scotus 邓斯·司各脱

Ecclesiastical Polity《论教会体制的法则》
Edison 爱迪生
Edwards, Jonathan 乔纳森·爱德华兹

Egoisticimpulse 自私冲动
Elba 厄尔巴岛
Eldon, Lord 埃尔登爵士
Eliot, Charles William 艾略特校长
Emerson, Ralph Waldo 爱默生
Émile《爱弥儿》
Emotional anarchy 情感的无政府状态
Emotional ethics 情感伦理
Emotional moralist 情感道德家
English utilitarianism 英国功利主义
Epictetus 爱比克泰德
Epicurus 伊壁鸠鲁
Equalitarian democracy 平等主义民主
Equalitarian liberty 平等主义的自由
Erasmus, Desiderius 伊拉斯谟
Erastus 埃拉斯都
Esprit fort 精神强健
Ethical State 道德国家
Ethical will 道德意志
Ethos 精神特质
Euripides 欧里庇得斯
Expansive desires 扩张型欲望
Expansive emotion 放纵的情感

Fable of the Bees《蜜蜂的寓言》
Fabricius 法布里修斯
Faguet, Auguste Émile 法盖
Fancy 幻想
Far-off divine event 遥远的神圣事件
Faust 浮士德
Federation of the Champ de Mars 战神广场联盟
Federative principles 联邦原则

Fester, Richard 理查德·费斯特
Festival of the Supreme Being 至高存在节日庆典
Fielding 菲尔丁
Filmer, R. 菲尔默
Flamininus, Titus Quinctius 弗拉米尼努斯
Fluxa etcaduca 流变与速朽之物
Ford, Henry 亨利·福特
Forke, Alfred 阿尔弗雷德·弗尔克
Fosdick, Raymond B. 雷蒙德·福斯迪克
Fouillée 富耶
Framers 美国宪法的制定者
France, Anatole 阿纳托尔·法朗士
Frank, Tenney 坦尼·弗兰克
Franklin, Benjamin 本杰明·富兰克林
Fredrick the Great 腓特烈大帝
Free conscience 自由良知
Free government 自由政府
Free moral choice 自由道德选择
French National Assembly 法国国民议会
Freud, Sigmund 弗洛伊德
Fronde 投石党

Galileo 伽利略
Galley, Mademoiselle 加蕾小姐
Gallican liberties 教宗权制限派的自由
General sense 共识
General will 公意
Genghis Khan 成吉思汗

Gentile civilization 基督徒文明
Geometrical spirit/ *l'esprit de géométrie* 几何学精神
George Ⅲ 乔治三世
George, David Lloyd 劳合·乔治
Gervinus 格尔维努斯
Geulincx 格林克斯
Gilson, E. 基尔森
Gladstone, Mary 玛丽·格莱斯顿
God's law 上帝之法
Goethe 歌德
Gog 歌革
Gompers, Samuel 塞缪尔·龚帕斯
Gomperz 贡珀茨
Gooch, G. P. 古什
Grace 神恩
Graffenried, Mademoiselle 葛莱芬丽小姐
Grey 格雷
Grey, Edward 爱德华·格雷
Grotius, Hugo 格老秀斯

Halifax 哈利法克斯
Hamilton, Alexander 亚历山大·汉密尔顿
Hardy, Thomas 哈代
Hawkins, John 约翰·霍金斯
Hay, John 黑伊
Hazlitt, William 黑兹利特
Hearnshaw, F. J. C. 赫恩肖
Hearst, William Randolph 威廉姆·兰道夫·赫斯特
Heavenly commonwealth 天上的共同体

Hegel 黑格尔
Heine 海涅
Heliogabalus 黑利阿加巴卢斯
Hesiod 赫西俄德
Higher self 更高自我
Higher will 更高意志
Hildebrand 希尔德布兰德
History of Liberty《自由史论》
Hobbes 霍布斯
Honnête homme 至诚君子
Hooker 胡克
Horace 贺拉斯
Hugo, Victor 雨果
Human law 人性法则
Humanism 人文主义
Humanist 人文主义者
Humanitarian legalism 人道律法主义
Humanitarian 人道主义者
Humanitarianism 人道主义
Hume, David 休谟
Humility 谦卑
Hutchinson, Anne 哈钦森
Huxley 赫胥黎

Idea of law 法则观念
Idea of Providence 神意观念
Idyllic imagination 田园想象
Immediate experience 直接经验
Incarnation 道成肉身
Individual liberty 个人自由
Infralapsaires 堕落后预定论
Inner action 内在的行动
Inner check 内在制约

Inner life 内在生活
Inner revelation 内在启示
Instinct of sovereignty 主权本能
Instinctive goodness 本能的善
Intellectualism 理智主义
Irrational imperialism 非理性的帝国主义

Jackson, Andrew 安德鲁·杰克逊
Jacobi 耶可比
James, William 詹姆斯
Jansenism 詹森主义
Jansenist 詹森主义的；詹森主义信徒
Jefferson, Thomas 托马斯·杰斐逊
Jhering, Rudolph von 鲁道夫·冯·耶林
John Locke 洛克
Johnson, Samuel 约翰逊博士
Joubert 儒贝尔
Judaea 朱迪亚
Judeaus, Philo 斐洛·尤迪厄斯
Jus gentium 万民法
Jus naturale 自然法
Justinian 查士丁尼
Juvenal 尤维纳利斯

Kahl, Wilhelm 威廉·卡尔
Kant, Immanuel 伊曼纽尔·康德
Karma 业
Kingdom of God 神的王国
Kingdom of man 人的王国
Krishna 克利须那神
Kultur 文化

L' Esprit des Lois《论法的精神》
L'Astree《阿丝特蕾》
L'ivresse patriotique 爱国之情
La Mettrie 拉梅特里
La raison raisonnante 几何类型的推理
La Rochefoucauld 拉罗什富科
Laisser faire 为所欲为，放任做法
Lamaism 藏传佛教
Lanson, G. 朗松
Laski, Harold Joseph 哈罗德·拉斯基
Law for man "人律"/人之法则
Law for thing "物律"/物之法则
Law of cunning and law of force 智计与力量的法则
Law of humility 谦卑法则
Law of measure 节度法则
Law of the members 身体法则/肢体之律
Law of the spirit 精神法则/精神之律
Laws of Manu《摩奴法典》
Le Grand Dessein 大计
League of nations 国际联盟
League to enforce peace 维和同盟
Lear, Edward 爱德华·利尔
Lecky 莱基
Legge 理雅各
Lenin 列宁
Leonidas 列奥尼达
Leviathan《利维坦》
Lex regia 王权法
Libido dominandi / the lust of power 统治欲/权力欲
Libido sciendi /the lust of knowledge 知

识欲

Libido sentiendi / the lust of sensation 感官欲

Life of Johnson《约翰逊传》

Li-Ki, or *Book of Rites*《礼记》

Lilly, W. S. 利里

Lincoln 林肯

Livy 李维

Logos 逻各斯

Louis XIV 路易十四

Louis XV 路易十五

Louter, J. de 德·鲁特

Lowell 洛威尔

Lucretius 卢克莱修

Luther 路德

Lycurgus 莱克格斯

Macaulay 麦考莱

MacDonald, J. Ramsay 拉姆齐·麦克唐纳

Machiavelli 马基雅维利

Magog 玛各

Main Street《大街》

Maistre, Joseph de 约瑟夫·德·迈斯特

Malesherbes 马勒泽布

Mallet du Pan 马耶

Man of character 有品格的人

Mandeville, Bernard 曼德维尔

Marat 马拉

Marquis de Mirabeau 米拉波侯爵

Marquise de Rambouillet 朗布依埃侯爵夫人

Marshall, John 约翰·马歇尔

Marsilius of Padua 帕多瓦的马西略

Marvell 马韦尔

Marx, Karl 卡尔·马克思

Masson, P. M. 马松

McDougall, William 威廉·麦独孤

Mediation 调节

Meditation 沉思冥想

Mei-ti 墨子

Melanchthon, Philip 梅兰西顿

Members of the Cinq-Cents 五百人议事会

Men of leisure 闲暇者

Mencius 孟子

Mencken, Henry Louis 门肯

Mephistopheles 靡菲斯特

Mercier 梅西埃

Méricourt, Théroigne de 戴洛瓦涅·德·梅丽古尔

Michel Angelo 米开朗基罗

Miletus 米利都

Mill, John Stuart 密尔

Milnes, Monckton 蒙克顿·米尔尼斯

Milton, John 弥尔顿

Mind 心智

Moderation 适度

Modern movement 现代运动

Modernist 现代主义者

Modernity 现代性

Modesty 谦逊

Mohammed 穆罕默德

Monastic order 僧侣制度

Monetary standard 货币标准

Montagu Act《蒙太古法案》
Montagu, Edwin Samuel 埃德温·蒙太古
Montaigne 蒙田
Montesquieu, Charles Louis 孟德斯鸠
Moral aestheticism 道德唯美主义
Moral imagination 道德想象
Moral realism 道德现实主义
Moral sense 道德感
Moral unity 道德一致性
More, Paul Elmer 保罗·穆尔
Mr. Schwab 施瓦布先生
Mrs. Asquith 阿斯奎斯夫人
Mrs. Shelley 雪莱夫人
Murry, J. Middleton 米德尔顿·默里
Mussolini 墨索里尼

Napoléon 拿破仑
National character 民族性格
Nationalism 民族主义
Natura naturans 造物自然
Natura naturata 被造自然
Natural aristocrat 天然贵族
Natural goodness 人性本善
Natural law 自然法则
Natural man 自然人
Natural or expansive will 自然的或扩张性的意志
Natural rights 自然权利
Natural self 自然之我
Natural virtue 自然美德
Naturalistic relativism 自然主义相对论
Naturalistic trend 自然主义潮流

Nature 自然,天性
Nemesis 神罚,报应
Nero 尼禄
Newman, John Henry 纽曼主教
Noble savage 高尚的野蛮人
Noblesse oblige 位高责重
Nocturnal Council 夜间议事会
No-state 无国
Notions of progress / idea of progress 进步观念
Numerical majorities 数量多数

Occasionalism 偶因论
Old Adam 老亚当/元恶
Old Régime 旧制度
Oliver, F. S. 奥利弗
Orangerie 皇家橘园
Ordinary self 普通自我
Ordinary will 普通意志
Origen of Alexandria 奥利金
Otherworldliness 彼岸性
Outer authority 外在权威
Ovid 奥维德

Page, Walter H. 沃尔特·佩奇
Paine, Thomas 托马斯·潘恩
Paley 佩利
Palmer, G. H. 帕尔默
Papal centralization 教皇中央集权
Papini 帕皮尼
Parental authority 亲权
Parliamentary government 议会制政府
Parmenides 巴门尼德

Pascal, Blaise 帕斯卡
Pastoralism 田园主义
Pater, Walter 沃尔特·佩特
Patriarcha, or the Natural Power of Kings《父权制,或国王的自然权力》
Paul, Saint 圣保罗
Pax Romana 罗马的和平
Peace of Westphalia《威斯特伐利亚和平协议》
Peace Palace 和平宫
Peloponnesian War 伯罗奔尼撒战争
Pericles 伯里克利
Permanent self 恒定不变的自我
Personality divine and human 神格与人格
Piccoli 皮科利
Pindar 品达
Plato 柏拉图
Politics《政治学》
Politiquetirée de l'Ecriture Sainte《从圣经抽取的政治学》
Polycletus 波利克里托斯
Pontius Pilate 庞拉多
pooled self-esteem 自尊之总和
Pope Pius IX 教皇庇乌九世
Pope, Alexander 蒲柏
Popular sovereignty 人民主权
Popular will 人民意志
Positive and critical method 实证与批判的方法
Positive law 制定法
Pound, Roscoe 若斯科·庞德
Powers, H. H. 珀尔斯

Predestinarian 得救预定论的
Principle of fear 恐惧原则
Principle of inner control 内在制约的原理
Principle of pleasure 快乐原则
Private property 私有制
Private self 私我
Proal, L. 普若阿勒
Project for Perpetual Peace《永久和平方案》
Prometheus Unbound《解放了的普罗米修斯》
Proudhon 蒲鲁东
Province of Jurisprudence Determined《确定的法学领域》
Punch《笨拙》周刊
Puritanism 清教主义
Pyrrhus 皮洛士

Radical democracy 激进民主制
Raphael 拉斐尔
Rational self 理性自我
Realm of free conscience 自由良知之境
Reason of state 国家理性
Reason 理性
Reform Bill 改革法案
Rehberg 瑞赫博格
Relativity 相对性
Religion of humanity 人的宗教
Religious unity 宗教统一体
Renan, E. 勒南
René 勒内
Republic《理想国》

Revivalist 奋兴派教徒
Ricardo 李嘉图
Richelieu 黎塞留
Rickaby, Joseph 约瑟夫·瑞克比
Right reason 正确理性
Right will 正当意志
Rivarol 瓦罗尔
Roberts, Lord 罗伯茨勋爵
Robespierre, Maximilien 罗伯斯庇尔
Rockefeller, John Davison 洛克菲勒
Roman Imperialism《罗马帝国主义》
Roman law 罗马法
Romantic obscurantists 浪漫派蒙昧主义者
Romantic spontaneity 浪漫自发性
Roosevelt, Theodore 罗斯福
Rousseau, Jean-Jacques 让-雅克·卢梭
Rousseauistic movement 卢梭主义运动
Rousseauistic 卢梭式的
Royal majesty 王权
Royal Society 皇家学会
Rule of reason 理性准则

Saint Louis 圣路易
Saint-Cloud 圣克鲁
Sainte-Beuve, Charles Augustin 圣伯甫
Saint-Evremond, Charles de 圣埃夫勒蒙
Saint-Just 圣茹斯特
Saint-Pierre, Abbé de 圣皮埃尔神父
San Casciano 圣卡其阿诺

Sanson 桑松
Savigny 萨维尼
Saving remnant 精英
Schiller 席勒
Schopenhauer, Arthur 叔本华
Seillière, Ernest 欧内斯特·塞里尔
Selden, John 约翰·塞尔登
Self-interest 自身利益
Self-love 自利
Self-reliance 自立
Seneca, Lucius Annaeus 塞内加
Sentimental imperialism 情感帝国主义
Sentimentalism 感伤主义
Shaftesbury, Anthony Ashley Cooper, Third Earl of 沙夫茨伯里
Shakespeare 莎士比亚
Shelley, P. B. 雪莱
Sherman, Stuart Pratt 斯图亚特·薛尔曼
Shun 舜
Sir Galahad 加勒哈德爵士
Smith, Vincent A. 文森特·史密斯
Smith, Adam 亚当·斯密
Social contract 社会契约
Societas generis humani 全人类
Socrates 苏格拉底
Solomon 所罗门
Song of Myself《自我之歌》
Song of Songs《雅歌》
Sophocles 索福克勒斯
Sorrows of Werther《少年维特的烦恼》
Sound individualist 健全的个人主义者
Sovereign people 主权者人民

Speed 斯彼得

Spengler, Oswald 奥斯瓦尔德·斯宾格勒

Spinoza 斯宾诺莎

Spirit of finesse / l'esprit de finesse 敏感的精神

Staël, Madame de 斯达尔夫人

State of nature 自然状态

State of society 社会状态

Stephen, Fitzjames 菲茨杰姆斯·斯蒂芬

Stephen, Leslie 莱斯利·斯蒂芬

Stoical utilitarianism 斯多葛式的功利主义

Stoicism 斯多葛主义

Stoics 斯多葛派

Submission to the will of heaven 顺从天命

Subrational 亚理性

Sum of Theology 《神学大全》

Sunday, William Ashley 比利·桑迪

Supernaturalism 超自然主义

Superrational 超理性

Supralapsaires 堕落前预定论的

Swift, Jonathan 斯威夫特

Synesius 辛奈西斯

Tacitus 塔西佗

Tagore, Rabindranath 泰戈尔

Taine, Hippolyte Adolphe 泰纳

Tamerlane 帖木儿

Tammany 坦慕尼协会

Taylor, Jeremy 杰里米·泰勒

Temperamental self 性情自我

Temps 《时报》

Tennyson 丁尼生

Tertullian 德尔图良

The Civil Constitution of the Clergy 《教士公民宪法》

The Declaration of the French Clergy 《法国教士宣言》

The Downfall of the Occident 《西方的没落》

The Edict of Nantes 南特赦令

The First Discourse 《论科学与艺术》

The Hearst 赫斯特集团

The House of Reformation of the "Laws" 律法改革院

The Inquisition 宗教裁判所

The Life of Washington 《华盛顿传》

The many 多

The one 一

The Petit Trianon 小特里亚农宫

The Prince 《君主论》

The Second Discourse 《论人类不平等的起源和基础》

The Spoon River Anthology 《勺江选集》

Theban Legion 底比斯军团

Things of Caesar 恺撒之物

Things of God 上帝之物

Thompson, D.W. 汤普森

Thrale's Brewery 斯雷尔酿酒厂

Thucydides 修昔底德

Tiberius 提比略

Ticknor, George 乔治·提科诺

Timoleon 提摩利昂

Toto caelo 天壤之别
Traditional forms 传统形式
Treatise on Perpetual Peace《永久和平论》
Treatises of Government《政府论》
Trimmer 整修者
Tyrrell 梯瑞尔

Universal brotherhood 兄弟情谊
Unlimited Democracy 不加限制的民主
Unsound individualist 不健全的个人主义者
Unworldliness 出世思想
Utilitarian-sentimental movement 功利主义-情感主义运动
Utilitas communis 公共效用

Vaihinger 费英格
Valmy 瓦尔密
Vatican Council 梵蒂冈会议
Vaughan, C. E. 沃恩
Veto power 否决权
Victoria, Queen 维多利亚女王
Villon 维永
Vincennes 文森尼
Virgil 维吉尔
Virtue 德行
Vital control /*frein vital* 生命制约
Vital impulse /*élan vital* 生命冲动
Vogüé 沃盖
Volonté de tous 众意
Volonté générale 公意

Voltaire 伏尔泰

Ward, Wilfrid 威尔弗里德·沃德
Washington, George 乔治·华盛顿
Watson, J. B. 华生
Way, A. S. 韦
Webster, D. 韦伯斯特
Weems, "Parson" 威姆斯"牧师"
What one conceives 构想
What one perceives 感知
White man's burden "白人的负担"
Whitman, Walt 惠特曼
Wicksteed, P. H. 维柯斯蒂德
Will of God 神意
Will to believe 信心
Will to justice 正义意志
Will to peace 和平意志
Will to power 权力意志
Will to refrain 制约意志
Will to serve /service 服务意志
William of Occam 奥卡姆
Will-worship 意志崇拜
Wilson, Woodrow 伍德罗·威尔逊
Wisdom of the ages 万世之智慧
Wordsworth 华兹华斯
Wright, Harold Bell 哈罗德·贝尔·莱特
Wulf, M. de 德·乌夫

Young, Edward 爱德华·扬

Zanta, L. 赞塔

图书在版编目（CIP）数据

民主与领袖／（美）欧文·白璧德著；张源，张沛译．—北京：商务印书馆，2022
（白璧德文集；第5卷）
ISBN 978-7-100-20892-5

Ⅰ.①民⋯ Ⅱ.①欧⋯ ②张⋯ ③张⋯ Ⅲ.①卢梭(Rousseau, Jean Jacques 1712-1778)—政治思想—文集②柏克(Burke, Edmund 1729-1797)—政治思想—文集
Ⅳ.① B565.26-53 ② B561.299-53

中国版本图书馆 CIP 数据核字（2022）第 050754 号

权利保留，侵权必究。

白璧德文集
第 5 卷
民主与领袖
张源　张沛　译

商　务　印　书　馆　出　版
（北京王府井大街36号　邮政编码100710）
商　务　印　书　馆　发　行
上海雅昌艺术印刷有限公司印刷
ISBN 978-7-100-20892-5

2022年9月第1版　　开本 710×1000 1/16
2022年9月第1次印刷　　印张 22¼

定价：158.00 元